杭州市第四届重大教育科研成果

让学习行走
小学课程思政在地化实践探索

张浩强　著

吉林大学出版社

长春

序

2023年秋天,举世瞩目的第19届亚运会在杭州举办,国人(特别是杭州人)为之振奋和自豪。不论台前还是幕后,人们都在为这样一场体现千年文明和大国风范的大事贡献着自己的故事和力量。也是在这年秋天,胜利实验学校张浩强校长继2021年请我为《五新行动》作序后,再次热情邀请我为其新专著《让学习行走:小学课程思政在地化实践探索》作序。我认为本书的出版和当下中华民族伟大复兴战略全局以及世界百年未有之大变局的历史节点高度契合,意义重大,于是欣然接受。

"课程思政"一词很"年轻",在2014年由上海率先提出,近年来逐渐被学术界和教育实践者所关注,因为课程是学生成长的主阵地。一开始"课程思政"更多的是在高校谈,但小学阶段是人生的拔节孕穗期,习近平总书记强调要"扣好人生第一粒扣子",为了国家的发展、民族的复兴,小学阶段也应开展课程思政。党中央立足长远、着眼未来,为落实立德树人根本任务,提出了关于课程思政的一系列重要论断和具体战略部署。其中,2021年教育部连续印发了思政重大主题进课程教材的系列指南,包括《革命传统进中小学课程教材指南》(教材〔2021〕1号)、《中华优秀传统文化进中小学课程教材指南》(教材〔2021〕1号)、《习近平新时代中国特色社会主义思想进课程教材指南》(国教材〔2021〕2号)、《"党的领导"相关内容进大中小学课程教材指南》(国教材〔2021〕5号)。系列指南中有分学科、分学段的具体教材要求和重点课推荐,也有载体形式的建议,对于省、市、区和一线学校开展课程思政工作具有指导意义。当时看到这一系列指南，我马上联系了张浩强校长，表达了这样一层意思：教育部的指南要落地靠谁？靠的是一线学校和教师，胜利实验学校就要有所担当。

从20世纪八九十年代开始，我与胜利实验学校（2014年前为胜利小学）就多有交往，我深知学校骨子里就有着"守正创新，主动敢为"的发展基因。20世纪80年代，改革开放后，针对实行"计划生育"后的"独生子女"一代，当时的胜利小学同杭州大学教育系合作，进行了"三自能力培养"的课堂改进实验。进入20世纪90年代，学校抓住契机，承担了中央电化教育馆"电化教育促进中小学教学优化"（全国教育科学"八五"规划国家教委重点课题）的子课题"电化教育促进小学生认知能力发展"，为了发展学生的认知能力，举全校之力开展研究，这对于一所小学来说不容易。进入21世纪，北师大在杭州市上城区开展了"基于学生发展的区域教育质量提升实验"的测评，针对"幸福感不高"的测评结果，一场助力胜利实验学子追寻幸福感的课程建设探索之路便拉开了序幕。新时期面对创新型人才培养的国家意志，学校又率先开展创新教育，创意智造经验全省领先，成为教育部门户网站报道的创新教育样本。

这一次，我作为首席指导专家，一路见证了张浩强校长带领全体教师，将学校发展融入时代大潮，把握住了杭州市重大课题的契机，开展小学课程思政在地化的一系列创新探索。如何在小学阶段落实课程思政？本书给出了完美答案——让学习行走。

不知从何时开始，学习者常与"寒窗"相伴，以"苦读"为荣，似乎在每一个人的心目中都有这样一个固执的想法：只有坐在书桌前才算学习，只有紧锁眉头才算专注，只有奋笔疾书才算成长。这种学习方式固然能够在短时间内获得大量知识，但是长此以往，当学习只停留于书本、当学习远离实践、当学习不再有生命的真实体验，学生就只会夸夸其谈而四体不勤，只会获取而不会创新。在一篇报道中，曾用"大自然缺失症"一词描绘现代社会的孩子们与大自然缺乏联系的事实。更有研究指出,长久与自然隔绝,可能导致学生产生一系列身体机能失调,他们罹患肥胖症、抑郁症、焦虑症的概率都会上升。

张继行走在江南的深秋夜,写下了"姑苏城外寒山寺,夜半钟声到客船"的千古佳句;王维漫步于雨后的山林,写下了"明月松间照,清泉石上流"的绝美诗句;李白踏遍祖国的大好河山,更是留下"天门中断楚江开,碧水东流至此回""飞流直下三千尺,疑是银河落九天"的壮丽诗篇。自古以来,行走,都是学习者与自然、知识达成沟通的重要方式之一。课堂上苦口婆心地说一百句,可能还抵不过现场沉浸式的感同身受。走出学校、走入社会、走进场馆,亲眼所见、亲身所感,能让学生切实地感受到自己与国家、民族之间的血脉联系,对中华优秀传统文化的审美更加端正,对中国人的身份更加认同,对人类命运共同体的理解更加深刻。鉴于此,让学习行走,有百利而无一害,并迫在眉睫。"行走",我认为有两种含义:第一,是要走出教室、走向社会、走进场馆;第二,是"学科实践",课程思政绝对不是思政课,不能走向去学科化的误区,要用学科典型实践去体悟情感,达到"做、用、创"与"学、思、悟"的完美结合。

我细细读过书稿,强烈而清晰地感受到了"让学习行走"的两层含义,这是一本理念扎实、内容丰富、极具价值的育人行动指南手册。

张浩强校长果断地把此书定位为"课程思政指南手册",以教育部印发的《革命传统进中小学课程教材指南》和《中华优秀传统文化进中小学课程教材指南》为指导,实现文件精神的真正落地,给一线学校和教师提供了可供模仿和借鉴的详细案例,同时又提供了主题清单,帮助教师打开思路。相信读者在模仿、借鉴中会逐渐形成个性思考与实践自觉。

内容体例上,这本书一改传统的学术专著形式。除第一章和第六章介绍小学课程思政的意义价值和实践成效与展望外,第二章至第五章,分道德与法治、语文、艺术(音乐、美术)和其他学科(体育、数学、科学)四

类编排,让一线教师能快速找到最精准的学习材料。每一章节,都围绕"革命传统"或"中华优秀传统文化"提供了1~2个详细案例,且巧妙精心地设置了场馆学习环节。在案例之后,还列出了十余个主题清单。详细的案例、多样的清单,是本书的最大亮点,相信也是本书最吸引读者之处。

最后,愿张浩强校长和其团队在此项探索与研究中不要浅尝辄止,要行之有效地将本书成果推广出去,走出学校、走出杭州、走出浙江省,在全国范围内实现"辐射"。同时,更要紧紧围绕"培养什么人""如何培养人""为谁培养人"的根本问题,继续深入研究,创造出更有价值的教育研究成果,最终惠及更多学生。

浙江大学教授、博士生导师

目录

第一章 课程思政是落实立德树人的重要命题 ……………001
 第一节 价值追寻：小学课程思政的时代立意 ……………003
 第二节 让学习行走：小学课程思政在地化的整体建构 ………015

第二章 道德与法治课程思政在地化的校本实践 ……………029
 第一节 革命传统在地化落实的案例及清单 ……………031
 第二节 中华优秀传统文化在地化落实的案例及清单 …………051

第三章 语文课程思政在地化的校本实践 ……………073
 第一节 革命传统在地化落实的案例及清单 ……………075
 第二节 中华优秀传统文化在地化落实的案例及清单 …………108

第四章 艺术课程思政在地化的校本实践 ……………141
 第一节 革命传统在地化落实的案例及清单 ……………143
 第二节 中华优秀传统文化在地化落实的案例及清单 …………170

第五章　其他课程思政在地化的校本实践 ·················199
第一节　革命传统在地化落实的案例及清单 ···············201
第二节　中华优秀传统文化在地化落实的案例及清单 ·······220

第六章　小学课程思政在地化的成效与展望 ···············247
第一节　小学课程思政在地化的多维成效与价值 ···········249
第二节　小学课程思政在地化的理念与实践创新 ···········272
第三节　深入推进小学课程思政在地化的学校展望 ·········294

参考文献 ···301
后　记 ···306

第一章
课程思政是落实立德树人的重要命题

新时期实现中华民族伟大复兴,离不开一批又一批德智体美劳全面发展的青年人的接续奋斗。以习近平同志为核心的党中央立足长远、着眼未来,为落实立德树人根本任务,提出了关于课程思政的一系列重要论断和具体战略部署,促进各类课程与思政课同向同行。小学阶段是人生成长的"拔节孕穗期",本章从历史逻辑、价值逻辑和实践逻辑三个层面展开探讨,以期充分认识小学课程思政的来龙去脉和小学课程思政实施于国家发展、社会进步、学生成长的价值。以"实践学习"为理念,提出"让学习行走"的思路,走出一条杭州小学课程思政在地化的"行走学习"之路。

第一节 价值追寻：小学课程思政的时代立意

中国的发展进入了新的历史时期，站在中华民族伟大复兴战略全局和世界百年未有之大变局的历史节点，中国特色社会主义建设面临严峻复杂的国际形势和接踵而至的巨大风险挑战。当前意识形态、价值观逐渐走向多元化，容易导致中华民族主流价值迷失，动摇马克思主义在意识形态领域的指导地位。青少年作为中国特色社会主义建设的接班人，对其进行思想政治教育，对国家民族的命运意义重大，影响深远。无论科学技术如何进步，社会如何发展，课程育人的根本性角色都不会改变。育人为要，一直是课程思政的价值基点。① 在小学阶段开展课程思政能够体现国家民族意志、利于社会发展、助力学生成才，是党之大计，国之大计。

一、小学课程思政体现国家民族意志

党的十九大报告指出："青年一代有理想、有本领、有担当，国家就有前途，民族就有希望。"新时期实现中华民族伟大复兴，离不开一批又一批德智体美劳全面发展的青年人的接续奋斗。课程思政包含"课程"与"思政"两个关键词。课程是落实国家意志的关键途径，因此课程思政的理念、行动自然应该体现国家民族意志。

---

① 范卿泽.课程思政理论与实践[M].北京：人民教育出版社，2022：76.

1. 党中央对课程思政提出了重要论断和具体部署

党的二十大报告指出,"教育是国之大计、党之大计。培养什么人、怎样培养人、为谁培养人是教育的根本问题。育人的根本在于立德。全面贯彻党的教育方针,落实立德树人根本任务,培养德智体美劳全面发展的社会主义建设者和接班人"。①报告进一步明确了新时期小学课程思政推进的方向。《中国教育现代化2035》中包含了八大基本理念和十大战略任务。在八大基本理念中,特别注重德育为先,而十大战略任务的首要任务即学习习近平新时代中国特色社会主义思想,将习近平新时代中国特色社会主义思想融入中小学教育。②这意味着不仅高校要建设课程思政,在小学阶段也要相应开展课程思政。

《义务教育课程方案和课程标准(2022版)》明确提出课程教材要发挥培根铸魂、启智增慧的作用。要准确把握党中央、国务院关于教育改革的各项要求,将社会主义先进文化、革命文化、中华优秀传统文化、国家安全、生命安全与健康等重大主题有机融入课程,增强课程的思想性。③《义务教育课程方案和课程标准(2022版)》从课程的角度,提出了更具体的任务要求,引导学校、教师去思考课程中蕴含的思政元素和落实策略。

为了贯彻落实习近平总书记关于革命传统教育要从娃娃抓起的重要指示、习近平新时代中国特色社会主义思想和党的十九大精神,有效指导中小学课程教材系统,全面落实革命传统、中华优秀传统文化教育,教育部于2021年制定了《革命传统进中小学课程教材指南》(以下简称《指南》)《中华优秀传统文化进中小学课程教材指南》(以下简称《指南》)。两份《指南》明确了两大思政元素的主题内容、载体形式、学科安

---

① 习近平.高举中国特色社会主义伟大旗帜 为全面建设社会主义现代化国家而团结奋斗——在中国共产党第二十次全国代表大会上的报告[N].人民日报,2022-10-16.

② 中共中央、国务院.中国教育现代化2035[S].北京:中共中央、国务院,2019.

③ 中华人民共和国教育部.义务教育课程方案(2022版)[S].北京师范大学出版社,2022.

排、各项具体要求,以详细指导中小学开展课程思政落地,充分发挥课程思政在发扬革命传统和中华优秀传统文化上的重要作用。

认真学习贯彻党中央文件精神,努力让文件精神和战略部署转化为真实、丰富、生动的实践,这是一线学校的使命。胜利实验学校依托杭州市重大课题研究,从学校视角出发,以两份《指南》为指引,尝试在各学科中挖掘革命传统和中华优秀传统文化元素,在地化挖掘相关载体形式,开发设计相关案例,正是对党中央和国家意志的回应,也体现了学校育人的责任担当。

2. 小学课程思政具有传承和弘扬中华优秀传统文化的重要价值

文化是民族的血脉,是人民的精神家园。文化自信是更基本、更深层、更持久的力量。中华优秀传统文化积淀着中华民族最深沉的精神追求,是中华民族走向伟大复兴、实现中国梦的重要思想支撑。[1]党和国家高度重视中华优秀传统文化的传承与弘扬,颁布了一系列文件。

2014年,教育部印发了《完善中华优秀传统文化教育指导纲要》(以下简称《纲要》),《纲要》强调,加强中华优秀传统文化教育,是深化中国特色社会主义教育和中国梦宣传教育的重要组成部分,是构建中华优秀传统文化传承体系、推动文化传承创新的重要途径,是培育和践行社会主义核心价值观、落实立德树人根本任务的重要基础。《纲要》指出,围绕立德树人根本任务,以推进大中小学中华优秀传统文化教育一体化为重点,整体规划、分层设计、有机衔接、系统推进。要坚持课堂教育与实践教育相结合,坚持学校教育、家庭教育、社会教育相结合,坚持针对性与系统性相结合。《纲要》还对中华优秀传统文化教育的主要内容进行了概括,以弘扬爱国主义精神为核心,以家国情怀教育、社会关爱教育和人格修养教育为重点,强调分学段有序推进中华优秀传统文化教育,把中华优秀传统文化教育系统融入课程和教材体系。[2]

---

[1] 张岩磊,高苑.优秀传统文化:实现中国梦的重要思想支撑[N].光明日报,2016-04-27.

[2] 教育部印发《完善中华优秀传统文化教育指导纲要》[EB/OL].[2014-04-01]. http://www.moe.gov.cn/jyb_xwfb/gzdt_gzdt/s5987/201404/t20140401_166524.html.

2017年，中共中央办公厅、国务院办公厅印发《关于实施中华优秀传统文化传承发展工程的意见》，从更广的视野强调各部门、各层面如何传承与发展中华优秀传统文化，如深入阐发文化精髓、贯穿国民教育始终、保护传承文化遗产、滋养文艺创作、融入生产生活、加大宣传教育力度、推动中外文化交流互鉴。①其中，"贯穿国民教育始终"就强调要遵循学生认知规律和教育教学规律，以幼儿、小学、中学教材为重点，构建中华文化课程和教材体系。"融入生产生活"则强调，注重实践与养成、需求与供给、形式与内容相结合，把中华优秀传统文化的内涵更好更多地融入生产生活各个方面，挖掘城市历史文化价值，将其与学生爱国主题教育、红色教育结合，充分利用各类爱国主义教育基地资源。

2021年，教育部印发《中华优秀传统文化进中小学课程教材指南》，更进一步细化了中华优秀传统文化融入教材的内容、载体形式和要求。党的二十大报告强调，"推进文化自信自强，铸就社会主义文化新辉煌"。"围绕举旗帜、聚民心、育新人、兴文化、展形象建设社会主义文化强国，发展面向现代化、面向世界、面向未来的，民族的科学的大众的社会主义文化，激发全民族文化创新创造活力，增强实现中华民族伟大复兴的精神力量。""以社会主义核心价值观为引领，发展社会主义先进文化，弘扬革命文化，传承中华优秀传统文化，满足人民日益增长的精神文化需求，巩固全党全国各族人民团结奋斗的共同思想基础，不断提升国家文化软实力和中华文化影响力。"②

不论从教育部还是国务院颁布的文件中都可见，中华优秀传统文化教育是传承发展传统文化最有效的路径。③而课程教学更是教育的主渠

---

① 中共中央办公厅 国务院办公厅印发《关于实施中华优秀传统文化传承发展工程的意见》[EB/OL].[2017-01-25].https://www.gov.cn/zhengce/2017-01/25/content_5163472.htm.

② 习近平:高举中国特色社会主义伟大旗帜 为全面建设社会主义现代化国家而团结奋斗——在中国共产党第二十次全国代表大会上的报告[EB/OL].[2022-10-25].https://www.gov.cn/xinwen/2022-10/25/content_5721685.htm.

③ 田慧生,张广斌,蒋亚龄.中华优秀传统文化融入课程教材体系的理论图谱与实践路径[J].教育研究,2022,43(04):52-60.

道,在各学科中充分挖掘中华优秀传统文化元素,实施小学课程思政,将有助于优秀传统文化的传承,让小学生从小就浸润在文化中,以文化人,以文润心。

3. 小学课程思政具有发扬革命传统的价值

习近平总书记指出:"革命传统教育要从娃娃抓起,既注重知识灌输,又加强情感培育,使红色基因渗进血液、浸入心扉,引导广大青少年树立正确的世界观、人生观、价值观。"革命传统教育是贯彻党的教育方针、落实立德树人的现实需要。[①]以中国共产党的光荣传统和优良作风为核心的革命传统是中国发展的无价之宝,是针对不同时期重大历史事件、重要人物进行分析反思后形成的精神概括,对于推动中国革命、建设、改革事业的发展发挥了不可替代的重要作用。革命传统具有强烈的时代和地域特色,如井冈山精神、红船精神、延安精神、"两弹一星"精神、抗震救灾精神、北京奥运精神、脱贫攻坚精神、伟大抗疫精神等,但不同的精神中都蕴含了中国共产党人全心全意为人民服务的基因内核。

中国共产党的革命传统,亟须以生动鲜活的方式传承给青少年,在青少年身上得到更好的发扬。在小学阶段开展课程思政,充分挖掘各学科课程中与革命传统相关的元素与资源,是弘扬革命传统的必由之路。这需要学校依据不同年龄段学生的认知结构、特点与生活背景,结合学科典型确定目标,把能反映革命传统的载体有机地融入课程中,设计具有学科特色的典型实践活动。

综上,小学课程思政作为一种价值活动,体现了国家民族的时代发展意志,更体现了党对教育的领导和引领作用。

二、小学课程思政对社会发展的意义

课程思政要坚持为社会的持续发展,为改革开放和社会主义现代化建设服务。社会的持续发展,需要坚定的动力系统不断支持,这一动力

---

① 吴德刚.深刻认识革命传统教育的时代意义[J].人民教育,2021(07):6-10.

系统让社会前进的步伐永不停步。社会主义核心价值观作为社会发展的动力内核,如何在青少年中有效弘扬并发挥作用,需要各门课程"守好一段渠,种好责任田",与思政课程同向同行,以此培养合格的社会主义建设者和接班人。

1. 社会主义核心价值观是社会发展的动力内核

社会发展是指社会各要素整体向前运动的过程,包括社会经济、文化、政治等方方面面。庞大的系统向前运动,依靠所处其中的社会成员,同时也造福于社会成员。这必然需要一个与之在时间、空间上都匹配的强大动力内核,凝聚社会力量,引领社会发展。

社会主义核心价值观以三个层面的倡导为基本内容:国家层面倡导富强、民主、文明、和谐,社会层面倡导自由、平等、公正、法治,公民个人层面倡导爱国、敬业、诚信、友善。习近平总书记曾强调,"要把社会主义核心价值观融入社会发展各方面,转化为人们的情感认同和行为习惯"。因其是在我国革命、建设、改革与新时代的伟大实践中形成与发展起来的,体现在党的一系列路线、方针政策之中。[①]社会主义核心价值观作为社会发展的精神内核,体现了社会主义核心价值体系的根本性质和基本特征,有着丰富的内涵,也有着强大的聚力作用,能让社会成员在一次次改革大潮中,认清方向、锚定目标。中国特色社会主义正是在这样的过程中,攻坚克难,完成了一件件伟大的创举。

2. 小学课程思政助力社会主义核心价值观的培育和践行

小学生是社会主义建设者和接班人,是国家民族未来的希望。如何在小学生层面培育和践行社会主义核心价值观?这是摆在全社会面前的一个重要命题。本书认为,小学课程思政的落实是一个有效路径,能起到润物细无声的作用。

社会主义核心价值观培育重在全员参与。社会主义核心价值观关乎社会发展和全面进步。小学生的社会主义核心价值观培育不是一门

---

① "上城教育高质量发展系列丛书"编委会. 行走德育:价值铸魂育人的时代报告[M]. 上海:上海交通大学出版社,2023:27.

学科教师的责任,是所有学科教师作为社会成员共同的责任,不是一所学校的责任,是社会、社区、政府等共同的责任,而课程思政正是强调了育人的协同性。习近平总书记在学校思想政治理论课教师座谈会上强调,"要坚持显性教育和隐性教育相统一,挖掘其他课程和教学方式中蕴含的思想政治教育资源,实现全员全程全方位育人"。[1]每位教师都要充分挖掘本学科课程中所蕴含的社会主义核心价值观元素,作为其开展课程思政教育的支点和抓手。

社会主义核心价值观培育重在具象化、生活化。社会主义核心价值观包含24字,这24字将全社会长期以来总结的经验和精神高度浓缩。这是一种高度抽象、概括性的社会意识,其要在小学生中真正发挥作用,必须用学生喜闻乐见的方式,扎根实际生活,用可视化的方式,将社会主义核心价值观的历史渊源和丰富内涵意义呈现在学生眼前,走进学生身心。单纯用说教、传道式的方式,无法起到内化为信念和自觉行动的作用。而课程思政理念正是强调了充分挖掘学科资源,包括教材内资源和学生生活环境资源,将价值观置于具体的情境中,去完整、深刻地领悟体会。

社会主义核心价值观培育重在有丰富的知识基础。社会主义核心价值观是高度概括的精神层面的概念,没有丰富的知识和认知作为基础,无异于缘木求鱼。知识是人发展的重要基石,相比于临时起意的专题活动,课程思政将知识传递过程与价值观育人过程有机结合,让学生积累知识、运用知识的过程同时成为价值观塑造和提升的过程,成长为一个大写的、合格的社会主义接班人。

三、小学课程思政对学生成才的价值

人是教育的原点,人的发展是教育活动的最终目标。[2]课程思政是

---

[1] 习近平主持召开学校思想政治理论课教师座谈会[EB/OL].[2019-03-18]. https://www.gov.cn/xinwen/2019-03/18/content_5374831.htm.

[2] 李文阁.论社会主义核心价值观的形成、内涵与意义[J].北京师范大学学报(社会科学版),2015(03):8.

一种价值活动,核心就是围绕学生、关照学生、服务学生,这是课程思政内在价值的集中体现。

1. 青少年阶段是人生的"拔节孕穗期"

邓晓芒先生曾对康德教育学进行概括:"如果要用一句话最简洁地概括他的教育观的话,那就是从儿童到青年,一切都要向着培养一个有道德的人而努力"[1]。青少年阶段常常被喻为人生的"拔节孕穗期"。"拔节孕穗"原是指禾谷类作物从起身拔节开始至抽穗开花前这一阶段,也称营养与生殖生长并进期。青少年正处于这样一个快速发育和知识认知增长期。这一时期的青少年有以下特点:第一,充满未知。因为其身体发育尚未完成、知识体系的搭建尚未完成、价值观塑造尚未完成、心理发展尚未成熟,所有的一切都处于"未完成"状态,充满了未知与不确定,任何外界事物都能对其产生不同程度的影响,容易产生"思想迷路"现象,以至于在原地绕圈却产生"走了很远"的错觉,尤其是忘记了为什么出发。[2]第二,青少年时期形成的观念对后续成长影响巨大。人的成长具有关键期,不同的儿童心理专家都表示,关键期的发展对人一生的成长有着不可替代的作用。"扣好人生的第一粒扣子",习近平总书记用这句话强调青少年阶段树立正确价值观的必要性。青少年时期树立的价值观,会直接影响青少年的健康成长和个性的形成,以及今后的生活。第三,当前的青少年生长于和平环境中,他们有幸见证了祖国和民族欣欣向荣的发展状态,却从未经历过浴血奋斗的困难艰辛,古老的优秀传统文化、深刻的革命传统对他们而言显得陌生而遥远。第四,当前的青少年处于信息价值多元的世界环境中,改革开放以来,走出去引进来的事物越来越多且复杂,不同的价值导向,如个人主义、拜金主义、享乐主义、利己主义等负面因素不断冲击着主流价值,而尚在成长中的青少年还并未完全具备价值判断的能力,这给其树立正确的理想信念带来了挑战。

---

[1] 邓晓芒.康德论道德教育[J].清华大学学报(哲学社会科学版),2019,34(3):2.
[2] 张晓东.小学课程思政的时代内涵与实践路径[J].江苏教育,2023(01):7-10,14.

基于对青少年阶段的基本特征分析,在小学阶段开展课程思政非常有必要。小学生成长最主要的时间就是在各门课程的课堂上学习体验,抓住这个主阵地,开展学科育人是关键。小学生正处于不断积累知识的过程中,在这期间应以具体的学科知识为载体,不断提升学生对社会、文化、精神的判断认知能力,使其由自然人逐渐过渡到会进行价值判断和关系处理的社会人。

2. 人的全面发展呼唤小学阶段开展课程思政

马克思主义理论是课程思政建设的指导思想,马克思将实现人的自由全面发展作为最高的人生追求。课程思政应围绕人、关照人、服务人,促进人的全面发展。①

(1)马克思主义人的自由全面发展的理论

马克思没有直接提出人的自由全面发展理论,这一理论是后来学者对马克思人的发展思想的论述整理而成的,但不可否认的是"在马克思的众多伟大思想中,人的自由全面发展理论占有重要的位置"②。马克思关于人的全面发展理论的提出有其特定的时代社会背景。一方面,当时的资本主义大工业的迅速发展,解放了生产力,为人的发展提供了可能性。另一方面,资本主义条件下劳动的异化,如机械化生产、高度的分工,造成了人的畸形发展。③人们长期从事着机械的、局部的、枯燥的工作,很大程度上束缚了人的个性发展和能力发展,使人一度成为机器的奴隶。基于此,马克思逐渐形成了人的自由全面发展理论。人的自由全面发展理论主要包括:第一,人的需求的全面发展。人的需求涉及方方面面,有知识成长需求,也有精神发展需求,更有心理需求。同时人的需求也随着人发展的不同阶段和社会发展的不同阶段有所变化,即人的需求是社会历史性的。因此,只有关注人的全面的需求,才能助力一个人更好地参与社会,得到外界的尊重和解放。第二,人的能力与个性的全

---

① 范卿泽.课程思政理论与实践[M].北京:人民教育出版社,2022:15.
② 袁贵仁.马克思主义人学理论研究[M].北京:北京师范大学出版社,2012:1,140.
③ 朱青青.马克思人的全面发展理论及时代意蕴[J].学理论,2022(09):25-28.

面发展。人的能力是指人为了满足自身发展和社会发展所表现出的素质与素养。人存在于复杂的社会关系中,其中需要的能力也是多样且复杂的。马克思把人的能力分成:自然与社会能力、体力和智力能力、个体和集体能力等。我们所指的"德"即人的社会能力。只有全面关注了人的各方面能力发展需求与可能性,人才能成长为完整自由的人。第三,人的关系的全面发展。人时刻处于关系之中,同时又是其所有关系的综合,包括家庭人文关系、经济关系、政治关系等等。社会关系能否良好发展,决定了人的成长能否健康顺利,并进一步影响整个社会的发展。

(2)五育并举是人的全面发展理论的中国化

在马克思主义人的自由全面发展理论指引下,我国结合实际,党的教育方针政策经历了"德智体全面发展"到"德智体美全面发展"再到"德智体美劳五育并举"的不断完善的过程。当下,我国义务教育课程改革方案(2022版)的指导思想即"聚焦中国学生发展核心素养,培养学生适应未来发展的正确价值观、必备品格和关键能力,引导学生明确人生发展方向,成长为德智体美劳全面发展的社会主义建设者和接班人。"这是马克思主义中国化的典型体现。为了实现立德树人根本任务,在马克思主义全面发展基础上,提出五育并举,坚持德育为先,提升智育水平,加强体育美育,落实劳动教育。《中共中央 国务院关于深化教育教学改革全面提高义务教育质量的意见》指出,要突出德育实效,大力开展理想信念、社会主义核心价值观、中华优秀传统文化、生态文明、心理健康和革命传统教育。"五育并举"的教育方针要求学校从整体出发,设计育人体系,特别是课程的设置与具体实施。如何在规范设置国家课程、地方课程和校本课程基础上,有方向、有重点、有特色地进行校本化实施,突出课程的全面育人功能?这是每一所学校都要思考的关键问题。

(3)小学课程思政为实现五育并举提供路径

一方面,小学阶段落实课程思政理念,开展相关的活动,为学校贯彻落实五育并举提供了路径;另一方面,五育并举的方针也是学校落实课程思政的逻辑起点。关注学科育人价值,充分挖掘学科中的思政元素和主题内容,通过学习活动的设计实施,打破"高分低能"和"唯分数论"的怪相,把学生培养成一个既有扎实知识基础,又有正确理想信念,高尚道德的全面发展之人。

3. 小学课程思政发展学生道德认识、情感与自觉

从可行性角度谈课程思政的价值,本书认为,课程思政在课程资源的整合、教学组织形式的创新、教师资源的融合等方面的探索和创新,有助于更好地引导学生将课程思政所倡导的价值理念真正地"内化于心、外化于行"。①

(1)依托学科载体,有效发展小学生的道德认知

课程思政不同于思政课或专题教育,有丰富多元的学科素材、学科知识、学科问题和成就作为学生道德认知的基础和载体。知识是构成课程体系的核心要素。学生在学科学习中,不断建构自身的知识体系,通过依托学科的具体性和专业性,使道德认知变得更加具体和生动,满足学生的个性发展需求、道德认知水平。在语文课上,教师可以选取一些具有道德内涵的文章与学生一起阅读,如《小狗的朋友》《好朋友的标准》等。通过分析文章中人物的行为、品德和价值观,可以引导学生思考其中的道德问题,培养他们形成正确的观念和价值取向。通过数学问题的讨论与解决,可以引导学生思索道德选择的原则和方法。例如,教师可以设置一个实际情境,让学生进行数学推理,同时考虑其中的道德因素。比如讨论一个捐款问题,学生需要计算捐款数额、时间和对象,并进行道德判断,选择最合适的方案。

(2)依托学科主题情境,唤醒小学生的道德情感与自觉

随着社会的发展,小学生道德情感的培养变得越来越重要。而在启蒙小学生道德情感的过程中,在课程思政理念下,依托学科主题情境是一种有效的方式。依托学科主题情境可以激发学生的学习兴趣和主动性。学科主题情境是以学科知识为基础,通过构建有趣、引人入胜的情景,让学生身临其境地感受学科的魅力,促进学生的情感体验和共情能力的培养。依托学科主题情境可以帮助学生将道德观念融入日常生活

---

① 范卿泽.课程思政理论与实践[M].北京:人民教育出版社,2022:15.

中。在学科主题情境的引导下,学生能够通过真实情境的模拟和体验,将道德观念与实际生活相结合,使道德观念变得更加具体和有实践性。例如,在进行科学课教学时,可以通过实地考察环境保护区,让学生亲身感受到环境保护的重要性,从而培养学生的环保意识和责任感。

  小学教育的对象是活生生的儿童,一个个有思想、有情感的鲜活的生命,需要教育者用心去感受儿童作为"人"的心理需求,用真实的学科主题情境去浸润儿童,唤醒儿童的情感自觉,真正触及学生的内心深处。我们倡导课程思政,就是希望在这一方面施力,在润物细无声中唤醒学生的道德情感。

第二节 让学习行走：小学课程思政在地化的整体建构

本书充分认识到小学课程思政实施于国家发展、社会进步、学生成长的内外价值。课程思政源于高等教育的思想政治教育改革，在小学阶段开展课程思政就需要学校思考当下小学课程思政在地化落实存在的现实困境，并且在深刻的理论主张指引下，提出破解路径。杭州市胜利实验学校作为杭州这座历史名城的主城区公办小学，有着悠久的办学历史（办学历史可追溯到公元1599年成立的崇文书院），在充分剖析现实课程思政在地化实施低效问题的基础上，以"实践学习"为理念，提出"让学习行走"的思路，充分利用杭州历史革命文物、名人、传统文化场馆等资源，推动小学课程思政在地化落实。

一、小学课程思政在地化的内涵阐述

一项研究或改革的开展，要达到科学有效的目的，首先需明确"是什么"。本书在提出如何开展小学课程思政在地化实施前，理应对小学课程思政在地化的内涵进行全面分析与澄清。下面，首先对"课程思政"和"在地化"的内涵进行分别分析，再结合两者提出"小学课程思政在地化"的内涵与特征。

1. 课程思政的内涵澄清

课程思政的概念最早由上海高校于2014年提出，而后逐渐出现于大众视野。自正式被提出之后，专家学者对课程思政的研究从未停歇，以致"课程思政"的概念内涵还未有一个统一的说法。通过梳理前人的研

究，发现不同学者都站在不同的视角进行定义，不能简单说谁的定义更权威，因为不存在比较的意义，只能说这些多元的视角能帮助我们更加全面、清晰地认识课程思政。

本书中所指的课程思政，是指在立德树人根本任务指引下，充分挖掘各门课程的思政教育元素，依托各门课程的典型学科特色，创新课程教学各环节，给予学生完整、丰富的体验，以充分发挥各门课程的育人价值，实现知识传授、能力培养和价值观引导的有机统一。在此，本书认为有几点需要说明与澄清：

第一，课程思政所指"课程"包括道德与法治课。习近平总书记在学校思想政治理论课教师座谈会上的讲话中明确提出"思想政治理论课是落实立德树人根本任务的关键课程"。从这个意义上说，课程思政，重点就是要在思想政治课程中落实"思政"，相对应高校的"思想政治课"，小学阶段就是"道德与法治课"。因此，本书将包含道德与法治课在内的各门小学阶段课程都纳入课程思政视角。各门课程都是思想政治教育的主渠道，要从这样的高度看待各门课程的育人价值，形成自觉的育人行为。

第二，课程思政超越学科渗透，强调让学生经历完整的过程。本书所指的课程思政，已经从理念逻辑走向实践逻辑，不仅是教师点到即止的表面拓展或渗透说教，更是指在承认课程思政的价值基础上，在各学科以实践学习、行走学习的方式，让学生全身心参与、体验完整的过程，从而提升思想政治素养。

2. 在地化的内涵

"在地化"理念发端于美国杜威实用主义教育学说，得益于美国环境保护运动、反标准化教育改革和农村教育改革的影响和推动，是相对于"全球化"的一种趋势。西南大学刘雨田等人在充分研究了"在地化"发展脉络后，提出在地化是指充分利用当地的人文环境和自然环境，从当地选取素材编制教学活动，旨在帮助学生更好地达到统一的教育要求，同时增进他们对当地社会、文化和生态环境等方面的了解，加强对当地的情感联结和责任担当。①在地化的思路对我国乡村教育有很大借鉴意义,很多学者和教育部门纷纷采取在地化教育思路,推动当地创新性发展,提升教育质量。例如,甘肃省平凉市大寨小学充分利用"平凉金果"的区位优势,开发具有乡土特色的"苹果谷"校本课程。②邱德峰等人基于在地化视角分析未来宜从秉持在地化理念、依托在地化资源、基于在地化教学、开展在地化实践来盘活乡村教育生态。③此外,有部分研究者在高校思政课与课程思政中探究在地化教学,解决思政课内容不鲜活、针对性不强,其他专业课课程育人质量不高等问题。④⑤

3. 小学课程思政在地化的内涵及其必然性

基于以上对"课程思政"和"在地化"内涵的分析,本书强调小学课程思政在地化,是指将中华优秀传统文化、革命传统等重大思政元素融入小学各门课程教学中,并结合当地的地方文化、社会背景等地方资源和学生的实际情况进行有针对性的教学引导和培养。针对小学课程思政在地化的认识,可从其内涵和必然性两方面理解。

一方面,强调中华优秀传统文化、革命传统等重大思政元素是小学课程思政在地化的基础和出发点,以此为出发点培养学生的政治认同、家国情怀。另一方面,强调杭州地域资源的重要性,这是地域文化与课程思政的联结点,能够提高小学课程思政的实效。因此,要结合学校所在地的特点,将本地的优秀传统文化、地方风俗、名人事迹等融入课程教学,以使学生更好地了解和认同当地的文化传承。

小学课程思政在地化具有必然性。第一,这是基于小学生的特点。

---

① 刘雨田,陈时见.美国在地化教学改革及其启示[J].外国教育研究,2021,48(02):103-116.

② 王富贵.乡村小规模学校在地化教育思考与实践[J].中小学管理,2023(02):5-8.

③ 邱德峰,王远征,于泽元.在地化教育视角下我国乡村教育的发展困境及突围[J].教育科学论坛,2022(03):70-76.

④ 刘晓慧,陆艳婷.广西高校新闻史课程思政"在地化"教学探究[J].新闻潮,2023(06):44-46.

⑤ 张国伟.边疆高校思想政治理论课"在地化"实践教学模式探索[J].文山学院学报,2022,35(04):104-107.

小学生正处于身心发展的关键时期,他们对于道德和价值观的形成特别敏感。他们的认知发展水平也决定了现阶段对事物的认识需要经历一个由近及远、由熟悉到陌生的过程。在课程思政中利用当地文化、地方风俗和社会背景,能够激发小学生对中华优秀传统文化、革命传统等思政内容的兴趣和关注,加深他们对当地文化的认同感。第二,具有特色的地域文化是小学教育的一个重要组成部分。不同地域具有各自独特的文化传统和价值坚持,这些都是小学生道德教育的珍贵资源。将地域文化融入课程思政,可以激发小学生对本土文化的认同和热爱,这是上升到家国情怀的基础。

二、小学课程思政在地化的现实难题

在充分认识了小学课程思政在地化的内涵和必然性基础上,本书理性看待当前小学课程思政在地化现状。

(一)描述:小学课程思政在地化实施的实效不足

为了落实党中央对新时代课程思政的要求,杭州市相关教育部门及各一线学校努力创新,通过走读杭州、第二课堂、研学活动等多样化方式,利用在地资源进行课程育人。为此,我们针对本校教师、五年级学生和家长做了小学课程思政在地化的现状调查。

数据显示,77%的学生表示喜欢场馆学习形式;61%的学生表示目标和任务明确程度一般或不明确,走马观花;只有少部分学生能感受到场馆资源和学科学习的联系(21%)。

在选取资源进行课程育人时,57%的教师习惯性地优先选用教材资源,其次是网络资源(占21%),当地的场馆资源却不被重视(图1-2-1)。经过对话式抽样访谈,了解到教师不愿选用当地场馆资源的原因主要有三:一是外出学习太费时,要占用传统学习时间,且教师需要花费太多精力设计并组织学习活动。二是教师不清楚如何开展场馆学习活动、如何有效地将场馆和课程有机结合,教师对把握不准的事物不愿意过多尝试。三是教师对杭州的一些场馆资源不清楚,不知道哪些场馆和课程主题相契合,更不清楚场馆内的设置,自然也就想不到要利用当地场馆资源。家长层面则并不看好目前多样化的场馆学习对学生思想成长的作用,仅有29%的家长认为作用很大或比较大。可见,当前小学课程思政在地化实施面临着低效性问题。

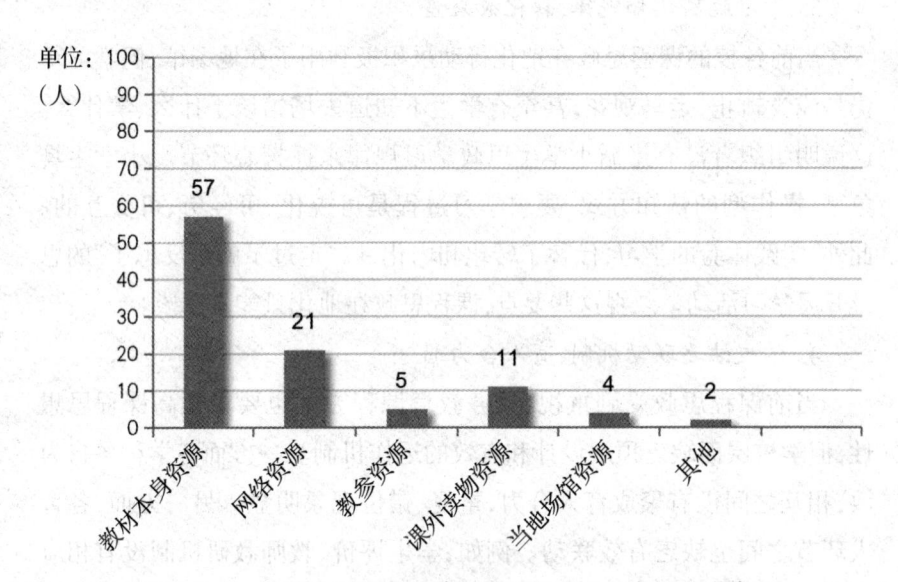

单位:(人)

教材本身资源	网络资源	教参资源	课外读物资源	当地场馆资源	其他
57	21	5	11	4	2

图1-2-1 杭州市胜利实验学校教师课程思政资源优选情况

(二)分析:小学课程思政在地化实施低效的原因审视

审视低效现象背后的原因,是高质量推进小学课程思政在地化的必然要求。

1. 目标内容指向不明,缺乏系统性

在地思政资源与各课程之间没有建立逻辑上的必然联系。教师在使用在地资源时,随意倾向明显,凭个人喜好选择和决定,学校层面又缺乏统一的价值指向和目标内容规定,导致目标和内容泛化,浮于表面,杭州的特色思政资源无法有效转换成准确的课程资源,对学生的思想成长起不到积极的作用。

2. 照搬传统教学思维,课堂无章法

教师习惯性忽视在地资源的原因之一,是其认为在场馆开展学习花

费时间,且找不到有效组织的教学支架。这说明,一方面,当前教师还是坚持原有的课堂教学思维,倾向于照搬传统的思想政治教育"坐而论道"的传递式教学。另一方面,教师的教学方法使用随意,没有形成相对结构化并且经过实践检验的有效的学科育人教学支架。

3. 学习脱离认知规律,转化效果差

当前各校的课程思政在地化行动虽积极利用了在地场馆,但学习却仍是浅尝辄止、走马观花,甚至有学生不知道去场馆该干什么、学什么。这说明组织者没有遵循小学生思政学习规律来抓核心环节。小学生具象型、操作型的认知方式,要求学习过程是可视化、可经历、可交互的。此外,实践体验的学习,代替了转化和内化,以"走过了就是反思了"的思维开展学习活动。忽视这些要点,课程思政在地化只能是空谈。

4. 学校缺乏联动机制,育人合力弱

当前课程思政受到重视,义务教育课程方案也要求提高课程思想性,但学校层面缺乏顶层设计和有效的运作机制。一方面各学科各自为政,相互之间没有聚成育人合力,重复、错位现象明显。另一方面,各育人环节之间也缺乏有效联动。例如,学生评价、教师教研机制没有相应改变,课程思政的突破缺乏支持土壤。

三、让学习行走:为小学课程思政在地化难题提供新路径

本书课题组针对当前小学课程思政在地化存在的低效问题,在精准把握问题和成因的基础上,结合国家政策和义务教育课程改革方案要求,借鉴杭州市上城区"行走德育"的经验,聚焦"实践育人",开展了系统深入的理论研究和实践探索,走出了一条杭州小学课程思政在地化的"行走学习"之路。

1. "让学习行走"的内涵理解

"让学习行走"是开展小学课程思政在地化的一种学校创新行动。把立德树人作为贯穿始终的总命题,充分利用杭州在地场馆资源,围绕中华优秀传统文化、革命传统等思政元素,挖掘包括道德与法治在内的

各门课程与思政元素的联结点,探索"行中学、行中悟、行中信"的典型学科学习范式,在促进学科知识学习的同时,锤炼学生的爱国情、强国志、报国行。

"行走"意指亲身经历、亲身验证和亲身践行。[1]在本书中,行走有两层具体含义。第一层含义意指学生通过走出教室、融入实际环境,开展研学旅行、实地考察、劳动服务等方式的学习。本书案例中都设置了场馆学习环节(或课时),集中体现了这一层含义。第二层含义意指义务教育课程改革方案中所倡导的"学科实践",倡导学生用学科的典型实践开展学习,倡导加强学科学习的知行合一,学思综合,做中学、用中学、创中学,增强认识反思真实世界的能力[2]。这一层含义凸显了"课程思政"中的"课程"意蕴,行走学习不能去学科化。因此,本书案例中在语文学科课内常常设置故事交流、习作表达等学科典型实践活动来提升学生的道德认知,升华情感,而艺术学科则倾向于设置艺术创作等典型实践来内化,其他学科亦然。

2. "让学习行走"的理论主张

(1)课程思政在地化要找到内容联结点促进知识建构,避免去学科化

本书课题组首先以"建构主义"为学习论基础,提出"让学习行走"的小学课程思政在地化实施思路。学习论基础是指学习的理论原则和方法,用于指导教育者在教学过程中如何帮助学生有效地获得并建构知识。建构主义学习理论强调知识不是由教师传授给学习者的,而是以学习者自身为主体,在一定的情境下,通过利用一些必要的帮助(教师的引导)和必要的学习资料,调用已有经验,进行意义建构的方式而获得。学习者通过与环境的互动来主动建构个人认知体系,因此学习不是量的积累,而是时刻发生着质的变化。

在课程思政在地化过程中,教育者要为学习者提供利于其主动建构

---

[1] "上城教育高质量发展系列丛书"编委会.行走德育:价值铸魂育人的时代报告[M].上海:上海交通大学出版社,2023:27.
[2] 吴刚平,安桂清,周文叶.新方案·新课标·新征程《义务教育课程方案和课程标准(2022年版)》研读[M].上海:华东师范大学出版社,2022:29.

的丰富的环境,这就是行走学习的意义价值所在。以中华优秀传统文化和革命传统为内容联结点,通过对学科知识深入挖掘,匹配杭州在地化资源,提供给学生一个相比较于传统教材更丰富、更有层次、更结构化的学习资源系统,给学生更大空间进行个性化建构。此外,该内容网(学习资源系统)应该以学科知识和情境为基础,避免从内容上就出现"去学科化"现象。知识是学生道德认知提升的载体。

(2)课程思政在地化要让学生经历完整、深刻的实践,不能点到即止

"让学习行走"的小学课程思政在地化实施路径还以"做中学"为教学论基础。在寻求内容联结基础上,要从教学论视角考虑如何组织教学活动,有效发挥内容的作用,让学生能获得相对完整的体验和感悟机会。当前的做法一是教师将教材本身有的思政模块(如浙教版数学的"数学百花园")一笔带过,让学生课后自己读一读;二是将搜寻来的校外资源作为一个环节,用教师的几句话点缀作为升华;三是布置课后自主拓展任务,让学生有机会自己去走走场馆,没有指导。这样的做法均是"点到即止",没有真正从深处对学生的情感有所触动,一定程度上浪费了教材编写者或教师精心提供的内容。

"让学习行走"是"做中学"教学论的具体演绎,这在杜威的教育哲学中可找到依据。课程思政不是点到为止,应以实践行走的方式让学生全身心投入,使学生在有教育意义和有兴趣的活动中学习。"当学生投入情境的时候,积极的道德情感就会紧紧伴随着每一天的教学生活,思政就不再是机械的灌输、简单的说教、空洞的解读,而一种触及灵魂的对话、体验、感悟,这样就可以实现不言而教,学生在情感触动中学会判断、学会选择、学会辨析,美好的教育就会自然而然地发生。"[1]

(3)课程思政在地化要关注在冲突中转化提升,避免以行走代替道德认知的提升

"让学习行走"的小学课程思政在地化实施路径强调以"知行合一"

---

[1] 张晓东.小学课程思政的时代内涵与实践路径[J].江苏教育,2023(01):7-10,14.

为认识论基础。"知行合一"是知行哲学思想和政治思想在教育领域的具体化,是探索知行合一作为培养人的重要路径的认识过程。[①]新课改明确提出,学生的学习要践行"知行合一"的原则,即践行实践育人的原则。[②]我国多位教育家、思想家都对"知行合一"进行了论述和主张。中国哲学家最早对"知行"问题的记录在《尚书》中可见——"非知之艰,行之惟艰"。后来孔子、孟子、荀子等都对知行问题展开了丰富的论述。"知行合一"这四个字的明确提出始于王阳明。他强调"知者行之始,行者知之成","知"一开始便产生了"行","知""行"二者不容割裂、密不可分。中国近代教育家陶行知提出了"生活教育"的理念,即"生活即教育""社会即学校""教学做合一"。其实质是突出了实践在教育与生活之间的转换作用。孙中山和陶行知代表的近代知行观,都强调了"行"的重要性,强调实践是知行合一的逻辑起点。

从"知行合一"的认识论出发,本书认为对事物的认识离不开行走实践。当前,学生在学校接受主流价值观的教育,但不正确的社会舆论、不科学的家庭教育同时也会给学生带来多元的负面影响,这两者之间的冲突无法仅仅通过传统的讲授范式来调和。我们绝不回避这些观念冲突,而恰恰要针对冲突开展课程思政,这就需要以实践、考察、行走的方式将学生置于冲突中,刺激其原有认识。

然而,"知行合一"不仅仅强调"行"的重要性,不仅仅指"知者行之始"。"合一"是双向的,"行"也要上升到"知"的感性迭代,即学生的反思、转化和内化。不能以实践代替内化反思的过程,仅仅停留于活动层面,避免只求做过,没有后续的实践反思。"让学习行走"的课程思政在地化开展的重要一环在于感受到冲突后的反思。因为各学科的学习本身要借"实践—反思"的机制达成知行合一、形成学习品格,还在于各学科都

---

① 杨志娟.知行合一理念:历史追溯、政策意蕴和实践模式[J].教育学术月刊,2021(05):33.

② 成尚荣.实践育人的理论基础、核心要义与基本形态[J].中国教育学刊,2022(10):55-60.

应指向核心素养的培育,而反思是从知识走向素养的必由路径。[①]教师要重视学生在行走实践后的反思,设计好反思的支架或路径(在本书案例中都有相应的环节),引导学生学思结合,实现由行到知的升华,进而建立所学知识与理想信念、价值观之间的"联结",避免"无教育的教学"。

(4)课程思政在地化要从为教师提供行走支架走向倡导教师形成自觉

小学课程思政在地化低效的原因还因为教师的能力意识还未跟上。一方面,虽然课程改革专家不断强调和提倡综合学习、跨学科学习,但当下绝大多数教师,仍以"某某学科教师"身份自居,甚至出现部分教师因为临时的"转岗"而纠结不已的现象,这是长期以来分科教学导致的结果。另一方面,教师对教学的教育性意识认识不足。从校内教师参与角度,仍有很多教师认为,价值观育人是道德与法治学科老师或班主任的任务,一旦学生出现品行问题,就"扔给"班主任解决。这反映出教师的课程育人意识有待提高。此外,教师在课程中对价值观教育的教学规律把握不足,仍止步于"低头做学问"和单一的知识传递,不会做学科深融,育人能力仍需加强。

基于以上的分析,要提高小学课程思政在地化的实效,在初级阶段要为教师提供行走支架。本书案例中即以主题清单为载体,将清单提供给教师,帮助教师清晰地按照既定的流程来实施。当然,我们的目标不止于此,最终希望教师在对标实施的过程中,不仅能提高设计、实施的能力,而且能逐渐形成一种课程思政行动自觉。

四、"让学习行走"的小学课程思政在地化行动架构

本书围绕思政重大主题元素、行动突破、主要内容呈现"让学习行走"的小学课程思政在地化行动架构,以期让读者对本书有一个全面认识。

[①] 崔允漷.素质导向的学科实践:引导学生实现由行到知的升华[N].光明日报,2022-11-22.

(一)导航:课程思政重大主题元素确定

明确的育人导向是小学课程思政在地化有效实施的前提保障。细化的思政重大主题,是课程思政在地化实施的导航系统,能够为基层实施提供指路明灯。本书项目组在研究初始阶段,曾围绕"立德树人",将重大主题确定为政治认同、国家意识、文化自信、革命精神。然而,在实践过程中发觉,对于6~12岁的小学生来说,这些重大主题与其生活距离甚远,特别是政治认同。

2021年,教育部连续颁布相关思政重大主题内容进课程教材的系列指南,分别为《革命传统进中小学课程教材指南》(教材〔2021〕1号)《中华优秀传统文化进中小学课程教材指南》(教材〔2021〕1号)《习近平新时代中国特色社会主义思想进课程教材指南》(国教材〔2021〕2号)《"党的领导"相关内容进大中小学课程教材指南》(国教材〔2021〕5号)。系列指南有分学科、分学段的具体教材要求和重点课推荐,也有载体形式的建议,对于学校梳理各学科课程思政元素、挖掘在地化资源有很大的指导意义。兼顾操作性与可行性,作为研究尝试,最终确定将革命传统和中华优秀传统文化,作为本书"让学习行走"的两个思政重大主题元素。在此基础上,后续可以重点开发和研究以习近平新时代中国特色社会主义思想、"党的领导"相关内容作为重大主题的课程思政在地化行走学习案例。

革命传统:《革命传统进中小学课程教材指南》(教材〔2021〕1号)指出,在中国共产党近百年为民族独立、人民解放和国家富强、人民幸福而不懈奋斗中形成的革命传统,是党的宝贵精神财富和丰厚的政治资源,也是中小学教育的重要内容。将革命传统全面融入课程教材,对中小学革命传统教育目标、内容、方式等进行顶层设计,是充分发挥革命文化和社会主义先进文化的铸魂育人功能,实现革命传统教育整体化、系列化、长效化的重要举措。中小学革命传统教育主要围绕中国共产党的领导地位、共产主义理想信念、以人民为中心的立场、实事求是思想路线、革命斗争精神、爱国主义情怀、艰苦奋斗传统七个方面进行,使学生从小就植入红色基因,继承弘扬革命传统。

中华优秀传统文化：《中华优秀传统文化进中小学课程教材指南》（教材〔2021〕1号）指出，开展中小学中华优秀传统文化教育，对于永续中华民族的根与魂，坚守中华民族的共同理想信念，筑牢民族文化自信、价值自信的根基，维护国家文化安全，增强国家文化软实力，培养青少年做堂堂正正的中国人，具有重要意义。中华优秀传统文化进中小学课程教材，是强化中华优秀传统文化的铸魂育人功能，落实以中华优秀传统文化涵养社会主义核心价值观，实现中华优秀传统文化传承发展系统化、长效化、制度化的重要举措。中小学课程教材主要围绕核心思想理念、中华人文精神、中华传统美德三大主题，遴选中华优秀传统文化教育内容。

（二）突破："让学习行走"行动框架

本书项目组围绕内容指向、教学支架、学习样态、学校保障开展"让学习行走"四大突破行动，过程中提炼出"两类清单""多元导航""行走展示""三维支持"四大创新做法，最终形成校本新经验、师生新形象、品牌新影响，从而有效解决课程思政在地化问题，推动小学课程思政在地化高质量实施（图1-2-2）。

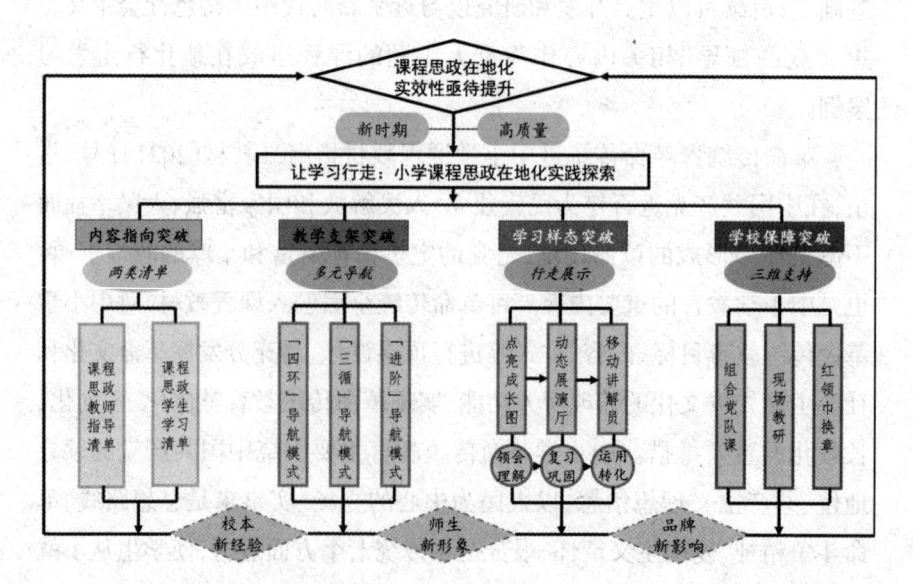

图1-2-2 "让学习行走"行动框架

1. 清单式的内容指向

研究以遵循价值、凸显在地、结合课程、实用简洁为设计思路,开发设计教师指导清单和学生学习清单。教师指导清单,围绕思政目标、思政元素、教材主题等要素,实现"一学科一清单"(其他课程由数学、科学、体育三门课程合并)。学生清单遵循"一活动一清单"的原则设计,旨在解决"怎么教"和"怎么学"的问题,让课程思政在地学习系统而高效。

2. 导航式的教学支架

清单式的内容实施面临着在地资源与学科、学段之间复杂多元的联系。基于不同清单类型,匹配功能定位不同的导航模式,为教师教学提供精准的实施框架指引,针对不同导航模式,配套相应的教学设计模板供教师选用,鼓励教师在"脚手架"的助力下设计与开展有学科特色的有效教学。

3. 行走式的学习样态

各门课程结合在地资源,在教师组织下,学生围绕"领会理解""复习巩固""运用转化"三个学习环节,对应"点亮成长图""动态展演厅""移动讲解员"三类行走展示策略,使学习呈现实践型、交互型的新样态。

4. 多维度的支持保障

为支持"让学习行走"的小学课程思政在地化有效开展,学校不仅在课程内容、实施上进行校本化创新,而且将视野拓宽,从党建引领、教师教研、评价闭环等各方面联动开展改革。

(三)概览:本书主要内容介绍

本书以一线教师和学校提供课程思政在地化行动指南为定位,为了更好地呈现项目组的研究成果,打破常规研究成果体例,主体部分以"案例+更多主题清单"的思路呈现,这也是本书体例的最大亮点。

第二章到第五章,依据《革命传统进中小学课程教材指南》(教材〔2021〕1号)《中华优秀传统文化进中小学课程教材指南》(教材〔2021〕1号)中的"学科安排",确定为道德与法治、语文、艺术、其他学科(体育与健康、数学、科学)各一章,每一章包含两节,分别为革命传统和中华优秀传统文化在该课程中的落地。

每一节呈现1~2个详细的课程思政行走学习案例，以呈现案例背景、教学设计、学生感悟、特色与创新、专家点评五部分。其中案例背景中结合教材会呈现与教材主题相关的场馆名片，让读者了解场馆概览。在教学设计中，会详细呈现场馆中学习的流程和设计意图，给读者以参考。

除详细案例外，本书最大的特色和亮点是每一节还包含10~15个左右的行走学习主题清单。每一个学科主题，本书都提供了匹配的场馆、所选用的载体和行走学习的建议。

"案例+更多主题清单"的内容呈现，既能让读者了解一个主题该如何设计实施，也能给读者更多主题选择参考。

第二章
道德与法治课程思政在地化的校本实践

　　道德与法治课程的思政在地化校本实践指的是将课程内容与地方实际相结合，通过充分挖掘杭州当地的思政资源的精华，结合教材相应内容，引导学生在课堂中汲取知识，通过场馆研学、行走学习的实践活动，激发他们对革命英雄的敬意和对传统文化的理解与认同，并从传统文化中汲取道德观念和法治思维，提升道德素养和法治意识，从而进一步激发对民族复兴的责任感和使命感，为未来社会的发展和进步作出贡献。

第一节 革命传统在地化落实的案例及清单

《革命传统进中小学课程教材指南》指出,道德与法治是落实革命传统教育的核心课程,是实现铸魂育人功能的重要载体。在此课程中融入革命传统教育内容,有助于引导学生爱党爱国,弘扬革命精神,树立共产主义远大理想和中国特色社会主义共同理想。教育部于2022年发布的《义务教育道德与法治课程标准(2022年版)》中,也对本课程中的革命传统教育做了一体化的设计,把革命传统列为本课程要突出和强化的内容之一。

一、课程思政行走学习案例

走近革命烈士　感悟抗日英雄精神

教材:《道德与法治》(人教版)五年级下册

课程主题:夺取抗日战争和人民解放战争的胜利

场馆:浙江革命烈士纪念馆

载体形式:重要革命史实和关键事件;革命英雄人物及事迹;革命纪念场馆

(一)案例背景

1. 场馆名片

浙江革命烈士纪念馆位于杭州市上城区,是浙江省级革命烈士

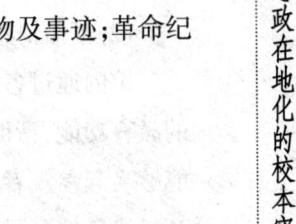

> 纪念场所。馆内设有陈列大厅和烈士墓园两个主要场馆。陈列大厅通过革命烈士的照片和生平事迹，展示了近代革命时期和新中国成立后浙江各地牺牲烈士的英勇事迹。近代部分介绍了辛亥革命、护国战争时期的烈士，新中国部分展示了抗美援朝、三线建设期间的烈士。烈士墓园位于馆区西南部，集中安放着浙江各地烈士的骨灰。墓园内设有近代革命烈士纪念塔和新中国成立后烈士纪念塔，以缅怀两代浙江革命烈士。

2. 教材亮点

该单元主要从百年追梦和复兴中华的主题出发，引导学生回忆、尊重、了解历史，明白幸福生活来之不易，激励学生树立奋发图强的爱国志向。"夺取抗日战争和人民解放战争的胜利"这一课共4个话题，引导学生了解抗日战争时期国家悲痛的记忆，以及中华民族奋勇抗争的事迹，并领悟抗日战争和人民解放战争中体现的革命精神，树立奋发图强的爱国志向。4个话题将知识逻辑和认知逻辑有机统一，力求从现实走进历史，再从历史回到现实，让学生铭记历史。

3. 价值关联

（1）革命情怀的升华

成长在和平年代的学生对于本课的历史背景存在认识模糊和误区，陈列大厅通过展示烈士照片、生平事迹和遗物，提供了第一手的历史资料，这对研究这两场战争的真实经过和烈士精神具有重要价值。通过烈士事迹详细展示，能够生动还原不同时期的历史场景，帮助学习者全面了解这两场战争的经过和意义。

（2）革命情感的传达

馆内通过各种方式弘扬烈士精神，对学习战争胜利的历史具有重要的教育功能，帮助学习者形成正确的爱国思想和集体荣辱观。馆内环境能够唤起参观者对烈士的缅怀之情，帮助学习者通过情感参与来理解这两场战争的深层次意义。

(3)革命精神的传承

学生在学习课文和研学纪念活动中,能够被鼓舞以学习烈士们为国家、民族夺取战争胜利的精神和意志,进而对学习战争胜利的价值形成重要影响,弘扬烈士精神。

(二)教学设计

1. 教学目标

(1)在实地研学实践中,了解抗日战争及人民解放战争的基本史实,感知抗日战争时期国家的悲痛记忆,感悟中华民族奋勇抗争的精神。

(2)联系实地研学经验,领悟抗日战争和人民解放战争中体现的革命精神。

(3)在情景感悟中,能用恰当的形式缅怀英烈,树立奋发图强、建设国家的志向。

2. 思政目标

感受伟人和英雄人物的高尚品德,体会中华民族的团结与伟大,增强国家意识,学习英雄,立志在生活实践中做先锋。

3. 教学过程

第一课时·研读革命烈士

环节一:云游博物馆,感受悲痛的历史

播放歌曲《松花江上》,说一说歌曲体会的情感。云游九一八历史博物馆,并追问:为什么要设立国家公祭日?

播放《罗伯特·威尔逊日记》,云游南京博物馆,感受日本侵略者的滔天罪行和南京大屠杀的悲痛历史。

交流现场研学感受。出示课前典型的调研采访视频和在浙江省抗日战争纪念馆中收集到第一手资料(表2-1-1),小组交流感受。

教师小结:在每个中国人心中,九一八事变、南京大屠杀都是屈辱的记忆,是民族的苦难、国家的灾难。我们要铭记历史,勿忘国耻,永葆和平。

表2-1-1 "走近革命烈士 感悟抗日英雄精神"课前准备单

我们收集到的资料
资料来源：□书籍　□杂志　□报纸　□见证人　□其他_____
事实简述：_____ _____
我的感想：_____ _____

【设计意图】成长在和平年代的学生对于抗日战争这段历史有一些简单的了解，但认识模糊且存在误区，听过一些战争时代的歌曲，参加过一些重大历史事件的纪念活动，但不了解活动背后蕴含的历史信息。通过VR历史影院的体验，以聆听历史歌曲、观看文字日记、回顾调研的方式，引导学生从现实生活出发，发现历史信息，加深国家记忆，增强国家意识。

环节二：抗日英烈故事会，众志成城共斗争

介绍重大战役：以思维导图的方式出示重大战役的时间轴，如淞沪会战、太原会战等。

微闪英雄故事：以一张照片、一段采访、一样红色传家宝等为切入口，讲3分钟英雄故事。红色专线员聆听红色故事后，采访同学：你有什么感受？你会有什么行动？

【设计意图】设计"抗日英雄故事会"，引导学生主动收集抗日英雄的事迹，以一次战役为出发点，在战役中聚焦一个革命先烈的故事，不断挖掘和学习，通过在班级展示分享的形式，使其在自主学习中丰富对抗战英雄的认识，加深对抗战精神的感悟。同时结合杭州在地资源中的先烈故事，如以"硬骨头六连"在南疆保卫战的抗战故事为典型案例展开，通过挖掘其生动感人的情节，引导学生感受视死如归、宁死不屈的精神。

环节三：我为革命烈士送朵花，点亮红色行动卡

商讨红色行动卡。小组讨论，商量如何点亮红色梦想的场馆。完成相应的任务后，将红色积分存入红色银行（表2-1-2）。

书写英雄缅怀卡，制作小百花，写下自己的志向。

制定场馆参观公约。通过对不文雅参观场馆（嬉笑、打闹）的照片进行对比，对参观场馆的学生开展教育。以头脑风暴的形式，制定班级研学参观的特色公约。

表2-1-2 "红色行动"实践卡

我的红色行动卡			
我的志向：			
站点	我的行动	我们的行动	红色银行
第一站	🚩	👥	🏦
我的感受			
第二站	🚩	👥	🏦
我的感受			
第三站	🚩	👥	🏦
我的感受			
……	🚩	👥	🏦

【设计意图】通过"制定红色行动卡""书写英雄缅怀卡""制定革命烈士场馆公约"，引导学生以实际的行动来缅怀革命先烈。同时，学生以小组讨论、头脑风暴的形式来绘制红色行动卡，将红色行动以有意义的形式来践行，树立建国志向，传承革命精神。

第二课时·革命场馆研学

环节一：研学准备

材料准备：研学单、采访记录等第一手素材、手机或相机、笔。

前期准备：以自己喜欢的方式搜索一场战役中的一个革命烈士的故事。

分组准备：有兴趣了解同一个战役的同学分成一组，填写相关的英雄先烈的名字，选择场馆展示的形式(表2-1-3)。

思考准备：你从这位革命先烈的故事中学习到他的什么精神？最打动你的是什么？

表2-1-3 "走近革命烈士 感悟抗日英雄精神"研学准备单

研学小组：	战役：
一场抗日战役：	
一位革命烈士：	
一个革命烈士的故事(可附录)： 场馆展示形式： □PPT □视频 □红色戏剧 □小报 □_____ □_____	
抗日英烈身上的一种精神(留下关键词句)：	

【设计意图】本环节从材料、分组、思维方面考虑研学准备。围绕同一场战役，组建革命烈士研究小组，引导学生了解同一场战役中更多的历史史实和革命先烈的故事。

环节二：研前探讨

学生在研学前进行探讨。在此环节,以小组合作的形式讨论搜集到的抗日烈士的故事和自己的初步感受。互相说一说自己展示的方式,分场地调试准备的材料,如PPT、视频等。各小组派代表到创客中心领取iPad一台,将所有资料进行拷贝。

【设计意图】以研究小组的形式开展,结合活动手册,梳理战役和时间轴,以思维导图的形式重现,让学生清楚地了解抗日战役的名称,从一场战役中来认识一位革命烈士的英雄事迹,了解其背后的故事,用自己喜欢的方式讲述和呈现。进一步明确学习任务的同时,激发对"革命先烈精神"的探究兴趣。用iPad进行资料的拷贝,以便其他研究小组提前了解,互相补充。

环节三：研中实践

任务发布：教师发放研学单,结合浙江革命烈士纪念馆的研学地图讲解位置、研学流程,强调安全问题和研学秩序。

明确流程：告知学生研学具体的四个流程:走进一个红色场馆、了解一次抗日战役、寻找一件与革命烈士相关的物品、讲解一位革命烈士的故事(表2-1-4)。

分组实践：教师讲解场馆研学单四个流程的具体任务要求,以小组合作的方式进行探究式学习。

表2-1-4 "走近革命烈士 感悟抗日英雄精神"研学实践清单

研学小组：	
研学小环节	研学小清单
走进一个红色场馆	小组分工,认领研学任务(摄影、记录、讲解等)
了解一次抗日战役	在场馆内寻找本组研究的战役史实,进行打卡合影
寻找一件革命物品	寻找自己心中的革命烈士的相关物品,了解物品背后的故事
讲解一个烈士故事	运用iPad,上传并更新每一小队的研学资料库,互相学习,在展厅进行分组讲解

【设计意图】红色场馆是红色教育的重要载体。红色场馆研学因其延伸时空、行走历史的优势,对充分发挥场馆教育功能、实现红色记忆的代际传递有着非常重要的意义。连接在地化资源,通过"四个一"的活动,小组以清单认领的方式进行合作探究式学习,在了解、寻找、讲解中进一步感受革命烈士的精神。设计四步项目活动,使学生在参与真实情景的调研中,在不断发现、解决问题中,提高道德修养。

环节四:研后感悟

头脑风暴:完善研学单填写,以圆桌会议的形式介绍寻找到的一个革命烈士背后的故事。

代表发言:各组选择一名代表,进行本组研学实践任务完成情况的汇报及采访,进行300秒快闪分享。

采访老党员:继续走进社区、其他红色场馆,采访老党员,深入了解英烈的故事,挖掘学习的精神,发现感动的地方。

【设计意图】讲好抗日革命先烈故事,传承革命优秀传统。通过头脑风暴、300秒快闪发言、进入社区深入采访调研,在感悟环节深刻体会幸福生活来之不易。在红色研学实践中培养学生的家国情怀,履行责任担当。此环节为研学的闭环,根据新时代的特点和要求,要不断坚定学生的文化自信,实现从认知到认同再到价值观的构建。

(三)学生感悟

学生1:参观了浙江革命烈士纪念馆,我的心情久久不能平静,原来我们现在的美好生活是革命先辈们用艰苦的斗争,用生命和鲜血换来的。我们应该珍惜今天的幸福生活,勤奋学习各种科学文化知识,用优异的学习成绩来回报革命先烈。

学生2:今天我们参观了浙江革命烈士纪念馆,这个馆是为了纪念为国家独立和民族解放事业奋斗过的英雄们而建立的,在里面我看到了很多珍贵的文物和一些烈士们的遗物,都使我肃然起敬!这些展品让我更深刻地了解了英雄们的奋斗历程和牺牲精神,让我更加热爱祖国,更加珍惜来之不易的幸福生活。我们要好好学习,为祖国的建设贡献自己的力量!

(四)特色及创新

1. 连接在地化资源,体现红色教育交织的内容引擎

研学是社会互动的历程,在第一课时教学的环节三中,通过"制定红色行动卡""书写英雄缅怀卡""制定革命烈士场馆公约",引导学生以实际的行动来缅怀革命先烈。为研学体验做好充分的准备,提倡学生在体验学习中获得具体感知,通过自由开放的环境、任务清晰的研学任务清单,学生可以根据自己的兴趣去选择不同的活动,有侧重地去亲历、理解和感悟革命先烈的精神。

2. 构建探索支架,深刻感悟革命先烈的精神内涵

在研学前、中、后的三个阶段中,设计准备单、清单、实践单等,以问题、任务、素养为导向,围绕"革命先烈身上的什么精神值得我去学习"这个问题,引导学生提前思考去浙江革命烈士纪念馆研学的意义和学习目的,以主题清单串联,在触摸历史、走近革命先烈中,了解中国抗日战争史实,增进爱党、爱国、爱社会主义的思想情感。

(五)专家点评

本课从整体出发,用事件轴帮助学生梳理大事件,更好地让学生了解历史背景。学生通过课前搜集资料、课上探究问题、自主学习等多种学习方式,达到了学习知识、传承抗战精神的目标,力求从现实走进历史,再从历史回到现实,最后落脚于立志传承。

在探究学习阶段的四个活动中,分别呈现教材图文、补充历史事件等视频材料,指导学生提取有效信息,帮助学生探寻那段历史,通过思考、讨论、讲故事等形式,结合在地资源,从不同角度引导学生了解战士、英烈和百姓在不同领域团结一致、浴血奋战的事实,感悟全国各族人民众志成城的精神。

二、课程思政行走学习更多主题清单

(一)学习少先队精神 争做优秀队员

教材:《道德与法治》(人教版)一年级下册

课程主题：我们都是少先队员

场馆：中国少年先锋队杭州总部

载体形式：重要革命史实和关键事件；基于原始素材创作的作品；革命纪念场馆

目标：了解少先队的历史与精神，理解队歌队旗的含义，有爱国心和集体意识。

场馆特色及教材亮点：中国少年先锋队杭州总部位于杭州青少年活动中心，是少先队员学习和活动的重要场所，里面陈列着许多珍贵的历史照片和文物，记录了少先队自成立以来的光辉历程。红领巾广场中间是少先队主题精神雕塑《时刻准备着!》，两边弧形墙上，用浮雕展示了中国少年先锋队发展史的五个阶段以及新中国成立后浙江少先队发展的三个历史时期。迎宾大厅正中是以"勇立潮头奋进新时代的杭州少先队"为主题创作的浮雕圆柱《红领巾向未来》。辅导员指导中心由少先队辅导员驿站和少先队活动室两个区域组成。"我们都是少先队员"是《道德与法治》一年级下册第四单元第17课，结合场馆，学习"我们入队了""我们的队礼""在队旗下前进"三个篇章，帮助学生适应少先队集体生活，增强少先队员的光荣感、责任感和组织归属感。

【行走学习建议】

行前准备：学习了解少先队的历史，参观学校的少先队队室。思考：当上少先队员以后和以前有什么不同呢？

行中实践：由红领巾讲解员讲解场馆的历史与功能，介绍队歌队旗的来历。组织学生一同学习，在"学一学队史""唱一唱队歌""拼一拼队旗"的互动游戏中，认识少先队队史，学习优秀少先队员的精神。

行后感悟：回校后，组织学生分享参观体会，讨论如何成为一名优秀的少先队员，更好地为集体、学校服务。鼓励学生以"争做一名优秀的少先队员"为主题进行绘画创作。

(二)迎祖国华诞　庆盛世华章

教材：《道德与法治》(人教版)二年级上册

课程主题：欢欢喜喜庆国庆

场馆:浙江革命历史纪念馆

载体形式:重要革命史实和关键事件;基于原始素材创作的作品;革命纪念场馆

目标:了解国庆节的由来和意义,增强爱国情怀。

场馆特色及教材亮点:浙江革命历史纪念馆位于杭州,收藏有大量革命文物和图片资料,记录了中国革命的历程。浙江革命历史纪念馆设有基本陈列"钱江潮——浙江现代革命历史陈列",展厅位于浙江省博物馆武林馆区二层。浙江革命历史纪念馆注重学术研究,深挖藏品内涵,努力开展革命文物收藏与保护、陈列展示等工作,充分发挥社会教育功能,是宣扬党史学习教育、传承革命文化、进行红色教育的重要窗口。"欢欢喜喜庆国庆"是二年级上册《道德与法治》课本第一单元第3课,旨在引导学生认识我国重要的节日"国庆节",了解国旗国徽国歌的含义、国庆节的由来和意义。在行走学习中感受节日的历史与文化意义,培养学生的国家意识、爱国情感。

【行走学习建议】

行前准备:学生学习国旗国徽国歌的基本知识,知道国旗是我们祖国的标志,升国旗、唱国歌时要遵守正确的行为规范;了解这次行走学习的目的和任务,强调要认真倾听讲解,观察展品;以小组的形式,通过微信公众号,提前了解浙江革命历史纪念馆的基本情况。

行中实践:以研究小组的形式开展活动,听红领巾讲解员讲解纪念馆内容、国庆节的历史渊源;引导学生回忆生活中某个时刻出现国旗、国徽、国歌的情景,怀敬畏之心唱国歌、行队礼。

行后感悟:回校后,观看中华人民共和国70华诞的欢庆视频,和同伴交流参观场馆、观看视频的感受。同时,分小组继续采访身边各行各业的人们都用什么样的方式来庆祝国庆节。整理相关资料和照片,制作成小报进行成果展示。

(三)神圣国土不可侵　幅员辽阔我自豪

教材:《道德与法治》(人教版)五年级上册

课程主题:我们神圣的国土

场馆:浙江自然博物院

载体形式:革命纪念场馆

目标:了解祖国幅员辽阔,激发学生爱国情感,懂得我们的国土神圣不可侵犯。

场馆特色及教材亮点:浙江自然博物院分为杭州馆和安吉馆,其中杭州馆位于杭州西湖文化广场,里面展示了自然地理、生物多样性和生态环境等方面的知识,非常适合五年级学生进行实地学习考察。馆内通过大量地理资料和实物展示了不同的地貌、气候、资源等地理条件。"我们神圣的国土"是《道德与法治》五年级上册第三单元第6课,本单元主题为"我们的国土　我们的家园",课文共分为三部分:"辽阔的国土""好山好水好风光""一方水土　一方生活"。第一部分"辽阔的国土"是帮助学生全面地认识我国的地理位置、领土面积、海域疆域、行政区划等,教学重点在于对学生进行爱国主义教育。

【行走学习建议】

行前准备:学生预习国土相关概念,如面积、位置、地理环境等;搜集关于祖国辽阔的信息和资料;提前在官网了解浙江自然博物馆的简介。

行中实践:聆听馆内展览,通过地图、图片等了解国土面积、地理位置等,参与互动项目,有浓厚的探究兴趣。馆内由地球生命故事、丰富奇异的生物世界、绿色浙江、狂野之地——肯尼斯·贝林世界野生动物展和青春期健康教育展五大展区组成。通过多媒体和互动形式,学生在体验中感受自然历史、人文地理知识。馆内还经常举办各类主题讲座和科普活动,学生在行走中了解和感悟,内容丰富。

行后感悟:回校后组织讨论,分享参观体会,探讨我国国土面临的挑战及责任,如资源短缺、保护环境等,思考如何爱护我们的家园。鼓励学生以各自家乡为主题,进行绘画、摄影或视频创作,展示对家乡的爱。教师总结行走意义,指出保护国土的重要性。

(四)前贤创业丰碑树　辛亥功勋万古铭

教材:《道德与法治》(人教版)五年级下册

课程主题:推翻帝制　民族觉醒

场馆:浙江辛亥革命纪念馆

载体形式:重要革命史实和关键事件;革命纪念场馆

目标:知道孙中山为推进民主革命作出的贡献,简单了解他的革命思想。初步了解辛亥革命的过程及意义,感受革命党人为救国救民浴血奋战的英雄气概。知道辛亥革命后革命党人为实现民主共和理念做出的努力。学习和继承以孙中山为代表的先辈们的革命精神,树立为振兴中华努力奋斗的意识。

场馆特色及教材亮点:浙江辛亥革命纪念馆位于杭州西湖区龙井路辛亥革命烈士墓群旁,纪念馆通过五大展厅真实而直观地展示了中国民主革命史册上这一段闪耀着血与火的战斗篇章,为湖光山色增添了又一处爱国主义教育基地。[1]"推翻帝制　民族觉醒"是《道德与法治》五年级下册第8课,本课由"革命先驱孙中山""辛亥革命推翻帝制""民主共和渐入人心"三个话题组成,分别呈现了关键历史人物、关键事件和事件影响这三方面的内容,着眼于让学生了解以孙中山为首的革命党人为推翻清政府、探索救国救民道路所作出的努力和牺牲,突出强调了先辈们的革命思想和革命精神。

【行走学习建议】

行前初探:在前往浙江辛亥革命纪念馆之前,阅读相关的历史书籍、文献或者浏览互联网上的资料,了解辛亥革命的背景、目的、过程以及影响等内容。观看一些与辛亥革命相关的影视作品,如《辛亥革命》《十月围城》《走向共和》等,进一步了解历史细节和人物形象。

行中实践:学生分成小组,每个小组选择一个与辛亥革命相关的主题,比如革命领袖、革命行动等进行深入研究,并在参观馆内的"钱江涌起革命潮""光复会的成立""光复会皖浙起义""辛亥年浙江光复""为建设和保卫共和而奋斗"五个展览区域时收集相关资料。在馆内的合适地点,可以组织学生进行集体讨论,分享他们在展览过程中的所见所闻,共同探讨辛亥革命的历史意义和对当代的启示。

---

[1] 长夜破晓——浙江辛亥革命纪念馆[J].杭州(周刊),2015(10):52.

行后感悟:学生可以根据自己在参观过程中的感受和观察,写下自己对辛亥革命的理解、感悟或者问题,并进行交流和分享。组织一次校园内的辛亥革命纪念活动,比如举办主题演讲比赛、辛亥革命知识竞赛等,也可以整理相关资料,通过制作海报展板等形式,进行研究成果的展示和交流,加深学生对辛亥革命的记忆和理解。

(五)薪火相传赓续精神　光辉历程共庆诞生

教材:《道德与法治》(人教版)五年级下册

课程主题:中国有了共产党

场馆:中国共产党杭州历史馆

载体形式:革命纪念场馆;革命英雄人物及事迹

目标:认识中国共产党,体悟红船精神,培养热爱中国共产党、永远跟党走的信念,学习革命烈士宁死不屈的斗争精神和五四青年的爱国情怀。

场馆特色及教材亮点:中国共产党杭州历史馆分为北山馆区和望江馆区,北山馆内按照历史脉络和时间顺序,设有三个展厅,陈列布展主要展示杭州地方党组织领导人民进行革命、建设和改革的三部分历史。馆内收藏有杭州党史各个时期的各类文物共2358件,着重反映杭州人民在党的领导下,敢为人先,追求卓越,为争取国家独立、民族解放立下的功勋以及探索社会主义道路90余年的艰难历程。本课出自《道德与法治》五年级下册第三单元"百年追梦　复兴中华"中的第9课"中国有了共产党",按照时间顺序对中国共产党人的求索分三个部分展开叙述——"开天辟地的大事""星星之火可以燎原""红军不怕远征难"。本课时为第一部分"开天辟地的大事",其中《新青年》杂志创办、李大钊英勇就义、五四运动和中共一大召开等历史事实让学生深刻地感受到中国共产党诞生的艰辛与伟大。

【行走学习建议】

行前初探:完成"开天辟地的大事"资料收集卡及学习单。引导学生在广泛阅读中,通过多种渠道搜集、处理信息,进行有效的合作。阅读《新青年》杂志和与李大钊有关的故事,让学生深刻地感受到中国共产党诞生的艰辛与伟大。

行中实践：完成研学记录单，以思维导图的方式记录中国共产党诞生以来的重大历史事件、时间和人物，了解中国共产党成立这一开天辟地的大事中的一位革命英雄。

行后感悟：对照时间轴图，小组成员互相交流，介绍中国共产党诞生的历程和有重大贡献的革命前辈的故事。

(六)百年风华学党史　未来有我筑信仰

教材：《道德与法治》(人教版)五年级下册

课程主题：中国有了共产党

场馆：中共杭州小组纪念馆

载体形式：革命英雄人物及事迹；重要纪念日；革命纪念场馆

目标：了解马克思主义的传播和五四运动的影响及中国共产党诞生的伟大意义；深刻理解中国共产党的诞生是开天辟地的大事，领悟红船精神。

场馆特色及教材亮点：中共杭州小组纪念馆新馆位于杭州市上城区小营巷，该馆围绕突出"组织馆"特色，以中共杭州小组的成立、发展、壮大为展示主题，共分五个展厅：序厅、第一展厅"潮起钱塘"、第二展厅"星火钱塘"、第三展厅"奔腾钱塘"、第四展厅"今日钱塘"，展现杭州城市发展的历史脉络和党的领导下人民群众的获得感和幸福感。本课出自部编版《道德与法治》五年级下册第三单元"百年追梦　复兴中华"中的第9课"中国有了共产党"，阅读角中提到的"红船精神"作为历史风起云涌中留下的精神财富，无论时代怎样变迁，都将永放光芒，激励一代代中国共产党人继续前行。中国共产党是中国工人阶级的先锋队，代表着工人阶级和广大人民群众的根本利益。本课时设计意图是让学生铭记历史，体会革命先烈的艰辛付出，激发爱国热情，传承红色基因，争做时代新人。

【行走学习建议】

行前初探：在前往中共杭州小组纪念馆之前，阅读相关的历史书籍、文献或者浏览互联网上的资料，了解中国共产党诞生的背景、目的、过程以及影响等内容。观看一些与中国共产党诞生相关的影视作品。

行中实践:学生分成小组,每个小组选择中共杭州小组成立、发展、壮大中的一个主题,点对点地选择一个展厅进行深入研究:序厅、第一展厅"潮起钱塘"、第二展厅"星火钱塘"、第三展厅"奔腾钱塘"、第四展厅"今日钱塘"。在五个展览区域内收集相关资料,在馆内的合适地点,可以组织学生进行集体讨论,分享他们在展览过程中的所见所闻,共同探讨中国共产党诞生的历史意义和对当代的启示。

行后感悟:学生可以根据自己在参观过程中的感受和观察,写下自己对中国共产党诞生的理解、感悟或者问题,并进行交流和分享。在学校整理好资料,以演讲、小报的方式呈现。

(七)勿忘国殇　自强不息

教材:《道德与法治》(人教版)五年级下册

课程主题:夺取抗日战争和人民解放战争的胜利

场馆:抗日战争胜利浙江受降纪念馆

载体形式:重要革命史实和关键事件;革命英雄人物及事迹;革命纪念场馆

目标:了解抗日战争及人民解放战争的基本史实,感知抗日战争时期国家的悲痛记忆,感悟中华民族奋勇抗争的精神。知道中国共产党是抗日战争的中流砥柱。能用恰当的形式缅怀英烈,树立奋发图强建设国家的志向。

场馆特色及教材亮点:抗日战争胜利浙江受降纪念馆位于杭州市富阳区银湖街道宋殿受降村,是浙江省唯一的大型抗战胜利主题纪念设施,全面记录了浙江的抗日战争史、浙江军民抗日救国的英勇事迹、日军在浙江犯下的滔天罪行……一站式读懂"浙江抗战史",教人牢记历史、珍惜和平、自强不息。"夺取抗日战争和人民解放战争的胜利"是《道德与法治》五年级下册第三单元第10课,本课由"勿忘国耻""众志成城""中流砥柱""走向胜利"四个话题组成,将知识逻辑和认知逻辑有机统一,力求从现实走进历史,再从历史回到现实,最后落脚于立志传承。

【行走学习建议】

行前初探:学生利用互联网、图书馆等资源,收集关于抗日战争的主要战役和杭州在战争中的地位和作用的资料,了解相关历史事件和胜利受降的意义。

行中实践:参观抗日战争胜利浙江受降纪念馆,了解抗战胜利后的受降过程和浙江在抗战中的重要地位。参与馆内的互动展览,了解抗战的艰苦和英勇。与导游进行互动,了解更多关于抗战胜利受降的故事和细节。参观展品和图片,了解抗战期间的历史背景和人物,理解抗战的意义。

行后感悟:参与讨论,分享自己对抗战胜利受降纪念馆的观感和感受。撰写文章,表达自己对抗战历史和胜利受降的理解和思考,将所了解的抗战胜利受降的内容与其他历史事件联系起来,探讨抗战对中国的影响和意义。宣传展示,利用所学知识和素材,向其他同学介绍抗战胜利受降纪念馆的重要性和价值,通过亲身实践,提高铭记历史、自强不息的责任感与使命感。

(八)重温雷锋故事　发扬奉献精神

教材:《道德与法治》(人教版)五年级下册

课程主题:屹立在世界的东方

场馆:杭州雷锋纪念馆

载体形式:革命英雄人物及事迹;革命纪念场馆

目标:了解雷锋事迹,体会他无私奉献的精神;结合在地场馆进行参观,丰富对雷锋事迹的认识,更加全面了解雷锋。

场馆特色及教材亮点:杭州雷锋纪念馆于2007年12月创建,位于杭州市西湖区,是浙江省首家雷锋纪念馆,也是国内收藏雷锋资料最多最全的纪念馆之一。在这个场馆里,学生能沉浸式了解雷锋,通过对场馆中其他"雷锋"式人物的学习,进一步明白人们寻找雷锋、呼唤雷锋,其实就是寻找雷锋精神,呼唤我们都要向雷锋同志学习。"屹立在世界的东方"是《道德与法治》五年级下册第三单元第11课的内容。本课共分为三部分,第一部分"中国人民站起来了"是引导学生深入了解开国大典的盛况和成立中华人民共和国的伟大历史意义,激发学生热爱中国共产党、热爱祖国、热爱人民。五年级属于第三学段,新课标要求学生要通过学习养成关心国家大事的习惯,初步感受百年未有之大变局和世界发展大势,也为第四学段坚定对伟大祖国、中国共产党、中国特色社会主义的高度认同做准备。

【行走学习建议】

行前初探:自由组建研学小组,选择以自己喜欢的方式了解雷锋,如阅读故事、采访家人、搜索资料、观看视频等。

行中实践:根据前期调查所知,聆听教师发布的学习小任务,在场馆中研学导师的专业讲解下,继续以合作的方式完成研学单任务,了解雷锋的故事,感悟雷锋的精神。

行后感悟:在场馆体验后,去触摸雷锋昨天的足迹,感悟雷锋的精神,将雷锋精神延续,去寻找今天的活雷锋。通过公益助力的形式,沿着雷锋叔叔的足迹,汲取雷锋精神中的奋进力量,用自己的力量奉献社会。

(九)钱学森精神·两弹一星光辉

教材:《道德与法治》(人教版)五年级下册

课程主题:屹立在世界的东方

场馆:钱学森纪念馆

载体形式:革命英雄人物及事迹;革命纪念场馆

目标:了解钱学森先生的科学精神,认识中国在航天事业上的重大成就,培养科学探索的热情。

场馆特色及教材亮点:钱学森纪念馆坐落于杭州市钱学森学校内,建筑面积2000平方米,共2层,分5个主题展厅。场馆主要展示了钱学森对中国航天事业和现代科学技术的贡献、他的精神境界及其成为战略科学家的非凡历程。馆内有多件钱学森先生生前的珍贵物品和大量的图片资料,对于培养学生的爱国精神和科学精神具有深刻的教育意义。该教材通过钱学森的事迹,让学生了解中国在航天事业上的辉煌历程,认识科学家的精神和贡献,培养科学探索的热情。"屹立在世界的东方"是《道德与法治》五年级下册第三单元第11课的内容。本课共分为三部分,第三部分"自力更生 扬眉吐气"是让学生了解中华人民共和国成立后各行各业取得的巨大成就,通过介绍研制原子弹的邓稼先、两弹一星功勋钱学森等,唤起学生对国家建设者的敬仰之情。

【行走学习建议】

行前准备:在研学前,学生通过阅读学校小海燕红色书籍,了解钱学森两弹一星等重大科技成就的故事。同时,引导学生思考:钱学森身上有怎样的奉献精神?

行中实践:分组参观,在不同展厅中了解钱学森生平事迹,小组讨论钱学森的科学精神体现之处,就中国科技发展提出看法,并在互动区亲身体验科技成果。

行后感悟:学生自主选择绘画或写作创作,在校园走廊进行展示,并思考:如何弘扬钱学森精神,为国家科技事业贡献力量?

(十)了解宪法之源　感受国家之法

教材:《道德与法治》(人教版)六年级上册

课程主题:宪法是根本法

场馆:"五四宪法"历史资料陈列馆

载体形式:重要革命史实和关键事件;革命纪念场馆

目标:积极参与国家宪法日活动,了解宪法常识,培养宪法意识。明白宪法是根本法,具有最高法律效力,能保障公民的基本权利。理解公民认真学习宪法、自觉遵守宪法的必要性,维护宪法权威。

场馆特色及教材亮点:"五四宪法"历史资料陈列馆位于杭州市西湖北岸北山街84号大院30号楼,是中华人民共和国第一部宪法的起草地。毛泽东主席曾于1954年率领宪法起草小组成员,用了77个日夜在此写成了新中国第一部宪法草案初稿,史称《西湖稿》,为新中国第一部宪法奠定了重要基础。目前,"五四宪法"历史资料陈列馆是全国第一家宪法类纪念场馆,也是首家"全国法治宣传教育基地"。"宪法是根本法"是《道德与法治》六年级上册第一单元第2课,本课由"感受宪法日""宪法具有最高法律效力""树立宪法权威"三个板块组成,让学生通过学习宪法知识,了解法律体系,初步培养学生的宪法意识,了解宪法的法律地位,引导学生运用这些知识简单地分析生活中与宪法有关的现象。

【行走学习建议】

行前初探:学生梳理教材中学到宪法的基本概念和作用,并进行小组讨论,分享自己对宪法的认识。教师向学生介绍宪法纪念馆的相关背景和展览内容,引发学生的兴趣,并激发他们的好奇心。根据学生的兴趣进行分组,如对宪法的起源与发展、宪法的基本原则和价值观、宪法的制定和修订等进行研究。

行中实践:带领学生前往陈列馆进行参观,并提前准备一些问题,让学生对展览内容进行思考和探索。在参观过程中,引导学生仔细观察展品,并鼓励他们提出问题、交流意见,帮助他们深入理解宪法的内涵和精神。安排学生参加互动活动,如模拟法庭练习、宪法知识竞赛等,以加强学生对宪法的实践理解和运用能力。

行后感悟:学生结合参观经验,总结自己在参观中的收获和心得体会,以及对宪法的新认识和新思考,进行班内分享和交流,探讨宪法在现实生活中的应用和意义,培养学生的公民意识和法治观念。引导学生运用宪法知识,参与公益实践活动,再分小组进行研究课题报告的撰写,记录自己对宪法的理解与运用的体会。

第二节　中华优秀传统文化在地化落实的案例及清单

道德与法治是开展中华优秀传统文化教育的核心课程,丰富和充实中华优秀传统文化内容,有助于学生弘扬传统美德,坚定文化自信,厚植家国情怀。在落实中,教师要注重传承崇德向善的传统美德,帮助学生了解中华优秀传统文化中蕴含的社会伦理和风尚,养成恪守诚信、严于律己、敢于担当等优秀品质,培养关心社会、关爱他人、奉献社会的思想意识,形成正确的世界观、人生观和价值观,坚定理想信念,增强国家认同感和民族自豪感。教学主要载体为相关格言、人物、故事、民俗、文物图片等。[①]

一、课程思政行走学习案例

走近钱氏家训　传承美好家风

教材:《道德与法治》(人教版)五年级下册

课程主题:弘扬优秀家风

场馆:杭州钱王祠

载体形式:基本常识

[①] 罗玉虹,陈燚.中华优秀传统文化融入小学道德与法治教学实践研究[J].六盘水师范学院学报,2022,34(06):97-104.

(一)案例背景

1. 场馆名片

> 钱王祠始建于北宋熙宁十年(公元1077年),是后人为纪念吴越国钱王功绩而建造的,900多年来,历经沧桑,几经毁建,所存八字墙是原建筑仅存遗迹。《钱氏家训》是一篇无价的宝典,是钱家先祖五代十国时期吴越国国王钱镠留给子孙的精神遗产。民国十三年(1924年),武肃王钱镠三十二代孙、安徽广德人钱文选纂修《钱氏家训》,根据先祖武肃王八训和遗训,他总结归纳了钱氏家训。钱氏家训以儒家"修身、齐家、治国、平天下"的道德理想为据,内容涵盖个人、家庭、社会和国家四个方面,对子孙立身处世、持家治业的思想行为做了全面的规范和教诲。千百年来,钱氏族人始终以家训为行为准则,践行着"利在一身勿谋也,利在天下者必谋之"的训言。《钱氏家训》不只是钱氏后人的行为准则,更是留给每个中国人的宝贵精神遗产,是我们每一个中国人都应该认真学习的成长箴言。

2. 教材亮点

优秀家风中蕴含着中华传统美德,理解优秀家风是社会和谐、国家发展、民族进步的基础。本课由"探寻优秀家风""优秀家风代代传"两个话题组成。[①]"探寻优秀家风"的目的是帮助学生认识家风及其在生活中的具体表现,了解我国不同历史时期的家风及其对社会的影响,理解优秀家风与传统美德之间的关系,并对优秀家风是国家发展、民族进步和社会和谐的基石产生认识。以"优秀家风代代传"为引导,学生将从个人成长和社会风气的形成两个方面理解优秀家风的作用,并学会从小事和身边事做起,传承和弘扬优秀家风。这两个话题将从认知和实践两个层面帮助学生认识家风和传承家风。一方面,学生将认识到家风的内涵及

---

① 彭舜怡.在小学道德与法治课程中发挥中华优秀传统文化育人功能[J].新课程,2021(01):227.

其不同历史时期的具体表现,明确家风与传统美德的关系,并理解优秀家风的重要价值;另一方面,学生将分析优秀家风代代传的原因,即对个人成长和社会风气的影响,并指出代代传的行为要求,即从小事和身边事做起。

3. 价值关联

讲好故事,学习家风。可结合教材活动,引导学生搜集并讲好家风故事,并结合对杭州在地资源《钱氏家训》的分享,引导学生认识到优秀家风的学习与传承对个人和社会具有积极作用。还可以引导学生从思想上树立起学习和传承优秀家风的自觉意识,帮助学生认识到优秀家风是不断传承的。

古今对照,理解关系。对于五年级的学生来说,他们对家规家训有一定了解,但是对家规家训与中华民族传统美德有何关系尚认识不清。绘制家风与传统美德的关系图,为优秀家风寻找源头,可以帮助学生理解优秀家风蕴含着中华传统美德,是支撑中华民族生生不息的重要精神力量。

践行家风,促进成长。对于五年级的学生来说,做到遵守家规家训并不难,难在如何把行为的要求化作行动的自觉。教师在教学中,要引导学生结合自己家庭的实际情况,践行家风,促进自身成长,以及传承和弘扬优秀家风,传递正能量。

(二)教学设计

1. 教学目标

(1)通过实地走访、网络搜索、查找相关典籍、传讲家风故事等,了解我国不同历史时期的家风,感受其精神力量。

(2)通过古今对照、小组讨论,明确优秀家风与中华传统美德的关系,懂得优秀家风对个人成长和社会良好风气形成的作用。

(3)通过制定出适合自己的家风家训,从自身做起,从小事做起,自觉传承和弘扬优秀家风。

2. 思政目标

在参观钱王祠、传讲家风故事中了解优秀传统文化;在绘制思维导

图中感受家规家训与中华民族传统美德的紧密关系;在自觉践行家风、落实行动中传承和弘扬优秀家风,传递正能量。

3. 教学过程

第一课时·场馆研学,探寻优秀家风

为了让学生沉浸式地体验"钱氏家训",本课时的学习活动在钱王祠实地开展,共分四个学习环节。

环节一:研学准备

材料准备:研学单、铅笔、橡皮、笔记本、手机或相机等。

分组准备:以一个班级40人为例,按钱氏家训个人、家庭、社会、国家四个部分分成四个研究小组,每组10人。选定各组组长并创意取名。

思考准备:千百年来,钱氏家族具有浓浓的家国情怀,涌现出许许多多为国为民竭忠尽智的英雄模范人物……被誉为"千年名门望族,两浙第一世家"。那么,钱氏家族世代人才辈出、名家众多的"秘诀"是什么呢?

【设计意图】《钱氏家训》蕴含了个人、家庭、社会和国家四个方面,不仅强调修身齐家,还在治国平天下的层面突出奉献社会、忠于国家。本环节依据《钱氏家训》的四个维度对学生进行分组,方便学生在研学过程中进行更加全面深入的探究。设计驱动性问题:"钱氏家族能够世代兴盛、人才辈出的'秘诀'是什么呢?"引导学生在研学时带着问题思考,发掘优秀家风的深远影响。

环节二:行前探讨

学生在研学前进行探讨。在此环节,教师引导学生搜集关于"钱王射潮""钱王修筑海塘""金书铁券"等故事。了解表忠观碑是由苏东坡题写的,共4片8面,其中3片保留至今,上面书写着钱王在民不聊生的五代时期,消弭兵戈,安居人民,最终纳土归宋的事迹。[1]梳理钱氏一族的名人,如钱氏家族出了一位诺贝尔奖获得者、二位外交家、三位科学家、四位国学大师、五位全国政协副主席、十八位两院院士……[2]并对《钱氏家

---

[1] 徐莉.西湖十景的话语研究[D].杭州:浙江大学,2010.
[2] 周世祥.让古老家训家风成为新时代育人资源[N].光明日报,2022-08-16(013).

训》做整体了解,由四个小组分别收集资料,为研学中的分享做好准备。

【设计意图】在研学实践前,引导学生收集"钱王射潮""钱王修筑海塘""金书铁券"等故事,了解表忠观碑的介绍,分类梳理钱氏名人,并初步了解《钱氏家训》,有助于在参观游览时,更深入地感受历史的温度,体会钱氏家族爱国爱民的情怀,以及"为天下谋利"的力量核心。

环节三:研学实践

任务发布:教师发放研学单,结合钱王祠的研学地图讲解位置、研学流程,强调安全问题和研学秩序。

明确流程:告知学生研学的具体三个流程:聆听钱王故事,了解爱国功绩;瞻礼《钱氏家训》,探寻价值内涵;寻找钱氏名人,揭开兴盛秘诀(表2-2-1)。

分组实践:教师讲解场馆研学单四个流程的具体任务要求,以小组合作的方式进行探究式学习。

表2-2-1 钱王祠研学单

小组名称:
小组成员:

研学任务	研学小贴士
聆听钱王故事,了解爱国功绩	在听故事、讲故事的过程中,了解"钱王射潮""修筑海塘""金书铁券"的历史故事,了解钱王在民不聊生的五代时期,消弭兵戈,安居人民,为国为民的伟大功绩
瞻礼《钱氏家训》,探寻价值内涵	瞻礼读颂《钱氏家训》,了解《钱氏家训》分个人、家庭、社会、国家四个方面,分小组摘选其中的名言警句,体会其中蕴含的精神对我们有什么启示。如摘录国家层面中的"利在一身勿谋也,利在天下必谋之",体会其爱国爱民、为天下谋利的精神要义
寻找钱氏名人,揭开兴盛秘诀	在展厅中了解钱学森、钱伟长、钱三强、钱钟书、钱复、钱穆、钱永健等钱氏后裔的事迹,揭开钱氏家族代代人才辈出的秘诀就在于对优秀家风家训的传承

【设计意图】本环节根据钱王祠设计三项研学任务,学生根据研学贴士在完成任务的过程中加深对钱氏优秀家风家训的了解,在团队合作中增强组员间的协作能力,按个人、家庭、社会、国家四个层面分小组探究,为后续学习打下基础。

环节四:研后感悟

通过小组交流的形式,说说《钱氏家训》对"我"有启发、有影响的名言警句,组员在小组内交流在场馆研学中收集的名言警句,选出最推崇的一句在全班分享,感受家风家训中蕴含的中国优秀传统文化。结合钱王祠内的钱氏名人资料,揭示钱氏家族世代人才辈出与优秀家风的传承有着密不可分的关系。

拓展补充中国历史上有名的家风家训,如古代的《朱子家训》等,在革命时期林觉民、聂荣臻、查茂德的三封感人家书中,感受到"天下之本在家",优秀家风中蕴含的中华民族传统美德,成为中华民族生生不息的重要精神力量。引导学生体会无论时代如何变化,优秀的家风对个人成长和社会良好风气的形成都有十分重要的意义。

【设计意图】通过在组内、班级分享名言警句,进一步加深学生对家风家训的理解与认识。而结合钱王祠内的钱氏名人资料,可以让学生从现实生活角度感受家风家训的重要性,认识到名人成功背后优秀家风的重要作用。再拓展补充中华民族从古至今的优秀家风,帮助学生意识到,无论时代如何变化,优秀的家风对个人成长和社会良好风气的形成都具有重要意义。

第二课时·自觉践行,优秀家风代代传

本课时回归教室,并将教学重点落脚在能自觉践行优秀家风上。经过前期的研学,学生对优秀家风有了深入的认知,但要在生活中自觉践行,还存在一定的困难。因此,这一课时侧重于帮助学生学习并了解自己家庭的家风,引导学生将优秀家风落实到自己的行为中,并向他人宣传。

环节一：家风小访谈

学生在课前完成家庭调查任务，通过交流采访家人、观察家庭活动等方式收集资料，了解自己家的家风，分析蕴含其中的中华传统美德（表2-2-2）。

表2-2-2　家风访谈记录表举例

访谈人	访谈对象	家风
王　勇	爷爷	做人要老老实实，干事要认认真真
从访谈中，我们发现优秀家风中蕴含的中华民族传统美德有：		

教师小结：每个小家的家风汇聚成中华民族大家庭的家风。无论时代如何变化，优秀家风都是国家发展、民族进步、社会和谐的基点。

【设计意图】家风小访谈引导学生通过采访家人、观察家庭活动和收集相关资料，不仅能让学生亲身参与进来，还能增强他们对于学习内容的兴趣和投入感。通过访谈和观察，学生能发现并了解自己家的家风，进而分析其中蕴含的中华传统美德，从而培养他们对于优秀家风和中华传统文化的认同感和尊重，为后续自觉践行、落实行动打下坚实的基础。

环节二：家风故事会

形式一：家训留声。优秀家风藏在一句句叮咛里，引导学生讲讲家中蕴含优秀家风的小故事，挖掘蕴含家风的口头禅，如"我做作业时，爸爸总是叮嘱我'当天的事情当天做'"等，在字里行间感受优秀家风。

形式二：家宝搜索。优秀家风藏在一个个有纪念意义的老物件里，如一封家书、一幅作品……成了家庭的"传家宝"。通过寻找散落在各处的"传家宝",讲讲物件背后的家风故事。通过解谜、收集线索和合作交流,学生可以在游戏情境中体验到家风的重要性和传承意义。

形式三:家谱寻根。优秀家风藏在家谱中,一个个家族成员传承着优秀家风。学生在老师的引导下,结合家谱和家族成员的口述,进行一次家谱寻根之旅。通过制作家谱、访谈家族长辈、收集历史文物等活动,学生可以了解家族的历史渊源、文化传统和价值观念。

形式四:家风集影。优秀家风藏在照片、录像中。引导学生从家庭中收集有代表性的老照片、视频等,说说背后的故事,展示优秀家风,家族的传统文化、艺术表达和价值观念。

【设计意图】通过这四个活动,学生可以在参与互动中深入学习家风的内涵,通过自己的参与和表达来理解家风的内涵。通过引人入胜的方式,激发学生的学习兴趣和主动性,提高他们对家庭文化的认识和表达能力,培养他们的创意思维和综合素质。

环节三:家风我践行

书写个性家训。学生根据自己家庭的家训,为自己设计一个个性家训,可以以书法作品、海报、书签或绘画等形式来设计。学生可以挑选家庭的某个价值观,将其概括成简洁而有力的语句,并解释其背后的含义和目的。

用行动诠释最美家风。学生在课堂上讨论如何将家庭的优秀家风融入他们自己的行为中,如尊敬长辈、关心他人等。学生可以互相分享自己的计划,并在未来的行为中践行家风。

【设计意图】通过设计个性化的家训作品,学生可以将家庭的传统和文化元素与自己的个性、兴趣相结合,选择不同的形式来展示自己的个性家训,这样能更深入地了解自己的家庭和文化传统,也能表达自己对家训的独特理解和感受。并且在课堂上交流讨论如何用行动诠释最美家风,有助于培养学生在生活中从小事做起,从自身做起,自觉用行动来践行自己的优秀家风,达到知行合一的效果。

环节四:家风宣传员

调查分析家风现状。分析前期学生调查数据,从统计结果中发现,

97.18%的同学都觉得家风家训是非常重要的,大家都认为家风家训有利于对自身品行的塑造。但是本次调查结果显示,有家风家训并认识明确的人只占总体比例的45.07%,对家风认识不明确甚至没有家风家训的人占总体比例的54.93%。说明超过一半人对于家风家训的实际运作还是相对欠缺了解的,还需要进一步宣传。

争做家风宣传员。在家庭和学校中担任优秀家风的宣传员。可以通过家风演讲、制作宣传板报、制作小视频或写文章、展示优秀家训、网络传递家书等方式,向家庭成员和同学们宣传优秀家风的重要性和价值。

【设计意图】通过学校家风现状小调查,引导学生在真实数据统计中感受到宣传和传播优秀家风的重要性和紧迫性。再通过多种宣传形式,让学生在活动中传播优秀家风,向社会传递正能量,为引导良好社会风气、建设家庭文明新风尚献出自己的一份力量。

(三)学生感悟

学生1:家风家训一直在我们的身边、一直引导着我们,充满正能量。所谓没有规矩不成方圆、成方圆好家风。书写家风家训,这只是第一步,我想我们更要严格按照家风家训不断要求自己,一代一代地传承下去。

学生2:这次活动让我对家风家训的重要性有了更深刻、更全面的认识。如果拥有了健康向上的家风,并牢记家族的家训,就会拥有更精彩的人生。我们要行动起来,宣传家风家训。如果每一个小家都和谐安定,我们的社会也会变得更加美好。

学生家长:家风家训,我相信每个家庭都是有的,是无形存在的,是上一辈潜移默化地影响着下一辈的为人处世之本,我们刘家也一样。我们的父母在日常生活中也会频频与我们提及与勤劳、节俭、仁义、博爱等有关的话题,我们也是从小到大耳濡目染他们为人处世的行为规范,但这些家风家训他们没有刻意严肃地形式化和仪式化。今天我作为小刘(化名)的父亲,趁着这个机会,我觉得非常有必要向他传承我们刘氏的家风家训,把这些家风家训用文字的形式记录下来,庄重地传承给他。

现在他这个年龄,是教育的窗口期,是教育传承的好时机。我将与小刘(化名)一起努力,把我们的家风家训代代相传下去。

(四)特色及创新

1. 以生活为源泉,拉近与中华优秀传统文化的距离

在本课设计中,安排"场馆研学"环节,让学生在第二课堂钱王祠的实地参观中了解钱氏家训及其重要价值。利用"家风小访谈"环节,让学生走进生活,去了解现实生活中家风家训的实际现状,并做出分析总结,让学生明白原来家风家训的落实并不是遥不可及的。让学生在生活的真实情境中接受潜移默化的教育,真切感受家风家训的意义,教育效果显著。

2. 以体验为抓手,注重德育过程的自主性

在本课设计中,让学生成为活动的主人,自己做计划、做准备,自己开展活动,自己进行总结。利用"家风故事会"环节,让学生用各种形式来表演自己的家风故事,通过"书写家训"环节,让学生自由选择自己喜欢的方式书写家风家训,写行动计划,自觉践行,结合"宣传使者",通过"问卷星"进行调查,并走上街头进行家风宣传⋯⋯在精心策划和安排下,活动有序地开展起来,让学生卷入式学习、浸润式体验。在活动过程中,学生参与率很高,有利于他们从自身做起、从小事做起,自觉传承和弘扬优秀家风。

(五)专家点评

中华优秀传统文化是一个民族历经时间洗礼和时代激荡流传下来的文化精华,是青少年道德建设的重要资源。而作为学校教育的重要形式,道德与法治课是课程思政的重要途径,要发挥学生的主动性和创造性,让他们真正成为学习中华优秀传统文化的主人翁。走进场馆,活动体验,在游中学、做中学,学生将能够更好地了解和传承自己家庭的家风,培养自我认知、价值观念和社交意识。同时,从中华优秀传统文化与现代文明价值的连接点入手,在新时代价值观的召唤下,重新赋予传统文化新的时代气息,从而构建当代小学生思想道德建设的基础。他们也将成为优秀家风的宣传者和实践者,通过言传身教的方式影响他人,成为德才兼备的新时代人才。

二、课程思政行走学习更多主题清单

(一)寻味杭州美食　学习用餐礼仪

教材:《道德与法治》(人教版)一年级上册

课程主题:吃饭有讲究

场馆:中国杭帮菜博物馆

载体形式:经典篇目

目标:在了解杭帮菜过程中,发现菜品搭配、荤素搭配、营养均衡的特点。在品尝美食的过程中建立卫生、营养、文明的用餐好习惯。

场馆特色及教材亮点:中国杭帮菜博物馆坐落在杭州市南宋皇城遗址旁的江洋畈原生态公园。博物馆设置有展馆区、体验区和经营区。博物馆展馆区陈列了杭帮菜的各式菜品,体验区内的"老百姓大厨房"设置了杭帮菜烹饪表演和示范,可参与菜品制作等。经营区设有以40位杭州历史名人的事迹美文来命名的包厢,可以品尝正宗的杭州菜肴。"吃饭有讲究"是《道德与法治》一年级上册第三单元第10课,主要关注学生的饮食生活。吃得安全,吃得健康,吃得文明,吃得有礼貌、有教养,对学生养成良好的饮食生活习惯有重要的意义。可结合博物馆三个展区,方便学生通过实地参观和亲身实践,感受杭帮菜的魅力,培养学生的吃饭礼仪和文化修养。

【行走学习建议】

行前初探:了解杭帮菜的历史背景和文化底蕴,引发学生对杭帮菜的兴趣。教师准备相关的教学材料,如图片、音频、视频等,以便在博物馆中进行学习和互动交流。

行中实践:学生进行博物馆参观,了解杭帮菜的起源、发展和特色,并通过展品的观察和互动展示,让学生对杭帮菜有更深入的了解,在了解菜品的同时也关注食材搭配的营养均衡。博物馆内专业的讲解员将向学生介绍杭帮菜中的餐桌礼仪和用餐方式,教授如何正确使用筷子、如何备餐和端菜等。有条件的可以在杭帮菜餐厅品尝美食,在用餐时,引导学生养成良好的卫生习惯,学习和遵守用餐礼仪,如盛汤、夹菜、用筷子等。

行后感悟:学生回到学校,与老师和同学共同回顾博物馆参观的经历,并对所见所闻进行讨论和分享。学生通过老师的引导,对用餐礼仪和优秀传统进行思考总结,探索其中的文化、情感和价值观。学生展示自己对吃饭礼仪和杭帮菜的理解和感悟,可以通过视频、照片、绘画等形式进行展示。

(二)热爱家乡山水　了解西湖文化

教材:《道德与法治》(人教版)二年级上册

课程主题:我爱家乡山和水

场馆:杭州西湖博物馆

载体形式:其他文化遗产

目标:通过实地观察、访问、在博物馆调查资料等方式,寻找家乡的美,了解家乡,能够主动留心生活,欣赏家乡的美,激发热爱家乡的情感。

场馆特色及教材亮点:杭州西湖博物馆位于浙江省杭州市上城区南山路89～91号,坐落于西子湖畔,是中国第一座湖泊类专题博物馆。展厅涵括了序厅、西湖概况、西湖历代浚治与景观形成、西湖题名景观、西湖文化、精神家园六大篇章。"我爱家乡山和水"是《道德与法治》二年级上册第四单元第13课,引导学生从可观可感的家乡风貌中认识自己生活的地方,发现自己生活地方的美好。教师可以引导学生在游览西湖的过程中,自主发现美、欣赏美。对杭州西湖博物馆的研学可以增进学生对家乡风景名胜的了解和喜爱,并进一步挖掘西湖文化和精神,让学生从心底自然升腾出对家乡的爱。

【行走学习建议】

行前初探:学生结合自己的生活经验,通过图片、视频和故事等形式,介绍杭州西湖的美景、丰富的文化历史和博物馆的展览内容。引导学生展开自主调研,了解家乡的山水风貌及相关历史文化。

行中实践:引导学生参观西湖景观,多点触摸模型,了解西湖的形状、成因等,通过互动查询观看西湖十景;安排专门的讲解员,使用通俗易懂的语言向学生讲解博物馆里展示的家乡山水的文化和历史,并体验博物馆中的西湖文学电子翻书,在浩瀚的西湖诗文中尽情驰骋。在西湖博物馆周边的公园和湖岸进行户外拓展活动,进行简单的山水画创作活动,让学生通过绘画感受家乡山水的美妙。

行后感悟:分享游览体验,学生可以设计西湖明信片,手绘西湖美景,展示在行程中的收获和体验,表达对家乡山水的喜爱。还可以设计《家乡山水美如画活动手册》,鼓励他们在未来继续探索和发现家乡的山水之美。

(三)杭州茶香飘四方

教材:《道德与法治》(人教版)二年级上册

课程主题:家乡物产养育我

场馆:中国茶叶博物馆

载体形式:经典篇目

目标:通过对中国茶叶博物馆的研学活动,进一步了解家乡的特产,感受家乡物产的丰富,了解家乡物产与人们生活的关系、对文化的影响,感受家乡人的勤劳和智慧,激发热爱家乡的感情。

场馆特色及教材亮点:中国茶叶博物馆,分为双峰馆区和龙井馆区两个馆区,集文化展示、学术交流、茶艺培训、互动体验及品茗等服务功能于一体,是中国与世界茶文化的展示交流中心,也是中国首个以茶和茶文化为主题的国家级专题博物馆。"家乡物产养育我"通过呈现浓厚的地方特色的物产,旨在引导学生了解家乡本地产业的传统和特点,了解家乡物产与人们生活的关系,感受家乡人的勤劳与智慧,培养学生热爱家乡的情感。通过场馆研学,帮助学生认识杭州茶叶,认识人与自然相互滋养的关系,形成"一方水土养一方人"的初步观念。

【行走学习建议】

行前初探:学生事先了解茶文化的起源、发展历史,传统茶具的制作和使用等方面的知识;通过网络搜索、查阅图书馆资料等方式,了解茶文化对于杭州的影响,以及杭州的茶叶种类和制作工艺等。

行中实践:参观茶文化博物馆的展览,了解茶文化的历史背景和发

展过程,包括茶叶的起源、种类、制作方法、茶具的种类和用途等。观看茶道表演,学习茶道的基本礼仪和动作。参与制茶体验活动,亲自体验制作茶叶的过程,了解茶叶的生产工艺和技巧。参与品茶活动,品尝不同种类的茶叶,了解茶叶的风味特点和鉴别方法。

行后感悟:学生撰写参观中国茶叶博物馆的感悟,包括对茶文化历史的认识、对茶道礼仪的理解、对茶叶制作工艺的体验和对茶叶品尝的感受等方面的总结。学生进行小组讨论,分享彼此的感悟和体会,加深对茶文化的理解和认识,了解家乡物产与人们生活的关系、对文化的影响。学生进行展示,用图片、文字、视频等形式展示他们在茶文化博物馆中的实践经历和对茶文化的认知,感受家乡人的勤劳和智慧,激发热爱家乡的感情。

(四)走进东坡纪念馆　寻访杭州老"市长"

教材:《道德与法治》(人教版)二年级上册

课程主题:可亲可敬的家乡人

场馆:杭州西湖苏东坡纪念馆

载体形式:经典篇目;人文典故

目标:从多角度了解家乡名人苏东坡对杭州作出的贡献,体会家乡人的可敬可爱,激发对家乡人由衷的敬佩和热爱之情,树立为家乡增光彩的责任和意识。

场馆特色及教材亮点:杭州西湖苏东坡纪念馆位于杭州市西湖苏堤南端的映波桥旁,毗邻雷峰塔、净寺、花港观鱼。馆区由主楼展厅、碑廊、百坡亭、醉月轩等组成,在陈列上引进全新高科技手法,采用水墨动画、动态灯箱、配乐诗朗诵等动态陈列方式。"可亲可敬的家乡人"是《道德与法治》二年级上册第四单元第15课,这节课以家乡人为主题,从家乡可敬可爱的家乡人的探寻中,一方面增强对家乡的深度热爱,另一方面建构自己的成长榜样。在研学中,可以从聚焦苏东坡为杭州作出的巨大贡献、为杭州留下的经典名篇入手,让学生感悟和学习他的价值观与精神品质,并以他为榜样树立长大后建设家乡的责任感。

【行走学习建议】

行前初探：搜集苏东坡的生平，简要介绍苏东坡和他对杭州的贡献，例如他的诗词、散文，以及浚治西湖、修建苏堤等。

行中实践：参观杭州西湖苏东坡博物馆，导游以生动有趣的方式向学生介绍苏东坡的生活和事迹，了解苏东坡在杭州的政绩和逸事。组织互动环节，观看博物馆内有趣的水墨动画和动态灯箱视频，配乐朗诵苏东坡诗词。在碑廊寻找苏东坡的足迹，并亲身体验和参与苏东坡的创作过程，例如临摹苏东坡的诗词或散文，制作苏东坡的剪纸艺术等。

行后感悟：学生分享他们在博物馆中的体验和收获，以图文、手工制作、口头表达等方式，记录自己的感悟与体验，并形成展示作品，表达对苏东坡和家乡的敬爱之情。教师引导学生思考，让他们意识到自己可以通过努力学习，成为对家乡有贡献的人。

(五)热热闹闹赛龙舟

教材：《道德与法治》(人教版)四年级下册

课程主题：我们当地的风俗

场馆：杭州蒋村"龙舟胜会"

载体形式：基本常识

目标：了解杭州的节日风俗，感受风俗与自己生活的密切关系，并体会这些风俗所蕴含的美好祝愿和多样的情感。关注风俗的变化，并学会理性地看待风俗的演变。

场馆特色及教材亮点：自古以来，杭州蒋村人为了祈求风调雨顺、五谷丰登，会在端午节进行龙舟比赛，寄托美好的愿望。如今，杭州蒋村"龙舟胜会"已经成为西湖区，乃至杭州的一张文化金名片。"我们当地的风俗"是《道德与法治》四年级下册第四单元第10课，首先从学生较为熟悉的家乡风俗入手，引导他们了解当地的风俗及其蕴含的意义，在此基础上，引导学生理性看待风俗的演变。学生在研学实践中可以全面了解和体验杭州蒋村"龙舟胜会"的风俗，培养学生的动手能力、调研能力和分析能力，同时激发学生对杭州风俗和传统文化的兴趣和热爱。

【行走学习建议】

行前准备：让学生阅读相关资料或观看视频，了解蒋村"龙舟胜会"的起源、发展和特点。学生通过小组讨论或线上调查，了解杭州当地的民俗习惯，如节日庆典、传统手艺、特色饮食等。

行中实践：参观蒋村"龙舟胜会"——安排学生实地参观蒋村"龙舟胜会"，观赏表演，参与互动活动，深入体验当地的文化氛围；体验手工艺——安排学生亲手制作传统手工艺品，如民间木雕、剪纸等，锻炼动手能力并感受传统技艺的魅力。

行后感悟：让学生分小组交流参观归来的所见所闻和体验，激发思考和深入讨论。每个学生写下对蒋村"龙舟胜会"的感悟和体验，分享自己的学习收获。整理当地特色的民俗和传统习俗，展示给同学们，培养学生的调研和总结能力。

（六）探刀剑春秋　寻工艺之美

教材：《道德与法治》（人教版）四年级下册

课程主题：多姿多彩的民间艺术

场馆：中国刀剪剑博物馆

载体形式：艺术与特色技能

目标：关注杭州的民间艺术，探究民间艺术产生的原因，感受民间艺人的聪明才智。关心民间艺术的未来，力所能及地为民间艺术的保护和传承作贡献。

场馆特色及教材亮点：中国刀剪剑博物馆位于浙江省杭州市拱宸桥桥西历史文化街区，西临规划小河路，东至桥西直街，南至通源里，北接同和里。中国刀剪剑博物馆的定位主要为宣传和弘扬中国悠久的刀、剪、伞、扇的技艺，发掘和保护传统的手工艺。"多姿多彩的民间艺术"是《道德与法治》四年级下册第四单元第11课，引导学生了解全国各地和当地的民间艺术，认识民间艺术的价值和民间艺人的聪明才智，并能够积极投身于民间艺术的保护之中。在场馆研学中，可以将学习与实践结合起来，激发学生的学习兴趣和创造力，并促使学生对民间艺术有更深入的了解和认知。

【行走学习建议】

行前准备:学生在参观前了解刀剪剑相关的传统手工艺品制作技术等。将学生分成小组,搜集与民间艺术、刀剪剑相关的故事、图片和视频,激发学习兴趣。

行中实践:由博物馆专业导览员引领学生参观博物馆,介绍刀剪剑的历史背景、制作工艺和艺术表现形式。在展览区设置互动展示项目,允许学生亲自体验刀剪剑的使用和制作过程。设置手工坊,由专业老师指导学生制作简单的刀剪剑手工艺品,体验传统手工艺制作的乐趣和技巧。

行后感悟:学生在参观结束后,组织讨论会,分享观展所得,讨论刀剪剑在民间艺术中的地位和意义。鼓励学生以刀剪剑为主题,进行绘画、写作、摄影等艺术创作,并展示给全班同学,思考如何将民间艺术与现代生活相结合。

(七)金石存古意　西泠落墨香

教材:《道德与法治》(人教版)五年级上册

课程主题:美丽文字　民族瑰宝

场馆:西泠印社

载体形式:艺术与特色技能

目标:了解汉字发展中不同字体的风格,学习欣赏独特的书法艺术。知道汉字熔铸着祖先的智慧和灵感,承载着中华民族的传统文化。了解汉字对世界文化的影响,懂得珍视祖国的传统文化。

场馆特色及教材亮点:杭州西泠印社位于浙江省杭州市西湖区孤山路31号,吴昌硕为第一任社长,以"保存金石,研究印学,兼及书画"为宗旨,有"天下第一名社"之誉。"美丽文字　民族瑰宝"是《道德与法治》五年级上册第四单元第8课,围绕中华民族的文字展开。汉字是世界最古老的文字之一,形体优美,具有十分独特的审美价值。同时,汉字熔铸着先人的智慧和灵感,中华民族的传统美德、道德观念蕴含其中,充分体现了中华民族的创造力和价值取向。通过对西泠印社实地参观,学生将能够在实践中深入了解汉字和传统印刷文化的魅力,同时感受到汉字是中华文化的瑰宝。

【行走学习建议】

行前准备：了解杭州西泠印社的历史、文化和重要地位。学习相关汉字知识和印章文化，了解印章的使用和特点。

行中实践：参观西泠印社的展览厅，了解中国书画及印章的发展历程和代表作品，欣赏中华文化的瑰宝。学习相关汉字书写技巧，根据导览提供的字帖进行实践，体验书法艺术的魅力。观看印章制作示范，自行制作印章，并体会印章制作的艺术性和技巧。

行后感悟：回顾参观过程中所学到的汉字知识、印章文化和艺术特点，进行知识总结和巩固。利用学到的书法技巧和印章制作经验，创作个人作品，展示对汉字文化的理解和创造力。与同伴分享参观体验和感受，进行互动交流，加深对中华文化的认识。

(八) 品宋韵流传　感瓷承古今

教材：《道德与法治》（人教版）五年级上册

课程主题：古代科技　耀我中华

场馆：杭州南宋官窑博物馆

载体形式：科技成就

目标：从陶瓷等方面感受我国古代领先世界的技术创造，了解我国古代灿烂辉煌的科技。

场馆特色及教材亮点：杭州南宋官窑博物馆，位于浙江省杭州市上城区南星街道南复路60号。它由展厅和郊坛下官窑遗址保护建筑两部分组成，是社会科学类陶瓷文化专题博物馆。"古代科技　耀我中华"是《道德与法治》五年级上册第四单元第9课，围绕中国古代的科技展开。中国古代科技在世界文明史上独树一帜，独具特色的中医药学、农学、天文学、数学等古代科学至今仍闪耀着智慧的光芒，独领风骚的青铜器、丝绸、瓷器、水利工程等展示了中国古人的精湛技艺，改变世界的四大发明对人类社会的发展和世界文明的进步影响深远。本次研学中，学生能够在亲身感受南宋官窑的魅力的同时，了解古代科技的发展和对现代科技的影响。这样的体验式学习任务将激发学生的学习兴趣，培养他们独立思考和创新的能力。

【行走学习建议】

行前初探:研究杭州南宋官窑的历史背景,包括其兴起、发展和辉煌时期等信息。让学生解密一段与南宋官窑相关的谜题,并准备相关的参考资料,包括故事、图片、录像等,以激发学生的兴趣。

行中实践:参观杭州南宋官窑博物馆,并请专业讲解员进行讲解,介绍南宋官窑的历史、制作工艺和珍贵的瓷器展品。安排学生进行亲身体验活动,例如制作陶瓷坯,学习基本的制瓷技法。进行小组合作项目,学生分工合作,制作一件自己的陶瓷作品,并在结束后进行展示。

行后感悟:分享观展和实践中的感悟,让学生能够自由表达对南宋官窑的认识和体验。

着重引导学生思考古代科技对当今社会的影响,并与现代科技进行对比。

(九)参观杭州孔庙　探索传统美德的源远流长

教材:《道德与法治》(人教版)五年级上册

课程主题:传统美德　源远流长

场馆:杭州孔庙

载体形式:经典篇目

目标:结合参观杭州孔庙,举例说出中华传统美德在个人修养、社会关爱和国家情怀几个方面的具体表现。体会中华传统美德格言的意蕴,愿意用它们来指引自己的生活。

场馆特色及教材亮点:杭州孔庙位于杭州市上城区府学巷8号,西湖东南侧吴山脚下,在凤凰山山麓一带,是宋、元、明、清四朝孔庙所在地,在杭州历史上占有十分重要的地位。"传统美德　源远流长"是《道德与法治》五年级上册第四单元第10课,本课围绕中华传统美德展开。中华传统美德历久弥新、世代相传,深深熔铸在伟大的民族精神之中。传统美德包括个人修养、社会关爱和爱国情怀三个方面。学生在参观中全面了解儒家文化的价值观,通过任务和活动的实践,加深对传统美德的理解和体验,通过反思、分享和创作,将所学应用到现实问题的解决中。

【行走学习建议】

行前准备：研究孔庙的历史背景和相关文化知识，理解其在儒家文化中的重要地位和价值观。准备研学手册，包括参观路线、重点景点、参观任务等，以便学生在参观过程中能够有针对性地了解和探索。

行中实践：导游引导学生参观各个重点景点，如孔庙大门、祭孔亭等，并逐一讲解其历史背景和文化内涵。设计互动式任务，如在祭孔亭前，要求学生围绕孔子的思想和儒家价值观，进行小组讨论和发言。鼓励学生从自己的角度思考，对这些价值观进行解读和思考。安排体验式活动，如书法体验和传统礼仪学习，学生可以在指导下亲自书写经典儒家名言，感受儒家文化的沉淀和价值观的传承。

行后感悟：指导学生进行反思和总结，撰写参观心得。鼓励他们表达参观过程中对传统美德的理解和体验，以及其在现代社会中的意义。设计作业或小组项目，要求学生在参观所得的启发下，创作一份传统美德的宣传材料，以及针对现代社会问题的解决方案。

（十）走进"中华第一城" 探寻五千年文明

教材：《道德与法治》（人教版）六年级下册

课程主题：探访古代文明

场馆：良渚博物院

载体形式：科技成就；其他文化遗产

目标：知道人类早期文明区域的分布，探究人类共同创造的早期文明成就及其重要意义。

知道文化遗产是人类文明的遗迹，激发对世界历史文化遗产的兴趣，增强保护人类文化遗产的意识和责任感。

场馆特色及教材亮点：良渚博物院，位于浙江省杭州市余杭区美丽洲路1号。良渚遗址是实证中华五千年文明史的圣地。博物院依托"水乡泽国""文明圣地""玉魂国魄"三个展厅，展示了良渚遗址和良渚文化的考古成果、遗产价值，体现了良渚文明在中华文明"多元一体"历史发展进程中的重要地位和独特贡献。"探访古代文明"是《道德与法治》六年级上册第三单元第6课，本课引导学生了解四大人类早期文明区域的文明成就,帮助学生了解其他早期文明创造的灿烂文化及其对人类世界的重大影响。之后,教材再通过"世界文化遗产"这一主题,引导学生了解留存于世的早期文明成就,激发学生对世界历史文化的兴趣,增强对世界文化遗产保护的意识和责任感。

【行走学习建议】

行前准备:介绍良渚博物院及其重要性:通过小组讨论、视频展示等方式向学生介绍良渚博物院的历史背景、收藏品和其在中国古代文明中的重要地位。明确学生在此次研学活动中需要了解并探索的问题,如古代良渚文明的起源、发展,器物和墓葬的意义等。

行中实践:学生参观"水乡泽国""文明圣地""玉魂国魄"三个展厅,观赏古代器物、遗址及文物展示等,让他们亲身感受古代良渚文明的印记。开展互动活动,将考古挖掘、模拟发掘、手工制作等与古代良渚文明相关的活动融入研学过程中,让学生在实践中学习,体验到学习的乐趣。

行后感悟:教师引导学生进行回顾和总结,让学生分享他们在博物馆参观中的所见所闻,总结所学的知识和体会。学生利用多媒体、手工制品等形式,展示他们对古代良渚文明的理解和感受。学生以小组形式进行答辩,让他们彼此分享和交流关于考古发掘、文物保护等方面的理解和见解。

第三章
语文课程思政在地化的校本实践

　　语文学科坚持德育为先,提升智育水平,加强体育美育,落实劳动教育。教材中有很多革命传统和中华优秀传统文化,对学生的"五育"培养起着关键作用,特别是在培养学生的文化自信方面具有铸魂育人的功能。依托语文学科的这些功能,通过挖掘当地思政教育资源和载体,在语文教学各环节中渗透思政教育元素,凸显价值的导向作用,以实现知识传授、能力培养和价值观引导的有机统一,实现学科教学回归"育人"的本真目的,提升语文核心素养,厚植中华文化底蕴,涵养家国情怀,铸牢中华民族共同体意识。

第一节　革命传统在地化落实的案例及清单

《革命传统进中小学课程教材指南》指出,语文是落实革命传统教育的主要课程,在传承和弘扬革命文化中发挥着重要作用。[①]随后,语文课程标准对此进行了具体部署。《义务教育语文课程标准(2022年版)》在"课程性质"中明确提出语文课程要使学生积淀丰厚的文化底蕴,继承和弘扬革命文化,统编版小学语文教科书尤其注重展现革命精神,体现在刻画革命志士坚定的理想信念、为人民服务的宗旨、民族认同感、克己奉公的品质和仁爱之心等方面。[②]在地革命传统场馆和资源与语文教学活动相结合,能更好地落实语文课程思政,增进学生对当地社会、文化和生态环境等方面的了解,加强对当地的情感联结和责任担当,深刻体会革命精神,深刻感受爱国主义精神,坚定志向,树立正确的世界观、人生观和价值观。

一、课程思政行走学习案例

案例一　走进朱德纪念室　感悟伟人精神

教材:《语文》(统编版)二年级上册

[①] 中华人民共和国教育部.教育部关于印发《革命传统进中小学课程教材指南》《中华优秀传统文化进中小学课程教材指南》的通知[EB/OL].(2021-02-03)[2023-03-05].http://www.moe.gov.cn/srcsite/A26/s8001/202102/t20210203_512359.html.

[②] 中华人民共和国教育部.义务教育语文课程标准(2022年版)[M].北京:北京师范大学出版社,2022:1.

课程主题:朱德的扁担

场馆:朱德纪念室

载体形式:艰苦奋斗传统;革命英雄人物及事迹;革命纪念场馆

(一)案例背景

1. 场馆名片

> 朱德纪念室位于西湖区转塘街道外桐坞村,是杭州市14个"清风之旅·家风文化专线"教育点之一。寓廉于人、廉景相融,让沉寂的、静态的历史和红色文化变成鲜活的廉政教育内容,让廉政教育厚植于学生内心。这是一座200年历史的老屋,建筑古朴典雅。馆内由桐坞村回忆录、中纪委风云时代、朱德一生大事记、朱德家风故事、朱德影集风采和外桐坞好风传承六大篇章组成,通过图文、影像、图片等反映了朱德的生平事迹和四次到外桐坞村的情景。

2. 教材亮点

解读大单元背景下的教材,二年级上册第六单元的单元主题为"革命先辈",是小学语文阶段第一个革命文化主题单元。本单元的语文要素是"借助词句,了解课文内容",人文主题是围绕革命领袖和革命先烈的事迹,引导学生感受他们的崇高品质,初步渗透革命传统教育。为落实人文主题和语文要素,本单元编排了《八角楼上》《朱德的扁担》《难忘的泼水节》《刘胡兰》四篇课文,分别展现了毛主席、朱德、周总理和刘胡兰四位伟人及他们"忘我工作"、与战士"同甘共苦"、团结人民和宁死不屈的伟人精神。

《朱德的扁担》于细微处见精神,语言简洁平实,娓娓道来。在朱德同志和战士们为了坚守井冈山革命根据地,一起到山高路陡、距离遥远的茅坪挑粮的故事阅读中,一位"以身作则、吃苦在前"的红军指挥官形象跃然于纸上,在脑海中浮现。

3. 价值关联

革命文本的载体关联:革命英雄人物及事迹、革命文物、遗址和纪念场馆是《革命传统进中小学课程教材指南》指出的反映革命传统内容的原始素材。通过对朱德纪念室的研学、外桐坞村的参观,在体验式的研学实践中,使学生了解了朱德同志的生平事迹,感受到他的家风思想和他与外桐坞的渊源感受,以及朱德元帅的高尚品质和优良家风。

革命精神的思政引领:二年级上册"革命先辈"单元的研究注重革命精神的思政引领,立足于充分发挥语文教学的优势和革命传统作品的教育价值。学生通过观看朱德的书画和世代耕作图,学习朱德元帅"追求真理、无限忠诚、实事求是、艰苦朴素"的精神,厚植红色基因,继承革命传统。

红色研学的立体感悟:通过红色研学,学生在合作实践中,从不同方面了解朱德的形象,如"追求真理,不忘初心的坚定信念""无限忠诚,光明磊落的坚强党性""实事求是,求真务实的思想方法""心系人民,艰苦朴素的公仆情怀"以及"一生学习,一生向前的奋斗精神",丰富伟人形象,深刻感悟伟人精神。

(二)教学设计

1. 教学目标

(1)在实地研学实践中,从不同方面了解朱德的形象,聆听伟人的故事。

(2)联系实地研学经验,根据文本内容进行想象补白;在"争做红色画展讲解员"的情景中,借助创意研学手卡,尝试从不同方面介绍清楚朱德的形象,讲述朱德同志和红军战士一起挑粮等革命故事。

(3)在情景感悟中,体会革命领袖以身作则、与战士同甘共苦的精神品质,感受战士们对朱德同志的敬爱之情。

2. 思政目标

在真实情景中积极参与红色画展讲解任务;在红色研学卡的巧用中尝试从不同方面介绍清楚朱德的形象;在红色研学小组的分享中深入学习、感悟伟人朱德的精神品质。

3. 教学过程

为了让学生深入了解朱德的形象,感悟伟人的精神,该课采用校内外自主探索学习的方式,结合杭州在地资源场馆"朱德纪念室"进行实践研学。以《朱德的扁担》一课为例,设计相应的实践环节,共两课时。引导学生在行走中重温红色历程,传承革命精神。

第一课时·场馆研学

环节一:研学准备

材料准备:研学单、采访记录的第一手素材、手机或相机、录音笔、铅笔。

前期准备:以自己喜欢的方式了解朱德,完成研学准备单(表3-1-1)。

分组准备:根据研学单调查题"想了解朱德哪一个方面的形象"的调查契合度进行分组,确定组长,根据小组同学的关键词为研学小组取名。

思考准备:你认为朱德是一个怎么样的人?

【设计意图】本环节从材料、分组、思维等方面考虑研学准备。"革命精神"和"朱德伟人形象"离学生时代久远,在研学前,结合研学单第一题,以阅读朱德的故事、采访爷爷奶奶、网上搜索资料、观看视频的自主菜单勾选的方式,既打破了时空,又拉近与朱德的距离,让学生对革命英雄有初步的认知,为理解朱德身上的"革命精神"做准备。

表3-1-1 "走近革命前辈 聆听伟人故事"研学准备单

研学小组:	组员:
勾勾选选:我用了这些方式了解朱德 □阅读朱德的绘本故事、书籍　□网上搜集资料　□采访身边的老人 □观看朱德相关的视频　□看有记载朱德事迹的报纸　□其他＿＿＿＿	
记记说说:调查后,我认为的朱德是这样的人(记录关键词语)	

环节二：研前探讨

学生在研学前进行探讨。在此环节，学生回顾自己通过实践调研搜集的关于朱德的素材，分组交流。教师针对各组创意取名提问：取名"清廉的朱德"的原因？取名"勤奋刻苦的朱德"的原因？取名"勤俭朴实的朱德"的原因……通过组名与前期调查的勾连，反馈不同组对朱德的初步印象和感受。

【设计意图】学生怀揣着进入场馆的期待出发，在研学准备单的实践调查中已产生了浓厚的兴趣，但存在对学习任务和目标不清晰的问题。通过教师对各组创意取名的探讨唤起各研学组的调研经验，聚焦关键词，引导学生在脑海中产生对朱德的初步印象，同时增强同组研学组员的归属感和凝聚力，对深入了解"革命英雄"的形象特点产生更浓厚的探究兴趣。

环节三：研中实践

任务发布：教师发放研学单，结合外桐坞村的研学地图讲解位置、研学流程；强调安全问题和研学秩序。

明确流程：告知学生研学的具体四个流程：走进一个红色场馆、寻找一件物品、了解一个朱德的故事、感悟一种精神（表3-1-2）。

分组实践：教师讲解场馆研学单四个流程的具体任务要求，以小组合作的方式进行探究式学习。

表3-1-2 "走近革命前辈 聆听伟人故事"研学实践清单

研学小组：	
研学小环节	研学小清单
走进一个红色场馆	小组分工，认领研学任务（摄影、记录、讲解等）
寻找一件物件	在外桐坞、纪念室寻找到与朱德元帅有关的一件物件，进行打卡合影
了解一个朱德的故事	在场馆内寻找到体现自己组特色的一个朱德的故事，进行快闪讲解
感悟一种精神	从拍摄的一张人物形象照和物件中，提取关键词完成手卡填写

【设计意图】本环节根据外桐坞村的朱德纪念室场馆,从"四个一"中逐层推进。在认领任务清单后,继续以小组合作的形式自主实践研学,以革命英雄朱德的事迹、文物为载体来突破。中国共产党的理想信念往往透过一件物件得以具象化,这是对中国共产党坚定理想信念的还原,是树立历史自信和崇高理想信念的重要精神宝库。本环节让学生走近革命文物,了解革命历史,以革命文物蕴含的理想信念激励自己,坚定树立正确的理想信念。

环节四:研后感悟

头脑风暴:完善研学单填写,聚焦关键词,对研学前的朱德形象进行补充;将最能体现朱德形象的一张照片贴在研学单内(图3-1-1),以圆桌会议的形式介绍照片背后的故事。

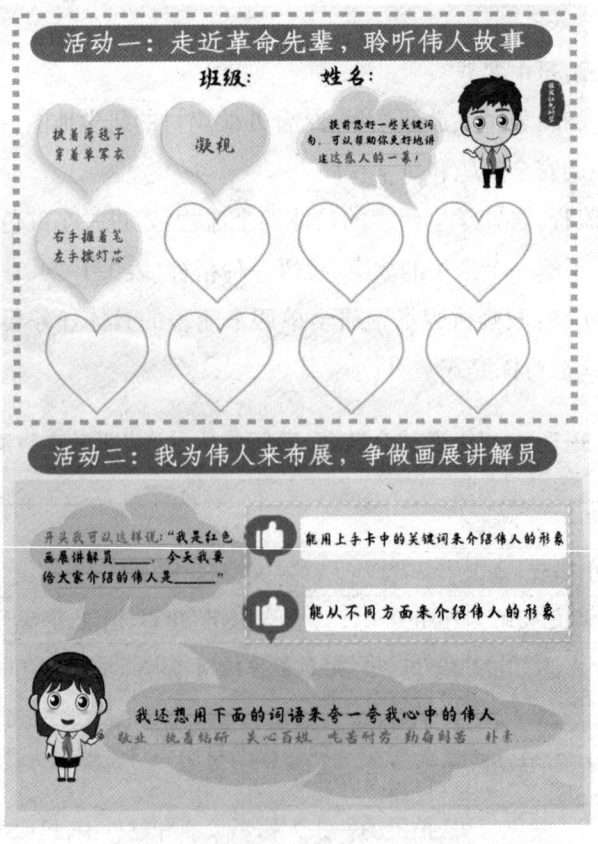

图3-1-1 "走近革命前辈 聆听伟人故事"研学实践单

采访村民:教师带领学生走入外桐坞村的党群服务中心,采访当地的老村民,听老一辈人讲述朱德元帅在村里发生的故事。

代表发言:各组选择一名代表,就本组研学实践任务完成情况的汇报及采访进行300秒快闪分享。

【设计意图】讲好英雄故事,传承革命传统。在红色研学实践中培养学生的家国情怀,履行责任担当。此环节为研学的闭环,通过头脑风暴、采访调研、300秒快闪发言,在感悟环节深刻体会幸福生活来之不易。在红色精神的熏陶下,为《朱德的扁担》课文的学习、介绍朱德挑扁担的故事做铺垫,让红色精神深植学生心中,让党的光荣革命传统世代相传。

第二课时·小小讲解员

在前期研学实践中,学生对朱德的形象有了进一步的了解,但在感悟环节发现存在对伟人形象讲解比较单薄、精神感悟不够深刻等问题。为进一步了解朱德的形象,感悟革命精神的内涵,本课以校内自主探究学习的方式进行,结合学校大队部发出的"红色画展讲解员"的通知,以《朱德的扁担》(第二课时)为例,进行朱德伟人形象的讲解。

环节一:回顾单元任务,梳理词语用法

情景任务:学校午间小海燕电视台栏目,正在招募一批红色画展讲解员,讲解的伟人是朱德。在《朱德的扁担》学习中进行选拔,由赵老师担任红色画展讲解员的导师。

(1)创设情景,回顾课文学习任务

回顾课文,巩固词语学习方法:图文结合,出示周总理图片;出示短语,出示毛主席图片;播放留声机,出示刘胡兰声音。

(2)总结词句方法,再识伟人形象

总结把伟人的形象介绍得更清楚的办法:可以从"穿了什么""做了什么""说了什么"等方面入手。

【设计意图】"革命题材"类的课文教学不仅承载着字词教学的任务,更要做好革命传统教育和爱国主义教育,以"争做红色画展解说员"为大情境和大任务,极大地激发学生学习课文《朱德的扁担》的积极性。

环节二：借助伟人故事照，教师示范说形象

(1)教师介绍朱德照片，梳理介绍步骤

出示朱德照片，介绍形象：

他身着银灰色的中山装，挑着一根扁担，从村民中走来。

(2)学生介绍朱德，明晰评价标准

播放介绍朱德的视频，对比介绍：

他身着银灰色的中山装，衣襟随意敞开，左手紧握杆子，笑容满面地从村民中走来。乌黑又稀薄的头发衬着他古铜色的皮肤，显得十分精神。

【设计意图】教师出示伟人形象照，结合语文要素介绍老师心中的伟人。通过一张张照片，让学生定格伟人一生的某一个瞬间，让学生透过照片，回到当时的年代，追寻伟人的足迹；让学生用讲解的方式缅怀伟人，感受照片背后蕴藏的故事，感受伟人对祖国深沉的爱。

环节三：借助词卡说形象，小组交流互学习

(1)准备手卡，勾改词语

第一步任务：准备手卡，勾勾改改。

(2)播放学习伙伴的视频

讲解词：做好讲解员，手卡来帮忙。在讲解时我们可以拿一张手卡(图3-1-2)，在上面写一些关键词提示自己。那么手卡怎么制作呢？"同

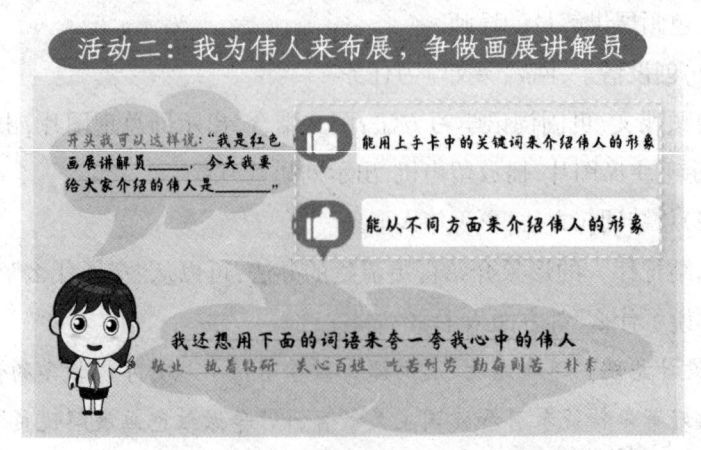

活动二：我为伟人来布展，争做画展讲解员

开头我可以这样说："我是红色画展讲解员_____，今天我要给大家介绍的伟人是_____。"

- 能用上手卡中的关键词来介绍伟人的形象
- 能从不同方面来介绍伟人的形象

我还想用下面的词语来夸一夸我心中的伟人

敬业　执着钻研　关心百姓　吃苦耐劳　勤奋刻苦　朴素

图3-1-2 "走近革命前辈　聆听伟人故事"研学实践单化身讲解词卡

学们,你们还记得在10月份的研学活动中,我们有填过一张研学单? 当时呀,就写过一些关键词。现在你们就可以学着课文里的方法,把有用的关键词语打勾保留,不用的词语删除划去,还可以现场增补几个词语,这样就可以成为我们手中的手卡了。"

(3)教师巡视,交流点评

(4)学生手卡投影,引导观察

评价:关键信息勾选是否准确;有修改思考痕迹;书写美观端正。

(5)借助手卡,评评选选

第二步任务:用上手卡,评评选选(图3-1-3)。

代表上台分享,同学点赞评价;代表轮流讲形象,教师总结。

图3-1-3 "红色画展讲解员"选拔会

【设计意图】领悟微课中学习小伙伴的温馨提示,将研学卡巧妙地变身为解说的词卡,为争做讲解员的任务提供了支架和扶手。从前期研学了解伟人,到加入相应的研究栏目组,再到收集研究伟人的一张照片,最后在中队中讲述这个伟人的故事,学生聚焦词卡中的关键词,通过划、改、补三种方式,对伟人的形象有了更充分的了解。在介绍中学生能感受榜样的力量,能学习伟人优秀的精神品质,达到潜移默化的育人效果。

(三)学生感悟

研究小组(研学后):在朱德纪念室,我们看见了一位真实亲民、勤俭节约的朱德。在学习和生活中,我们也要学习朱德的精神,争做光盘小达人,在家主动帮家长承担家务,做自己力所能及的事情。

学生(课堂学习后):简简单单的一根扁担落在朱德同志的肩膀上,他担的不仅是粮,更是对战士们、对国家的爱和责任。我们今天的美好生活都是革命先辈用自己的血汗换来的,我日后一定要努力学习,长大后为祖国的建设贡献出自己的一份力量,做一个有用的人!

(四)特色及创新

1. 以在地场馆为资源初知伟人形象

连接课内外、在地化资源,教师引导学生或采访家里的老人,或查阅更多的资料,或借助在地场馆资源,走进身边的历史纪念馆、博物馆等,充分利用红色研学卡初步了解伟人的形象,在研学实践中对伟人朱德有了初步的印象。

2. 以图文影像为依托丰富伟人形象

借力学校红色思政重大课题,以小海燕红色书籍阅读单为资源,选择适合二年级小朋友阅读的书目,充分利用阅读课带学生共读伟人故事和绘本;推荐小海燕红色影片鉴赏清单,寻求家长合力,欣赏影像资料,了解"革命先辈",进一步感受伟人的形象和精神。

3. 以语文要素为载体感悟伟人形象

在"红色画展解说员选拔"的大情境中,以直观的方式提升学生的参与热情。在每篇课文学习时,教师借助教材引导学生在落实语文要素的同时感知伟人形象,如《朱德的扁担》结合课后习题和语文作业本,抓住四组动词搭配来感受朱德同志与战士同甘共苦的形象。

4. 以手卡为支架介绍伟人形象

经过前期的学习和实践,打通整个单元,加上课外拓展,借用"争做红色画展讲解员"的任务活动对心中的伟人做一次分享和提升。教师让学生选择自己最感兴趣的一位伟人为研究对象,选择印象最深的一个画面作为分享的环节,采用助说支架——手卡(表3-1-3)来帮助学生做好解说员,为第二学段的讲述革命故事做好铺垫。

表3-1-3 "走近革命前辈 聆听伟人故事"手卡变身历程

第一阶段	10月初,它的身份其实是一张研学单,是学生研学感受和印象的记录单
第二阶段	11月,它变身为解说员手中的一张手卡,是辅助学生讲解伟人形象的支架

在前期的螺旋推进和课堂引领中,让学生能够掌握借助关键词表达主要内容的能力,在丰富的红色活动中感受伟人的精神,提升综合素养,让红色基因真正植入孩子的内心。

(五)专家点评

教师从"大处着眼,小处着手",依据文本特点和学情设计精准目标,在课堂上积极创造条件,开展多种形式的学习活动,还原文本的历史语境,让学生充分了解故事后,领会人物的鲜活性,实现革命传统题材类课文德育性和文学性的和谐统一。赵老师借助关键词"山高路陡、五六十里"展开语言实践,让学生初步体会朱德与战士们遇到的困难,想象补白。文本与学生的思想产生连接,由学生来谈理解、谈感受,在交流中相互丰富、相互补充,既实现语言文字训练,亦达到语文教学的人文性。

通过图文结合、出示文字、聆听音频三种不同的方式,连接本单元的语文要素,巩固介绍形象的方法。在小学课程思政教学活动中,课前通过经典红色电影、红色留声机配音赛等新形式进行铺垫学习,可切实提升课堂的趣味性和亲和力,拉近学生与伟人的距离,提升学生对伟人形象的理解,让学生在课文所描绘的具体情境中,体会革命领袖以身作则,与战士同甘共苦的品质,感受战士们对朱德同志的敬爱之情,在"润物细无声"中达到立德树人的效果。

案例二 访革命烈士纪念馆 办革命故事演讲会

教材:《语文》(统编版)五年级下册

课程主题:青山处处埋忠骨

场馆:杭州市革命烈士纪念馆

载体形式:重要革命史实和关键事件;革命英雄人物及事迹;革命纪念场馆

(一)案例背景

1. 场馆名片

> 杭州市革命烈士纪念馆,位于之江路2号钱塘大桥北边西侧的月轮山上。是为了缅怀一心为公,因保卫钱塘江大桥、守护旅客列车而壮烈牺牲的蔡永祥烈士建立的。纪念馆展厅通过展板、图片、投影、仿真人雕像等形式展示了杭州人民在党的领导下前仆后继的革命斗争历史:不仅有李成虎、张秋人、刘别生、蔡永祥等近百位革命烈士事迹,还有王国娟、吴斌、张叶良、潘志毅等58位见义勇为牺牲的烈士事迹。在"最美杭州人"临时展厅中展出了吴菊萍、毛陈冰等20多位家喻户晓的见义勇为先进人物事迹。一代又一代杭州人展现了自己的家国情怀。

2. 教材亮点

"苟利国家生死以,岂因祸福避趋之。"五年级下册第四单元的单元人文主题为"家国情怀",希望学生能够从爱国诗人的诗中得到情感的熏染,从革命伟人的事迹中得到精神的触动。本单元的语文要素是"通过课文中动作、语言、神态的描写,体会人物的内心"和"尝试运用动作、语言、神态描写,表现人物的内心"。为落实人文主题和语文要素,本单元编排了《古诗三首》《青山处处埋忠骨》《军神》《清贫》四篇课文,其中《青山处处埋忠骨》刻画的是耳熟能详的伟人毛泽东,他听闻爱子毛岸英牺牲的噩耗后,内心极度痛苦、煎熬,几经踌躇后,最终决定将毛岸英的遗骨安葬在朝鲜,表现了毛主席作为一位父亲的常人情感和身为国家领导人的伟大胸怀。

3. 价值关联

家国情怀的主题升华:首先,通过课文的学习,感受文本人物的家国情怀;接着,带着对文本人物的理解,进入场馆,感受更多身边人的家国情怀,培植作为一名杭州人的骄傲情感;走出场馆,学生把自己的家国情怀落实到行动中,学先锋,做先锋,树立起为国家富强而奋斗的志向。

革命精神的深度挖掘:党在长期奋斗历程中,形成了一系列崇高的精神品质和人格风范。从课文到场馆,学生从一个个鲜活的共产党员形象中感受到共产党人敢于担当、砥砺奋进的精神,无论是烈士蔡永祥,还是平民英雄吴菊萍,他们身上都体现出共产党人无私奉献的高尚品德和英勇顽强的英雄气概,而这样的沉浸式学习更能激发起学生向英雄模范人物学习的意愿和行动。

(二)教学设计

1. 教学目标

(1)揣摩毛主席的内心,体会抉择的艰难,理解"青山处处埋忠骨,何须马革裹尸还"中蕴含的伟人胸襟。

(2)连接已学课文与课前浅学资料,观看视频资料,了解抗美援朝战争的特殊意义,以及志愿军奋勇杀敌的英雄事迹,感受志愿军的勇敢无畏,产生崇敬之情。

(3)读写结合,抒发感想体会,走进场馆,介绍英雄,举办演讲会,从而增强责任感和使命感,立志在生活实践中学先锋,做先锋。

2. 思政目标

感受伟人和英雄人物的高尚品德,体会中华民族的团结与伟大,增强国家意识,学习英雄,立志在生活实践中学先锋,做先锋,厚植爱国主义情操。

3. 教学过程

为了让学生深入感悟伟人的精神,培植家国情怀,该课采用校内连接的学习方式,结合杭州在地资源场馆"杭州市革命烈士纪念馆",设计相应的实践环节,共两课时。引导学生在行走中学习英雄事迹,传承革命精神。

第一课时·研读伟人

环节一:回顾细节,感受"丧子悲痛"

(1)人文理解:一位父亲,他痛失爱子,会有怎样的表现呢?朗读句子"从见到这封电报起,毛主席整整一天没说一句话,只是一支接着一支地吸着烟"。及"'岸英!岸英!'毛主席用食指按着紧锁的眉头,情不自禁地喃喃着。"

(2)集中交流:读着这两句话,我们看到了一位怎样的父亲?

(3)小结板书:是啊,他是一位父亲,从他的语言、动作、神态,让我们读懂他的内心世界,他有着常人的情感。(板书:常人的情感)

【设计意图】引导学生通过语言、动作、神态揣摩人物的内心活动,重点抓住"目光中流露出无限的眷恋""仰起头、望着天花板""踌躇了一会儿""被泪水打湿的枕巾"等极具表现力的词句,展开想象,感受毛主席内心的痛苦。作为一名父亲,他有着常人的情怀,但同时,他又是国家领袖,他的真挚感情和复杂内心是需要学生去深入体会的。

环节二:聚焦内心,体会"抉择艰难"

(1)两难抉择:此时,前线司令部又来了一份请示,让毛主席不得不面对一次抉择。他需要抉择什么?

(2)体会矛盾心理:面对抉择,毛主席的心里到底是怎么想的呢?请默读课文第二部分,说一说。

作为父亲,他心里想:_____;作为主席,他心里想:_____。

(3)圈划句子:除了此处的心理活动,还可以从哪些句子中感受到抉择的艰难?

(4)集中交流:朗读下面三个句子,试着读懂毛主席的内心世界。

"毛主席不由自主地站了起来,仰起头,望着天花板,强忍着心中的悲痛,目光中流露出无限的眷恋。"

"秘书将电报记录稿交毛主席签字的一瞬间,毛主席下意识地踌躇了一会儿,那神情分明在说,难道岸英真的回不来了?父子真的不能相见了?毛主席黯然的目光转向窗外,右手指指写字台,示意秘书将电报记录稿放在上面。"

"第二天早上,秘书来到毛主席的卧室。毛主席已经出去了,记录稿被放在了枕头上,下面是被泪水打湿的枕巾。"

(5)解读批示:抉择太难了!可又不得不做出抉择,身为主席,他只能把一位父亲的悲痛深深地埋藏于心底。最终他作出了批示:"青山处处埋忠骨,何须马革裹尸还",说说你对这句话的理解。(板书:伟人的胸怀)

【设计意图】通过人物内心的独白,揣摩人物的内心活动,使人物形象更加明晰鲜活,感受毛主席抉择的艰难。作为主席,他必须做出抉择,学生从"青山处处埋忠骨,何须马革裹尸还"的豪情中,感受到毛主席顾全大局,令人敬佩的伟人胸怀。

环节三:关联阅读,丰厚"英雄形象"

(1)回顾课文《黄继光》:在抗美援朝这场战争中,像毛岸英这样的志愿军战士还有很多。黄继光奋勇杀敌的英雄形象,让人肃然起敬。

(2)关联浅学资料:在课前,同学们进行了资料收集,你收集到了哪些英雄事迹?

(3)再读批示:听完那么多的英雄事迹,相信同学们对"青山处处埋忠骨,何须马革裹尸还"这句话有了更深刻的理解。

(4)了解英雄的方式还有很多,推荐大家课后可以开展"三个一"活动:阅读一本革命书籍,如《谁是最可爱的人》等;观看一部革命影片,如《上甘岭》《英雄儿女》《长津湖》等;聆听一首革命歌曲,如《我的祖国》《英雄赞歌》等。

【设计意图】通过回顾四年级下册课文《黄继光》与学生浅学中搜集的英雄事迹,感受在抗美援朝的战场上,有千千万万个像毛岸英一样的志愿军战士,前赴后继,为国牺牲,进一步感受"青山处处埋忠骨,何须马革裹尸还"所饱含的伟大的爱国情怀。"三个一"的活动,从课内再到课外,让课堂所学更加立体。

环节四:拓展写话,抒发"真实感受"

(1)观看视频:在两年零9个月的抗美援朝战争中,有无数的战士为

了保家卫国浴血奋战,他们将宝贵的生命献给了祖国。让我们静静回望那一段历史。

(2)抒写感受:看完视频,你有什么话想说吗?

(3)交流总结:作为学生,我们不会经历像毛主席那样需要在个人情感与家国情怀之间做出抉择;在和平时代,我们也不可能像毛岸英、黄继光那样浴血奋战,保家卫国;但我们可以以他们为榜样,从身边小事做起,树理想、担责任,从小学先锋,长大做先锋。

(4)吟唱表达:此时此刻,让我们再一次唱起《少年先锋队队歌》,一定更有感触。

(5)在抗美援朝战场上,无数英勇的中国人民志愿军在战场上用自己的血肉之躯拼死奋战、英勇牺牲。学完《青山处处埋忠骨》后,让我们穿越时空隧道,与历史对话,就在我们的身边,我们杭州,也涌现出很多英雄人物。下节课,我们将走进"杭州市革命英雄纪念馆",去感受更多身边人的家国情怀。

【设计意图】通过纪录片中图片与文字的视觉冲击,学生再一次近距离地感受到这场战争的惨烈。在练笔的过程中,学生不仅习得了文本的语言,深化了对人物精神品质的认同,还能尝试从"缅怀、崇敬、责任"等不同角度去抒发自己的感受。在课堂的最后,通过少先队队歌的氛围烘托,促进学生引发共情。作为新时代的少年,要肩负起党和祖国人民的重托,立志在生活实践中学先锋,做先锋,并引出在地场馆的学习活动。

第二课时·场馆研学

环节一:研学准备

前期准备:以自己喜欢的方式开展"三个一"活动。阅读一本革命书籍,如《谁是最可爱的人》等。观看一部革命影片,如《上甘岭》《英雄儿女》《长津湖》等。聆听一首革命歌曲,如《我的祖国》《英雄赞歌》等。

> 分组准备：学习研学单（表3-1-4），明确研学任务，根据研学单任务进行分组。小组进行"三个一"完成情况交流，组长做好研学单记录。

组员前期了解场馆中的英雄人物，组长组织组员交流后在研学单上做好记录。组员做好到场馆后能简单介绍英雄人物的准备。准备研学工具（拍摄设备、录音笔、铅笔等）。

【设计意图】本环节借助"研学单"和课堂学习中布置的"三个一"引导学生做好行走场馆的充分准备。"研学单"让学生清楚地知道本次行走学习的任务；"三个一"中的阅读革命书籍、观看革命影片、聆听革命歌曲是让学生做好相应的知识储备。本环节有助于学生在心理和知识储备上都做好认识革命英雄、体会革命精神、感受爱国主义精神的准备。

表3-1-4 "访革命烈士纪念馆 办革命故事演讲会"研学单

研学小组：		组员：		
研学准备： 阅读过的革命书籍有＿＿＿＿＿＿＿＿＿＿＿＿＿＿＿＿＿＿＿＿＿＿ 观看过的革命影片有＿＿＿＿＿＿＿＿＿＿＿＿＿＿＿＿＿＿＿＿＿＿ 聆听过的革命歌曲有＿＿＿＿＿＿＿＿＿＿＿＿＿＿＿＿＿＿＿＿＿＿ 查找过场馆中的英雄有＿＿＿＿＿＿＿＿＿＿＿＿＿＿＿＿＿＿＿＿ （请在能简单介绍的场馆中的英雄名字前打上☆）				
场馆研学： 我们关注的英雄有＿＿＿＿＿＿＿＿＿＿＿＿＿＿＿＿＿＿＿＿＿＿＿ 我们准备演讲的英雄故事是＿＿＿＿＿＿＿＿＿＿＿＿＿＿＿＿＿＿ ＿＿＿＿＿＿＿＿＿＿＿＿＿＿＿＿＿＿＿＿＿＿＿＿＿＿＿＿＿＿＿				
评价内容	主题思想	语言表达	仪态表情	总分
评价标准	☆☆☆	☆☆☆	☆☆☆	
演讲会评价标准				

环节二：场馆研学

任务发布：整体感受革命烈士永垂不朽，为英雄们敬献队礼。分组开展研学活动，强调安全问题和研学秩序。

过程指导：在小组合作展开学习的过程中，教师可以跟进，指导学生或寻找一件物品，研究物件背后的感人故事；或聚焦一位英雄人物，记录他身上的故事；或感悟一种精神，探寻与之精神相关的故事。

分组实践：学生以小组合作的方式在场馆进行探究式学习（图3-1-4），边学习边交流，遇到自己知道的英雄故事，也可以讲解给其他同学听。同时，小组成员要准备好返校后小组要演讲的革命人物故事，做好文字和图片视频的记录。

图3-1-4 "杭州市革命烈士纪念馆"研学活动

【设计意图】本环节是在地场馆与课程思政紧密融合的关键。在蔡永祥烈士墓前，全体师生举行了缅怀先烈的追悼仪式。学生带着沉重、敬畏的心情为烈士们献上鲜花，在情感上与先烈产生共鸣。追悼仪式后，学生分批进入场馆参观、学习。每个展厅都有小小讲解员为伙伴们带来翔实的场馆和人物介绍，让大家更加近距离地走近先烈，感悟精神。同时，学生以研学小组为单位进行记录和拍摄，为后续的革命人物故事演讲会积累素材。

环节三：演讲会

为了让演讲会更有现场感，教师可以有指导地让个别学生先做一个演讲示范，就在场馆内进行。回到学校后，学生经过充分准备，革命故事演讲会如期举行。

【设计意图】 访革命烈士纪念馆,办革命故事演讲会。此环节为研学的闭环,在革命故事的演讲中,让红色精神深植学生心中,把党的光荣革命传统和共产党人无私奉献的高尚品德讲出来,提升责任担当的自觉性和祖国下一代的使命感,努力在生活实践中肩负起党和祖国人民的重托,为实现中华民族伟大复兴的中国梦而奋斗。

(三)学生感悟

学生1(课堂学习后):我想对全体志愿军战士说:"你们在抗击美帝国主义的战斗中,打出了中国人的骨气,打出了中国人的威风。现在,我们祖国的繁荣昌盛,都是你们的流血牺牲换来的。如今,我们的祖国风华正茂,处于国际领先地位,也都是因为你们为我们打下了坚实的后盾。你们都是最可爱的人!"

学生2(课堂学习后):我想对全体志愿军战士说:"捐躯赴国难,视死忽如归。你们是保家卫国的英雄,向你们致敬!少年强则国强,我一定会奋发图强,努力学习,将来为祖国作贡献。"

研究小组(研学后):在杭州市革命烈士纪念馆,我们看见了杭州的一位位英雄,他们有的为了杭州人民的安全,有的为了杭州更好地发展作出了牺牲。我们也要担负起应有的责任,为实现中国梦尽自己的一份力。

(四)特色及创新

1. 借力在地场馆,拉近生本距离

《青山处处埋忠骨》这篇课文描写的人物故事及其所在的时代,与学生日常生活较远,教师综合各种资源,把理解、运用语言文字与感受人物形象融为一体,践行文道统一。在学习课文前,让学生通过观看影片、查阅书籍、网络检索等多种途径搜集资料,了解抗美援朝战争中英雄儿女保家卫国的故事,初步感知这段历史,增进对文本的理解和认识。在教学环节中,在学生深入品读课文后,呈现四年级下册教材中《黄继光》的课文片段,既是对人物描写方式的回顾,又让学生感受到黄继光奋勇杀敌、视死如归的英雄形象。接着,让学生交流浅学中搜集的英雄人物故事。学生结合课文内容以及自己了解的人物故事,更深刻地理解了"青山处处埋忠骨,何须马革裹尸还"的诗句意思和内涵。课后,走进杭州市革命烈士纪念馆,进一步感受身边共产党员的高尚品德。

2. 巧用视频资源,拉近情感距离

学生在阅读革命文化题材类的文本时,很难产生身临其境的感觉。教学中,教师放手让学生进行语言实践,这样的设计,既落实了语文要素,对英雄人物形象和品质有了更深刻的理解,同时又能结合生活实践,明确自身的责任和担当。在拓展写话前,教师让学生观看一段视频,这是历史与现实的对话,不仅再现了战争历史,也呈现了今日中国的强大,震撼人心的画面冲击着学生的心灵,使学生不仅对抗美援朝这段英勇伟大的历史有了更深的认知和崇敬,也对今日中国的崛起和强大有了更多的自豪与责任。观看完这段视频,通过教师富有激情的语言引导,激发学生爱国主义情感,写话练习水到渠成。从学生完成的写话来看,他们的感受也是深刻的,这份国家意识与革命精神相信已经悄悄地扎根在学生的心中。

3. 革命故事演讲会,促进立体成长

教师利用在地资源,引导学生从学习教材内容的小课堂走向成长的大课堂。在"杭州市革命烈士纪念馆"学生积累到更多的革命故事,并准备演讲出来,实现从认知到践行的知行合一的立体成长。在革命故事演讲会上,我们可以看到,学生借助"评价标准",通过学习感悟的交流、评价,不仅评出了好的演讲故事,更是被先辈们的精神所感化;同时,表达了要发奋图强,为祖国作出贡献的强烈愿望。

(五)专家点评

将《青山处处埋忠骨》一课与在地场馆"杭州市革命烈士纪念馆"紧密结合,设计十分巧妙。教学中,教师通过"一次浅学、一次新探、一次厚行、一次悟评"的"四环节"行动,利用在地资源,引导学生从学习教材内容的小课堂走向成长的大课堂,实现从认知到践行的知行合一的立体成长。

课堂上,从学生写下的文字中,我们可以看到学生通过学习感悟的交流、评价,已经被先辈们的精神所感化,还表达了要发奋图强,为祖国作出贡献的强烈愿望。接着,学生通过在地化的沉浸式参观、实践等活动,学习和感悟在地场馆的精髓,进一步激发内心的共鸣;通过演讲革命故事,不断开发自己的潜能,表现出多维度的能力;通过相互评价,激发学习热情,在教材的多元学习中,对国家政治、革命传统等有充分的认知明理,并自觉践行内化,最后通过感悟进行自我反思和完善。

本课通过实现学生与在地资源的多维连接,满足不同学生的多样化需求,使每个个体都获得个性化发展,在彰显价值多元的同时,达成学生的价值观培育,效果显著。

二、课程思政行走学习更多主题清单

(一)寻找主席足迹　做场馆小导游

教材:《语文》(统编版)二年级上册

课程主题:八角楼上

场馆:毛主席视察小营巷纪念馆

载体形式:革命英雄人物及事迹;革命遗址、纪念场馆

目标:了解毛主席在八角楼上写作的情景,体会他艰苦奋斗的精神;结合在地场馆参观,丰富对红色历史的认知,更加全面了解革命先辈的事迹。

场馆特色及教材亮点:毛主席视察小营巷纪念馆位于杭州市上城区小营巷56号,这里曾是毛泽东主席在1958年1月5日赴杭州视察时的重要一站。纪念馆内部陈列着大量珍贵的历史文物和图片资料,能让学生真切感受到毛主席视察杭州时的历史场景和情感故事。学生在这一场馆中,品味《八角楼上》一文的细节,在承载着一代伟人的智慧和情感的珍贵文物中,感受毛主席当年的足迹,回溯那段充满坎坷与艰辛的历史,使心灵得到感染和净化。

【行走学习建议】

行前初探:自由组建研学小组,选择自己喜欢的方式了解毛主席和小营巷,如观看视频等,对红色历史有初步的认知。学习《八角楼上》一

文中对毛主席忘我工作这一场景的描绘,为到现场寻找伟人足迹做好铺垫。

行中实践:聆听教师发布的学习小任务——寻找伟人足迹;聆听讲解并学习馆内陈列的历史文物与图片资料,寻找其中蕴藏的伟人足迹;在任务的完成中进一步了解红色历史,感受革命精神。

行后感悟:在场馆体验后,小组合作成为场馆小导游,尝试向其他同学介绍印象深刻的场馆文物与图片。活动结束后鼓励学生继续寻找身边的红色榜样。

(二)总理与人民心连心　我对总理说心里话

教材:《语文》(统编版)二年级上册

课程主题:难忘的泼水节

场馆:梅家坞周总理纪念室

载体形式:革命英雄人物及事迹;革命遗址、纪念场馆

目标:结合在地场馆参观,了解周总理在杭州的事迹,进一步感受课文中周总理和人民心连心的深厚感情。缅怀周总理,立志追寻周总理的足迹,弘扬革命传统。

场馆特色及教材亮点:梅家坞周总理纪念室位于风景秀丽的杭州市梅家坞村。周恩来总理曾先后五次来到梅家坞,关心和指导梅家坞的生产和建设。从纪念室呈现的历史真实故事中,学生能很真切地感受到周总理对杭州人民生产和建设的重视,体会到周总理和杭州人民心连心。经过在地化场馆的研学,学生进一步强化感受了课文中周总理和傣族人民心连心的深厚感情,从而激发对老一辈革命家的敬仰之情。

【行走学习建议】

行前初探:自由组建研学小组,选择自己喜欢的方式了解周总理,如阅读故事、采访家人、搜索资料、观看视频等,做一次感性记录,对伟人有初步的印象。

行中实践:根据前期调查所知,聆听教师发布的学习小任务,在场馆中聆听专业人员的讲解,继续以合作的方式完成研学单任务或记录人物的一个故事,或探寻一个物件背后的故事,或给周总理写一句心里话,进

一步感悟周总理的形象。

行后感悟：在场馆体验后，学生开展"总理与人民心连心，我对总理说心里话"的主题班会，使学生从小植入红色基因，继承弘扬革命传统。

（三）制作英雄档案　弘扬烈士精神

教材：《语文》（统编版）二年级上册

课程主题：刘胡兰

场馆：浙江革命烈士纪念馆

载体形式：革命英雄人物及事迹

目标：了解刘胡兰的事迹，体会她坚贞不屈的精神；结合在地场馆参观，更加全面地了解革命烈士们的故事，体会革命先辈的壮士精神与家国情怀。

场馆特色及教材亮点：浙江革命烈士纪念馆位于杭州市上城区万松岭路100-1号，是全国重点烈士纪念建筑物保护单位，也是浙江省规模最大的烈士纪念建筑。青山埋英烈，在这个场馆中，学生能学习到革命烈士们的生平事迹，感受他们的英雄气概。结合课文《刘胡兰》中宁死不屈的烈士形象，学生能体会到革命先辈为国家和人民作出的贡献和牺牲，从而更加珍惜现在的幸福生活，立志为祖国的建设而努力学习。

【行走学习建议】

行前初探：自由组建研学小组，选择自己喜欢的方式了解刘胡兰，如阅读故事、搜索资料、观看视频等，对革命烈士有初步的印象。同时，也可以了解一下浙江革命烈士纪念馆的基本情况、展览内容等，为参观学习做好准备。

行中实践：创建一个"英雄人物档案"，在参观纪念馆的过程中，聆听教师的讲解，了解英雄人物事迹，与同学合作交流，并记录在档案中。

行后感悟：展示制作好的"英雄人物档案"，结合档案资料谈谈对《刘胡兰》一文中毛主席对刘胡兰的题词"生的伟大，死的光荣"的想法，进一步培养学生的家国情怀和爱国精神，让英雄革命事迹广为流传。

（四）重温雷锋故事　发扬奉献精神

教材：《语文》（统编版）二年级下册

课程主题:雷锋叔叔,你在哪里

场馆:杭州雷锋纪念馆

载体形式:革命英雄人物及事迹;革命纪念场馆

目标:了解雷锋事迹,体会他无私奉献的精神;结合在地场馆参观,丰富雷锋事迹,更加全面了解雷锋。

场馆特色及教材亮点:杭州雷锋纪念馆,位于杭州市西湖区,是浙江省首家雷锋纪念馆,也是国内收藏雷锋资料最多最全的纪念馆之一。在这个场馆里,学生能沉浸式了解雷锋。结合课文《雷锋叔叔,你在哪里》的学习,学生知道雷锋是一名解放军战士,是一名全心全意为人民服务的解放军战士。通过对场馆中其他"雷锋"式人物的学习,学生进一步明白人们寻找雷锋、呼唤雷锋,其实就是寻找雷锋精神,呼唤我们都要向雷锋同志学习。

【行走学习建议】

行前初探:自由组建研学小组,选择自己喜欢的方式了解雷锋,如阅读故事、采访家人、搜索资料、观看视频等,做一次感性记录,对伟人有初步的印象。

行中实践:根据前期调查所知,聆听教师发布的学习小任务,在雷锋场馆中的研学导师的专业讲解下,继续以合作的方式完成研学单任务,进一步感悟雷锋的形象。

行后感悟:在场馆体验后,去触摸雷锋昨天的足迹,感悟雷锋的精神,将雷锋精神延续,寻找今天的活雷锋。"毅行""义卖"等公益助力的形式,使学生沿着雷锋叔叔的足迹,汲取雷锋精神中的奋进力量,争做"一滴水""一颗钉""一块砖"。

(五)了解孙中山　制定座右铭

教材:《语文》(统编版)三年级上册

课程主题:不懂就要问

场馆:孙中山钱币纪念馆(杭州逸仙钱币纪念馆)

载体形式:革命文物、纪念场馆

目标:结合在地场馆,全面了解孙中山,体会孙中山先生宝贵的求知精神,培养学生大胆质疑、独立思考的习惯,树立文化自信。

场馆特色及教材亮点:位于杭州市凯旋支路18号的孙中山钱币纪念馆是全国第一家也是目前唯一一家钱币类主题的孙中山纪念馆。学生可以通过孙中山先生与相关革命同志签发的各类货币、债券及印有中山先生肖像的各种钱币来了解历史、解读人物。学生在这里近距离、沉浸式地感受孙中山先生光辉的一生、革命的一生,为学习课文《不懂就要问》打下基础,拉近生活与文本的距离,拉近学生与孙中山先生的距离,更深入地体悟到人物的求知精神。

【行走学习建议】

行前初探:自由组建研学小组,选择自己喜欢的方式了解孙中山,如阅读故事、采访家人、搜索资料、观看视频等,做一次感性记录,对伟人有初步的印象。

行中实践:根据前期调查所知,聆听教师发布的学习小任务,在场馆中跟着研学导师学习关于孙中山的钱币故事,继续以合作的方式完成研学单任务,进一步感悟孙中山的形象。

行后感悟:在场馆体验和课文学习后,以孙中山为榜样,制作自己的座右铭,鼓励自己坚定志向,更好地成长。

(六)为实现中华民族伟大复兴而读书

教材:《语文》(统编版)四年级上册

课程主题:为中华之崛起而读书

场馆:梅家坞周总理纪念室

载体形式:革命英雄人物及事迹;革命遗址、纪念场馆

目标:结合在地场馆参观,了解周恩来的事迹,梳理周恩来立志读书的始末,感受周恩来立下"为中华之崛起而读书"这个志向的原因,进一步明白读书的意义,激发学生的爱国情怀。

场馆特色及教材亮点:坐落在青山绿树间的梅家坞周总理纪念室幽静肃穆,在这里,学生能通过展出的"追溯历史渊源,难忘伟人身影""探寻总理足迹,重温梅坞记忆""细品茶乡情,共筑中国梦"三个篇章感受周总理为梅家坞的建设发展所付出的心血。少年强则中国强,在这里,更

能激发学生努力学习知识,强健体魄,不虚度光阴的读书志向,立志为实现中华民族伟大复兴而读书。

【行走学习建议】

行前初探:自由组建研学小组,选择自己喜欢的方式了解周恩来,如阅读故事、采访家人、搜索资料、观看视频等,做一次感性记录,对伟人有初步的印象。

行中实践:根据前期调查所知,聆听教师发布的学习小任务,在场馆中跟着研学导师学习周恩来的故事,继续以合作的方式完成研学单任务,进一步感悟周恩来的形象。

行后感悟:在场馆体验和课文学习后,以周恩来为榜样,制定读书目标,立志为实现中华民族伟大复兴而努力读书。

(七)觅抗战英雄足迹　办革命英雄故事展

教材:《语文》(统编版)四年级下册

课程主题:小英雄雨来(节选)

场馆:抗日战争胜利浙江受降纪念馆

载体形式:革命英雄人物及事迹;革命遗址、纪念场馆

目标:了解更多抗战英雄的动人故事,学习英雄的高尚品质,深刻体会革命先辈的家国情怀和爱国精神。

场馆特色及教材亮点:抗日战争胜利浙江受降纪念馆位于杭州市富阳区银湖街道宋殿受降村,是浙江省唯一的大型抗战胜利主题纪念馆。在这里,学生能通过"不屈抗战""胜利欢庆""审判战犯"等主题展示了解历史事实。通过学习课文,学生认识到雨来不仅是英雄,更是那个时代众多英雄的缩影,他们为了抵抗日本侵略者而牺牲。学生结合沉浸式参观,在全民抗战的时代背景中,感受艰苦的革命岁月和崇高的革命精神,并以英雄为生活榜样,使革命精神代代相传。

【行走学习建议】

行前初探:阅读《小英雄雨来》整本书,和同学分享书中故事,感受雨来丰富的人物形象和爱国精神。

行中实践:创建"革命英雄人物故事",在参观纪念馆的过程中,聆听

教师的讲解,了解英雄人物事迹,与同学合作交流,并记录下来。

行后感悟:展示制作好的"革命英雄人物故事",举办一期墙报,进一步培养学生的家国情怀和爱国精神,让英雄革命事迹广为流传。

(八)宣讲红色故事　致敬革命英雄

教材:《语文》(统编版)四年级下册

课程主题:黄继光

场馆:浙江革命烈士纪念馆

载体形式:革命英雄人物及事迹

目标:感悟革命英雄视死如归的英雄气概,激发向英雄学习的意愿和行动,宣讲红色故事,致敬革命英雄,传承红色精神。

场馆特色及教材亮点:浙江革命烈士纪念馆位于浙江省杭州市万松岭路100-1号,有近350位革命烈士的斗争史迹,是浙江省规模最大的烈士纪念建筑。学生通过课文的学习,感受到黄继光忠于祖国、英勇顽强、视死如归的英雄气概。在参观纪念馆时,可以迁移学习黄继光英雄事迹的方法,去体会纪念馆内不同英雄的优秀品质、革命精神,深刻感受英雄们相同的爱国主义精神,从而厚植爱国情怀。

【行走学习建议】

行前初探:学生通过观看影视、阅读书籍、询问家长等方式了解抗美援朝战争、上甘岭战役等时代背景,并寻找同时代背景下的其他革命英雄,试着把他们的故事与同学分享。

行中实践:走近更多英雄人物,在场馆内结合引导员的讲解,制作"英雄人物推荐表",向少先队大队部推选一批心目中的特级英雄,并为他们写一段颁奖词。

行后感悟:在少先队大队部的活动中,化身"红领巾宣讲员",向同学、老师及家长宣讲自己推选的特级英雄的故事,向英雄学习,争当时代先锋。

(九)今非昔比担责任　强国有我新征程

教材:《语文》(统编版)五年级上册

课程主题:少年中国说

场馆:杭州市革命烈士纪念馆

载体形式：重要革命史实和关键事件；革命英雄人物及事迹；革命纪念场馆

目标：参观纪念馆，了解为实现强国梦想而作出卓越贡献的人物及其事迹，进一步体会中国少年肩负的责任和使命，激发学生为了祖国繁荣富强而积极进取的精神。

场馆特色及教材亮点：杭州市革命烈士纪念馆位于之江路2号。学生在纪念馆内可以了解到近一个世纪以来杭州人民在党的领导下前仆后继的革命斗争历史，以及杭州地区1970年以后牺牲的见义勇为烈士事迹和近年来杭州的先进人物事迹。通过课文学习，学生知道少年强才能中国强，中国强所以少年强。学生参观纪念馆，看到不同时期的先辈们为了祖国的繁荣昌盛而顽强拼搏、无私奉献，一个个鲜活的事例进一步激发了学生的爱国情感。

【行走学习建议】

行前初探：小组合作查找资料，对比近代中国和今天的社会主义中国，交流讨论发生了哪些变化，是怎么发生这些变化的。

行中实践：聆听研学导师的专业讲解，小组合作进行记录，为制作手抄报做准备。

行后感悟：制作手抄报，进行展览，感悟先烈们前仆后继的伟大精神，以发奋图强，勇挑历史重任。

(十)知抗战历史　培爱国情怀

教材：《语文》(统编版)五年级下册

课程主题：冀中的地道战

场馆：抗日战争胜利浙江受降纪念馆

载体形式：革命英雄人物及事迹；革命遗址、纪念场馆

目标：理解抗日战争取得胜利的艰苦和不易，感受人民群众在巨大困难面前的智慧和勇敢；结合在地场馆学习，进一步体会中国人民保家卫国的顽强斗志，厚植爱国情怀。

场馆特色及教材亮点：1945年8月15日，日本战败，宣布无条件投降。富阳长新乡宋殿村(今杭州市富阳区受降村)被指定作为侵驻浙江

地区日军投降的唯一地点,富阳受降也因此成为见证浙江人民抗战胜利的重要纪念地。在纪念馆内,学生可以感受到展厅庄严肃穆的气氛,可以看到大量的档案文献、图片浮雕和复原造型,了解一段艰苦卓绝的浴血抗战史,从而深刻体会到中国人民在同日本侵略者英勇斗争中展现出来的智慧和大无畏的抗战精神。

【行走学习建议】

行前初探:小组合作,通过阅读书籍、观看影视作品、采访家人等方式了解日本投降的相关史实,并做好记录,与同学进行分享。

行中实践:结合之前调查的信息,聆听讲解员的解说,以小组合作的方式完成研学单任务,思考抗战取得胜利的原因。

行后感悟:参观完纪念馆后,交流研学单的内容,总结抗战取得胜利的原因,进一步感受抗战的艰辛和人民英勇顽强的抗战斗志,深知今日美好生活的来之不易,激发爱国情怀。

(十一)寻红色踪迹　忆峥嵘岁月

教材:《语文》(统编版)六年级上册

课程主题:七律·长征

场馆:新四军两渡富春江红色研学中心

载体形式:革命英雄人物及事迹;革命文物、纪念场馆

目标:感受红军战士的长征精神和豪迈的英雄气概,结合在红色研学中心的学习,进一步了解战争年代的艰苦卓绝,体会革命先烈的丰功伟绩,懂得在生活中也要克服一切困难、勇敢前进的道理。

场馆特色及教材亮点:新四军两渡富春江红色研学中心位于杭州市富阳区常绿镇大章村,以新四军两渡富春江为时间轴,重点展示新四军为执行党中央发展东南战略在浙江的战斗历程。在这里,学生可以了解到金萧支队、蒋忠烈士等历史事件,感受新四军在浙江的战斗历程。通过课文学习,学生可以了解红军长征的相关历史事件,感受红军长征的大无畏精神,通过在地场馆参观学习,可以进一步了解这一时期在浙江发生的革命先烈的英勇故事,感受革命战士的伟大爱国精神。

【行走学习建议】

行前初探:以研学小组为单位,分工合作搜集资料,了解新四军在浙江的抗战之路,并提出问题,尝试解决。

行中实践:继续以小组为单位,带着前期调查所知和未解决的问题参观研学中心,记录研学的所见所得,并完成研学单。

行后感悟:在研学中心参观结束后,交流讨论,引导学生在今后的学习和生活中也要像新四军战士一样克服一切艰难险阻、勇往直前。

(十二)追忆革命岁月　勾勒红色精神

教材:《语文》(统编版)六年级上册

课程主题:狼牙山五壮士

场馆:浙江革命烈士纪念馆;抗日战争胜利浙江受降纪念馆

载体形式:革命英雄人物及事迹;革命纪念场馆

目标:体会革命烈士英勇豪迈的英雄气概和牺牲精神,结合在地场馆参观,进一步感悟同时代背景下其他革命烈士忠于祖国、忠于人民的崇高气节。

场馆特色及教材亮点:抗日战争胜利浙江受降纪念馆地处杭州市富阳区银湖街道宋殿受降村,是浙江省唯一的大型抗战主题纪念设施。浙江革命烈士纪念馆位于浙江省杭州市上城区万松岭路100-1号,是浙江省规模最大的烈士纪念建筑。通过课文的学习,学生已经体会到五壮士甘愿为祖国和人民付出一切的崇高气节。在纪念馆内,通过沉浸式体验和学习讲解了解党的奋斗历程,缅怀革命先烈的丰功伟绩,从而激发学生对革命英雄的崇敬之情以及浓烈的爱国情怀。

【行走学习建议】

行前初探:以小组为单位,通过阅读书籍、采访家人、搜集资料、观看视频等搜集抗日战争时期可歌可泣的抗敌故事,与同学进行交流。

行中实践:带着前期搜集到的故事,聆听研学导师的专业讲解,完成研学单。结合在纪念馆中看到的无数革命烈士的英雄壮举,学生进一步感受抗日战争背景下无数中华儿女英勇无畏的伟大革命精神。

行后感悟:学生分享参观心得,教师总结,汲取革命烈士不畏险阻、热爱祖国、热爱人民的精神,并贯彻到平时的学习和生活中。

(十三)重温革命岁月　激发爱国情怀

教材:《语文》(统编版)六年级上册

课程主题:开国大典

场馆:中共杭州小组纪念馆

载体形式:革命纪念场馆

目标:感受开国大典庄严热烈的气氛;结合在地场馆参观,感受革命先辈为了新中国而浴血奋战、无畏牺牲的伟大精神,知道开国大典的来之不易,从而激发学生的爱国情怀。

场馆特色及教材亮点:中共杭州小组纪念馆位于杭州市上城区小营巷,该馆以中共杭州小组的成立、发展、壮大为展示主题,学生参观学习"潮起钱塘""星火钱塘""奔腾钱塘""今日钱塘"等展厅,以"看、听、体验"的方式,在参观中感悟,在感悟中升华。学生通过课文的学习已经感受到开国大典的庄严、热烈,参观中共杭州小组纪念馆可以让学生重温曾经的中国所经历的艰难险阻,感受革命先辈为了新中国而浴血奋战、无畏牺牲的伟大精神,进一步了解开国大典是无数革命先辈前仆后继的结果,从而激发学生的爱国情感。

【行走学习建议】

行前初探:以小组为单位,按自己喜欢的方式了解关于开国大典的背景,了解要去的场馆信息,与同学交流,并做好记录。

行中实践:结合之前调查的信息,聆听研学导师的专业讲解,以小组合作的方式完成研学单任务,思考新中国成立的必要条件。

行后感悟:参观完纪念馆后,与同学交流研学单的内容,总结新中国成立的必要条件,进一步感受新中国成立的艰辛和革命先辈的英勇顽强,深知今日美好生活的来之不易。

(十四)办人物微展览　扬大先生风范

教材:《语文》(统编版)六年级下册

课程主题:有的人——纪念鲁迅有感

场馆:绍兴鲁迅故里

载体形式：革命文物、遗址、纪念场馆

目标：走近鲁迅，了解鲁迅的生平与政治抱负，开办"鲁迅人物微展览"，向更多的人介绍鲁迅的不朽精神，弘扬大先生风范。

场馆特色及教材亮点：绍兴鲁迅故里，位于绍兴市越城区鲁迅中路241号，是鲁迅诞生和青少年时期生活过的故土。在这里，学生可以参观鲁迅故居、百草园、三味书屋等一大批与鲁迅有关的人文古迹，生动鲜活地再现鲁迅笔下的故乡，拉近学生与革命伟人之间的距离。感受臧克家笔下《有的人——纪念鲁迅有感》中鲁迅为人民鞠躬尽瘁的伟大精神，体会人民永远怀念鲁迅的深厚感情，并学习和发扬鲁迅大先生的风范。

【行走学习建议】

行前初探：阅读课文及《故乡》《从百草园到三味书屋》《小学生鲁迅读本》等，对鲁迅有初步的认识，完成鲁迅小名片。

行中实践：以小组为单位，参观场馆，记录研学的所见所得，或了解一个鲁迅的故事，或挖掘一个物件背后的故事，或发现一种精神，并完成研学单。

行后感悟：在参观结束后，交流讨论，完成小报、人物名片、鲁迅作品摘抄等，办一次展览，更好地弘扬大先生的风范。

(十五)学习革命历史　传承大钊精神

教材：《语文》(统编版)六年级下册

课程主题：十六年前的回忆

场馆：中国李大钊研究会杭州基地

载体形式：革命英雄人物及事迹；革命纪念场馆

目标：守好红色根脉，传承红色基因，缅怀革命先驱，学习李大钊崇高的理想信念和革命精神，树立正确的价值观。

场馆特色及教材亮点：李大钊党史专题书房是中国李大钊研究会杭州基地的重要载体，由杭州图书馆城市学分馆与浙江图书馆、杭州图书馆等相关单位共建，学生可以在场馆内学习所收藏的书籍资料一千余册。通过课文的学习，学生已经感受李大钊先生大无畏的英雄革命气概，结合在地场馆学习，学生可以进一步体会到李大钊先生崇高的共产主义理想,从而在学习和生活中向李大钊先生学习。

【行走学习建议】

行前初探:阅读课文《十六年前的回忆》,初步了解革命战士李大钊的英烈形象,后续搜索李大钊生平事迹,以小组为单位探讨革命先驱的奋斗历程。

行中实践:在研学导师的带领下,结合场馆内关于李大钊的真实书籍资料,摘录李大钊的故事、名言等。

行后感悟:在场馆体验学习后,写一篇学习革命先烈精神的心得体会。展出交流心得体会,不仅可以了解到李大钊与杭州的革命历史渊源,还能更深层次学习到革命年代先烈们的无私奉献与伟大智慧。

第二节 中华优秀传统文化在地化落实的案例及清单

《中华优秀传统文化进中小学课程教材指南》指出,语文是落实中华优秀传统文化教育的核心课程,主要围绕核心思想理念、中华人文精神、中华传统美德三大主题厚植中华文化底蕴、涵养家国情怀、增强社会关爱、提升人格修养、铸牢中华民族共同体意识,以坚定学生的文化自信。[①]随后,《义务教育语文课程标准(2022年版)》在"课程性质"中明确提出语文课程要使学生积淀丰厚的文化底蕴,继承和弘扬中华优秀传统文化。[②]而杭州市胜利实验学校周边蕴含中华优秀传统文化元素的场馆资源丰富,将课堂与在地场馆结合,将课堂学习与场馆研学联动,可以更好地激发学生的学习兴趣,让学生热爱中华文化,继承和弘扬中华优秀传统文化,提升思想文化修养,建立文化自信,提升综合素养。

一、课程思政行走学习案例

案例一　　了解烹饪方式　感受中国美食

教材:《语文》(统编版)二年级下册

课程主题:中国美食

[①] 中华人民共和国教育部.教育部关于印发《革命传统进中小学课程教材指南》《中华优秀传统文化进中小学课程教材指南》的通知[EB/OL].(2021-02-03)[2023-03-05].http://www.moe.gov.cn/srcsite/A26/s8001/202102/t20210203_512359.html.

[②] 中华人民共和国教育部.义务教育语文课程标准(2022年版)[M].北京:北京师范大学出版社,2022:1.

载体形式:基本常识;其他文化遗产

(一)案例背景

1. 场馆名片

> 中国杭帮菜博物馆坐落在杭州市南宋皇城大遗址旁的江洋畈原生态公园。整个博物馆内设展馆区、体验区和经营区。博物馆展陈设计由浙江工商大学中国饮食研究所所长赵荣光操刀,通过十个展区,二十个历史事件的场景复原,大量的文字图片史料,古近现代的文物陈列,梳理了上溯至良渚文化、秦、南北朝时期等不同历史阶段,杭帮菜传承和发展的肌理脉络。观众体验区体现了杭帮菜饮食文化的参与、交流、互动、学习的特征;室外互动区的爽园内,设置了打年糕、做馒头、磨豆浆等活动。经营区为杭帮菜饮食文化的进一步延伸。

2. 教材亮点

本单元是识字单元,围绕"传统文化"主题编排了《神州谣》《传统节日》《"贝"的故事》《中国美食》四篇课文。《中国美食》一课主要是以形声字为主题的归类识字,形声字分布在美食名中,让学生在识记美食名称的同时又能了解美食制作方法、理解字义。本课出现的内容均为生活中常见的、利于学生自主朗读的美食,生字也是便于学生识记的与美食相关的形声字,有助于学生更好地了解丰富的中国美食,感受中国特有的饮食文化。

3. 价值关联

识字能力彼此助力:《中国美食》一课是识字单元的一篇非连续性文本学习内容,是借美食介绍多种烹饪方法,借烹饪方式梳理归纳构字特点来帮助二年级学生更好地识字。中国杭帮菜博物馆里用各类烹饪方式制作的美食琳琅满目,用行走学习的方法,可以很好地帮助学生借助形声字构字特点认识并积累汉字,达到主动识字的目的。

美食文化相互影响:《中国美食》一课帮助学生打开了美食的大门,

在课堂的学习、美食经验的连接、博物馆的深度研学中,学生对中国的美食文化有了进一步的认识。中国的烹饪,不仅技术精湛,而且有讲究菜肴美感的传统,注意食物的色、香、味、形、器的协调一致。从家乡的杭帮菜出发,设计美食名片、讲解美食文化能够让学生连接课堂内容和博物馆知识,增强美食文化的自豪感;从设计学校的一周菜单到定制"我的杭帮菜家宴",将所学学以致用,很好地激发了学生的好奇心、求知欲,在自主、合作、探究的学习方式中了解了更多的家乡美食,也为家乡美食代言。

(二)教学设计

1. 教学目标

(1)通过烹饪探秘活动,了解多种烹饪方法,发现"火"和"灬"两个偏旁之间的关联,在积累和梳理中进一步掌握形声字的构字特点。

(2)能说出用"炒、烤、爆"等方法制作的美食,并运用汉字知识为校园食堂设计"中国美食荟"菜单。

(3)借助场馆研学进一步了解家乡美食,并热爱中国美食文化。

2. 思政目标

通过教材学习和资料拓展了解丰富多样的烹饪方式和博大精深的中国饮食文化;通过在真实情景中设计校园美食菜单,连接生活中的美食经验,进一步了解并热爱中国美食文化。

3. 教学过程

为了让学生深入了解中国美食文化,本课采用校内外自主探索学习的方式展开。以《中国美食》一课为例,课堂学习各种烹饪方式,结合校园菜单设计开展课程实践;同时结合杭州在地资源场馆中国杭帮菜博物馆进行实践研学,运用课堂上所学的知识,拓展了解杭帮菜的发展历史及烹饪特色,完成"制作美食名片""讲述美食故事""设计美食菜单"等实践任务。

第一课时·课堂探索

《中国美食》为识字单元中的一课,呈现的是生活中常见的、利于学生自主朗读的美食。学生在学习过程中不仅借字形特点掌握了生字,也了解了多种烹饪方式。借学校食堂创设真实情境,让学生在自己了解的众多美食中自主设计一周的"食堂美食"菜单,大大提升了学生的学习兴趣,也在实践中进一步了解了汉字特点,加强了学生对美食的兴趣度和探究欲,为后期的活动开展奠定了基础。

环节一:创设情境,读好菜名

情景任务:播放总务李老师的菜单征集令,希望同学们自己来设计一周的"中国美食"菜单。学校会选择最好的菜单进行烹饪,欢迎同学们踊跃参加!

(1)开火车读菜名,关注多音字"炸"。

(2)发布"中国美食荟"菜单征集活动。

播放菜单征集令:同学们,大家好!我是总务李老师,食堂的扬州炒饭很受同学们的欢迎!为了让大家尝到更多地道的中国美食,食堂想让大家自己来设计一周的"中国美食"菜单。我们会选择最好的菜单进行烹饪,欢迎同学们踊跃参加哦!

(3)美食分类,小结好菜单的标准:荤素搭配,安排主食。

设计一份好菜单可不简单。为了了解好菜单的标准,同学们共同研究了课本上的菜单,通过美食分类发现好菜单的特点之一为"荤素搭配,安排主食"。

【设计意图】通过发布"中国美食荟"菜单征集活动,调动学生主动识字的积极性。学生通过认读美食名称、给美食分类,初步了解好菜单的标准,为接下去的学习做好准备。

环节二:联系生活,烹饪探秘

(1)认读烹饪方式:借"凉拌菠菜"的例子关注做法"拌",并做一做动作,了解"扌"表义、"半"表音的形声字特点。学生自主圈出菜名中的烹饪方法,在核对、认读中更好地识记多种烹饪方式。

(2)辨析烹饪方式:聆听故事,了解"火"和"灬"的关联。

学生通过观察汉字偏旁,将烹饪方式分类成两组,第一组"蒸、煎、煮",第二组"烧、爆、炖、炸、炒、烤";接着聆听《"火"的故事》——"大家好,我是小火苗,甲骨文画的是我燃烧的样子。后来,我的字形又发生了

变化,写成楷体的火字,我做部首时,有时在字的左边,如灶、焰;有时在字的下边,比如烫、煲。我还很谦让呢,为了让字形更美观,我还会变作四点底,比如熏字,你们看,在金文中像不像一根被熏黑的木头,木头下方就是我这团小火苗在熏烤食物呢。像这样的字还有蒸、煮、煎等。"通过微课学生能更好地梳理与探究"火"和"灬"两个偏旁之间的关联,从而发现汉字中有些不同偏旁表示同一个意思的构字特点。

(3)巩固烹饪方式:观看视频,说说烹饪方式的差别。通过出示杭州名菜"油爆虾"的制作视频、家常菜"香煎豆腐"的示意图,帮助学生更好地理解两种烹饪方式的异同,从而感受到不同的烹饪方法油多油少、火候大小、是否加水之间有细微的差别。接着通过观看多种烹饪方式的集锦视频复习多种烹饪方法,使学生更加形象直观地感受烹饪方式之间的差别,感受中国饮食文化的博大精深。

朗读儿歌,巩固学习成果。

小火炖,大火炒,火力十足就叫爆;

隔水蒸,水中煮,放在火上就叫烤;

少油煎,多油炸,中国美食真奇妙。

(4)拓展烹饪方式:运用形声字的规律猜读"烩面""油焖笋""盐焗鸡",补充自己课外了解的烹饪方式。

借词云图了解中国常见的42种烹饪方式,自由认读交流感受,了解好菜单标准之"多样烹饪"。

(5)连接丰富口感:连接园地三中表示味道的词语,在朗读中感受美食丰富的味道和口感。

品尝杭州特色美食"干炸响铃""桂花蜜藕",用表示味道、口感的词语介绍口中的美食和生活中尝到的美食,了解好菜单标准之"口感丰富"。

【设计意图】通过丰富多彩的美食图片、视频、微课、词云图等方式,帮助学生清楚地了解了火字旁的演变过程,也更直观地了解了食物的烹饪手法,感知到美食背后的文化。同时,尝一尝杭州特色美食进一步激发了学生爱美食、爱家乡的情感。学生在学习实践中了解"好菜单"的特点,感受美食文化的博大精深,既调动了学生识字的积极性,也为后续设计菜单奠定了良好基础。

环节三：大显身手，发布菜单

(1)小组合作，定制菜单：用好美食锦囊，定制一周菜单。围绕好菜单标准进行自评、修改(图3-2-1)。

杭州市胜利实验学校"中国美食荟"菜单 制定者：		
内容 周次	菜肴	主食
周一		
周二		
周三		
周四		
周五		

评价标准	自评	他评
荤素搭配	☆	☆
安排主食	☆	☆
多样烹饪	☆	☆
口味丰富	☆	☆

图3-2-1 小组合作定制菜单

(2)开展美食发布会：代表小组介绍设计思路、特色美食。

出示第一组设计的菜单：大家好，这是我们组设计的菜单，荤素搭配、营养丰富，还搭配了主食。周一，我们吃的素菜是水煮青菜，荤菜是虾油鸡肉，主食是米饭；周二，我们要吃爽口的凉拌菠菜、香喷喷的烤鸭，主食是小米粥；周三，安排了香煎豆腐和辣乎乎的水煮鱼，主食是炸酱面；周四，我们添加了几道自己家乡的特色菜，有醋熘白菜、"牵肠挂肚"和蒸饺，其中"牵肠挂肚"就是凉拌猪肚，我觉得非常爽口美味，推荐给大家；周五，我们吃的是特色杭帮菜茶香鸡、家常菜番茄炒蛋和同学们最喜欢的扬州炒饭。

同学们对菜单进行评价、建议。

(3)菜单评比，研学拓展：小小的一张菜单，蕴含着丰富多彩的食材、技艺精湛的烹饪方式、博大精深的中华文化……课后，教师会把每个小组的菜单收集起来,评一评最佳菜单,期待能够尝到同学们设计的菜单美食。本学期春游,同学们也将走进中国杭帮菜博物馆,做一做美食名片,讲一讲美食故事,设计一份杭州风味的菜单!

【设计意图】学生在设计菜单的过程中,进一步明确中国美食不同的烹饪方法,感受中国美食品种的多样性,激发了学生学习的兴趣。学生在定制菜单的过程中,也能从营养学的角度学习合理搭配菜肴,体现了在生活中学语文的大语文观。

第二课时·场馆研学

环节一:研学准备

材料准备:研学单、手机或相机、录音笔、铅笔。

分组准备:根据假日小队组成研学小组,确定小组的分工安排。

思考准备:确定研究主题和展现方式(表3-2-1)。

【设计意图】本环节从材料、分组、思维等方面考虑研学准备。中国杭帮菜博物馆记录了"杭州菜"的历史发展,在历史的潮流中多次出现高峰期,令"杭州菜"独树一帜。更有众多名人与杭州菜结缘,使杭帮菜热遍全国,走向世界。让学生作为杭州的小小美食家,了解家乡美食、介绍推广家乡美食也是一件很有意义的事情。结合研学准备单的1~3题,引导学生有序分组,合理安排分工,并确定感兴趣的研究主题和展示方式,为后续的活动展开打下坚实的基础。

表3-2-1 "小小美食家"研学准备单

(1)此次研学活动,我们开展的研究主题:

①了解美食风味(　　　)	制名片,认美食
②讲解菜品知识(　　　)	趣讲解,知美食
③设计杭宴菜谱(　　　)	定菜单,品美食

(2)此次研学活动,我们成果的展现方式:

①美食名片(　　)　②现场讲解(　　　)　③杭宴菜谱(　　　)

(3)此次研学活动,我们小队的分工安排:

成员	任务安排

环节二:研前探讨

小组研前探讨:在此环节,各研学小组围绕已定的探究主题与展示形式进行交流,探讨如何更好地展示小组成果。

教师指导建议:教师针对各组的展示形式进行指导并提出建议:如何让美食名片吸引游客? 如何让讲解内容惠及更多人? 怎样定制一份合适的杭宴菜谱?

【设计意图】本次展示活动年级组打通,并将在中国杭帮菜博物馆进行展示,全面沉浸于美食氛围之中。所以每个研学小组对于本组的展示都要提前商讨,以研学实践清单为依据,集小组智慧和教师指导尽量完善研学单,为展示和分享做好充分的准备。

环节三:研中实践

任务发布:教师发布任务,有序参观杭帮菜博物馆,分小组展开研学活动;强调安全问题和研学秩序。

明确流程:各研学组根据自己组的展示形式开展研学,美食名片组选择小组最喜欢的一道美食,图文并茂地填写研学单;现场讲解组根据准备的内容,选择合适的讲解地点,循环为到来的同学或游客进行讲解;杭宴菜谱组结合博物馆内的各色菜品,结合课堂所学,设计一桌合适的菜谱(表3-2-2)。

分组实践:教师讲解场馆研学单的具体任务要求,以小组合作的方式进行探究式学习。

表3-2-2 "小小美食家"研学实践清单

中国杭帮菜博物馆,一座专门做美食的博物馆,说到美食,小朋友能开心一天呢!你知道杭帮菜是从哪个时期开始的吗?你知道杭帮菜有哪些独有的美食吗?有的美食背后有什么故事?让我们一起走进这座美食博物馆。

主题活动一:制名片,认美食

菜名:_____
味道:_____
主要食材:_____
烹饪方法:_____

主题活动二:趣讲解,知美食

你知道西湖船宴的由来吗?
良渚时期的宴会是什么样子的?
美食家苏东坡发明了哪些美食?

小朋友们可以讲一讲美食由来、演一演美食故事、念一念美食童谣……
用有趣的形式让更多人了解杭帮菜吧!

主题活动三:定菜单,品美食

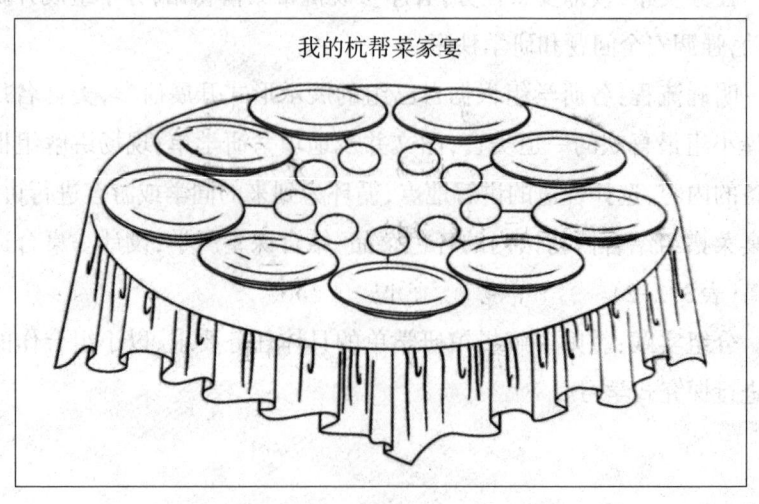

我的杭帮菜家宴

【设计意图】本环节结合了课堂学习内容与杭帮菜博物馆的特色,借助"小小美食家"研学实践清单中的三大主题活动指导学生有序展开。旨在引导学生在充分合理的小组合作中学习信息整合,不仅感受到中国美食文化的博大精深,也能学以致用,以推荐美食名片、讲解美食故事、定制美食菜单等形式展示对中国美食的了解,并在活动中进一步提升对中国美食文化的兴趣与荣耀。特别是设计菜单,可以引导学生不仅要从所学知识的角度出发,还要考虑别人的需求,隐含育人理念。

　　环节四:研后感悟

　　头脑风暴:完善"小小美食家"研学实践清单填写,全班分享收获。

　　动手实践:借超轻黏土制作自己在中国杭帮菜博物馆研学时印象最深的一道名菜,以小组形式进行菜品展示。

　　【设计意图】本环节是对整个美食探究活动的一个闭环。在前期的课堂学习烹饪方式、小组合作定制学校菜单、博物馆研学拓美食文化等活动中,学生对中国美食及美食背后的文化有了逐步深入的了解。在全班的收获分享中,各个小组思维碰撞,形成更大的知识合力,提升了学生对中国美食的理解感悟;动手实践活动,以超轻黏土的形式制作美食,圆了学生做小小美食制造家的梦想,也是对深入感受美食文化的变相表现。整个过程其实是对研学单的多次迭代,不断深入探究美食文化,把课内的学科实践与课外综合实践结合起来。

　　(三)学生感悟

　　学生(课堂学习后):学习了课文,我才知道原来美食分那么多种不同的烹饪方式。每一种烹饪方式制作出来的美食都看着好美味啊,我都馋得流口水了,好想回家就让爸爸妈妈学着烧一烧。最有意思的是,老师居然在课堂上让我们品尝了杭州美食,我觉得这时候吃的"干炸响铃"和"桂花蜜藕"比平时美味了几万倍。最有趣的是老师让我们自己合作设计美食菜单,老师一声令下,我们组每个成员都迫不及待地把自己平时爱吃的菜搬了出来。

　　研究小组(研学后):我们组是现场讲解组,我是介绍美食家苏东坡怎么发明东坡肉的。前期我认真地查找了资料,准备了讲解稿,把内容

都背了下来。到了中国杭帮菜博物馆,我戴上麦克风,站在东坡肉这道模具菜前开始讲解。一开始,我还有点紧张,慢慢地,我就越来越熟练了。我前后一共讲解了7遍,每次来一个班级,我就为他们讲解一遍。我还给几位外来的游客讲解了呢!听到那些爷爷奶奶、叔叔阿姨的称赞,我开心极啦!如果有机会,我还想为游客们介绍更多的杭州美食!

(四)特色及创新

1. 知行合一,凸显学科实践特色

本课中本身只有几道菜名,但结合场馆研学后,不仅进一步巩固了学生对形声字构字方法的理解,还能从知识角度理解不同烹饪方式,让书本知识和生活实际合二为一;将所学知识和研学收获整合,设计适合自己家人口味的杭菜家宴,进一步提升了学生的学以致用能力,将语文味凸显的同时还增加了实用性。

2. 多次迭代,提升学生综合素养

从课堂设计食堂一周菜单的小试牛刀到最后的设计杭宴菜谱,中间对学生的研学单进行了多次运用。"美食名片",让学生分享设计理念、设计特色;"现场讲解",让学生分享美食故事,是对自己前期资料的加工输出;"杭菜家宴",介绍的不仅是菜品,更让学生从营养学、口味等不同角度思考,体现的是大语文观和学科育人理念;菜品的模型塑造与讲解,使学生又变成了成果讲解员。这个过程,是学生对中国美食研究的多次迭代,不断提升了学生的综合素养。

(五)专家点评

课内带课外,知行合一。有些课,课内知识扎扎实实学,课外活动轰轰烈烈搞,但两者没有关联,这个课例是真正将课内课外有机整合的。课内,学生不仅借助形声字特点认识了很多生字,了解了中国美食的多种烹饪方式,也为课外自己探究杭州美食奠定了基础;课外,有效结合春游活动开展研学,将课本知识与自我探究、小组合作充分融合,把课内的学科实践与课外的综合实践相结合,这种结构很好地将语文课的知识学习与生活中的实际运用结合起来了。

研学融五育,传承文化。以设计杭菜家宴为例,学生设计这份菜单,不仅要对家乡的杭帮菜有一定的了解,还要从营养学的角度考虑,同时要思考家里人的不同口味,对学生来说是一次挑战,但也是对学生很好的育人教育。在过程中,学生的交往能力、协调能力、亲子关系都能得到提升。为什么选这些菜?学生还要能说出菜品背后的文化,这就要求学生对中国的传统美食有一定的了解,在此过程中无形地推进了学生了解传统文化的研究力,增强了学生爱家乡、传承传统文化的能力。

案例二　　做传统节日传讲人　承传统文化践行者

教材:《语文》(统编版)三年级下册
课程主题:第三单元"中华传统文化"
场馆:富阳非物质文化遗产馆
载体形式:经典篇目;人文典故;基本常识;艺术与特色技能

(一)案例背景

1. 场馆名片

> 富阳非物质文化遗产馆位于杭州市富阳区富春街道春秋北路170号儿童公园内,共分为两层,一层设置临时展厅及城市儿童图书馆;二层为非物质文化技艺及作品展示陈列区,全面展示竹纸制作技艺、孝子祭、张氏骨伤疗法等全区133项非物质文化遗产代表性项目。本层展区分为四个单元:轻风古渡迎归舟、富春山居物象饶、知有人家在翠微、击鼓敲钲市喧腾。特别是元宵节期间,非遗馆外的圆形广场上还有丰富的非遗活动,如非遗市集、元宵灯会、猜灯谜、互动游戏等丰富多样的活动内容。

2. 教材亮点

解读大单元背景下的教材,三年级下册第三单元的单元主题为"中华传统文化",综合性学习为"中华传统节日",这是小学语文阶段第一次出现综合性学习。教材中第9课《古诗三首》和单元习作都与传统节日有关,《古诗三首》涉及春节、清明节和重阳节三个传统节日,习作为写一写

过节的过程,单元其余课文《纸的发明》《赵州桥》《一幅名扬中外的画》涉及了中华传统文化中的科技、建筑、艺术等方面。基于此,围绕"中华传统节日"这一综合性学习活动,将"场馆研学寻节日、古诗学习激兴趣、习作引领促表达、成果展示作传讲"作为完整的闭环,促进学生对传统节日及传统文化做进一步的探究。

3. 价值关联

传统文化的内容关联:经典篇目、人文典故、基本常识、科技成就、艺术与特色技能、其他文化遗产都是《中华优秀传统文化进中小学课程教材指南》指出的反映中华优秀传统文化的主要载体形式。本单元涉及传统节日、传统建筑、传统科技、传统艺术,教学过程中通过综合性学习活动深入了解传统节日,通过课文学习了解传统文化,并在体验式的研学实践中,进一步感受传统文化的魅力。

场馆研学的内涵感悟:通过富阳非物质文化遗产馆的研学,学生在合作实践中从不同方面了解到中元节、端午节等传统节日的习俗,还能拓展了解竹纸技艺、布艺制作等中华传统技艺;走访周边的富春山馆、富阳元书纸文化展示馆,可以更多元地了解中华传统文化,在沉浸式的学习中受到中华文化底蕴的熏陶。

(二)教学设计

1. 教学目标

(1)通过资料搜集、调查访问、体验展示等了解中华传统节日相关习俗,在活动中积累和传统节日有关的古诗。

(2)在"争做传统节日传讲人"的情境中围绕一个意思,精准聚焦动词,把习俗的活动过程说清楚。

(3)在小组合作和非物质文化遗产馆的参观、非遗活动的体验中,感受传统文化的魅力,加深对传统文化的理解与认同,树立文化自信。

2. 思政目标

在真实情境中积极参与传统节日传讲人活动;在研学卡的巧用中聚焦动词,把习俗的活动过程说清楚;在前期探索、课堂分享、课后研学中深入学习、宣扬传统节日,进一步感受传统文化的魅力。

3. 教学过程

为了让学生更好地了解、感受、体悟传统文化的魅力,以综合性实践活动"中华传统节日"为例,学校以大单元教学为探究模式,重组教材顺序,并整合书法、艺术、劳动、信息等学科开展节日大探索,引导学生阶段性研究传统节日,做好中华传统节日的传讲人。第一阶段,以"节日大探索之春节"为活动预热,从"展示台:窗花的前世今生;辩论赛:燃放烟花你支持吗;习俗秀:家乡春节真有趣;游园会:赏花灯,猜灯谜"四个方面开展自主探索。第二阶段,走进富阳非物质文化遗产馆,了解各种节日习俗等非遗文化,参与非遗活动,进一步加深对传统文化的理解与认同,树立文化自信。第三阶段,在课堂学习、习作引导和合作展示中,引导学生从感兴趣到说清楚、写明白,深入感受中华传统节日的魅力,做好中华传统节日传讲人。以下以第二阶段的场馆研学和第三阶段的"指导课"为例,进行分享。

第一阶段　"节日大探索之春节"活动预热(略)

第二阶段　场馆研学·中华传统文化践行者

环节一:研学准备

材料准备:研学单、手机或相机、录音笔、铅笔。

分组准备:根据兴趣组成同一个节日的探究小组,并结合该节日特点为研学小组取名。

思考准备:寻找一个节日习俗,采访一位非遗传承人

【设计意图】从学生兴趣点出发,组建节日探究小组,能有效增加小组节日探究的积极性和团队合作力。遵循"自由组合、意志搭配"的原则,也为"共同商讨、制订计划、分解任务"做好充分准备。

环节二:研前探讨

学生在研学前进行探讨:在此环节,学生结合自己小组探究的传统节日交流本次研学准备寻找的节日资料,讨论非遗传承人的采访问题。

分组交流:教师针对各组确定的习俗节日提出建议:场馆内的介绍是否符合小组期待? 如何补全小组想要研究的内容?

【设计意图】在研学前开展头脑风暴,思考先行,任务驱动。通过阅

读书籍、采访长辈、网络搜索等调研的形式,在相互交流中进一步明确学习任务。学生在家庭、学校、社会等不同场景中搜集、梳理、记录材料的过程,是语言学习的过程,更是文化浸润的过程。

环节三:研中实践

任务发布:教师发放研学单,结合富阳非物质文化遗产馆的场馆平面图和四个单元内容的讲解位置、研学流程;强调安全问题和研学秩序。

明确流程:告知学生研学的四个流程:有序研学四个单元、寻找一个习俗节日、采访一位非遗传承人、体验一种非遗技艺(表3-2-3)。

分组实践:教师讲解场馆研学单四个流程的具体任务要求,以小组合作的方式进行探究式学习。

表3-2-3 "走进中国传统文化　感受非遗魅力"研学实践清单

研学小组:	
研学小环节	研学小清单
有序研学四个单元	确定重点研学单元并进行小组分工,认领研学任务(摄影、记录、采访等)
寻找一个习俗节日	根据实际情况,确定习俗节日,做好记录,尝试快闪讲解
采访一位非遗传承人	在场馆内寻找最能体现自己组特色的或最感兴趣的非遗传承人,对其进行采访
体验一种非遗技艺	每位成员选择自己最感兴趣的一种非遗技艺进行体验

【设计意图】设计四个研学环节,以实践清单的方式,可以让学生更加明确研学场馆的学习任务与要求。通过"三个一"的活动和探究式的学习,学生能够潜移默化地感受中华传统节日的蕴意,感受非遗的魅力。

环节四:研后感悟

头脑风暴:完善研学单填写,交流记录非遗传承人最值得我们学习的地方,讨论后续需要增加的传讲内容。

代表发言:各组选择一名代表,对本组研学实践的任务完成情况及采访感受进行300秒快闪分享。

【设计意图】感悟为实践研学的闭环,符合知情意一体化的原则。在场馆里开展"300秒快闪"交流会,畅所欲言,为学生的情感表达创造了在地化的平台,便于学生在语言实践中提升素养,初步丰厚精神底蕴,厚植文化自信。在创意分享中,教师可以进一步了解学生感悟的深度,便于指导,也为后期的课堂学习奠定基础。

第三阶段 课堂指导·中华传统节日传讲人

在前期的节日大探索及跨学科学习中,学生对传统节日有了进一步的了解,但在传讲关于传统节日的古诗、习俗等方面还值得提升。本课以校内自主探究学习的方式进行,以浙江省文化产业学会征集中华文化系列的文创产品为契机,以第三阶段的课堂指导为例,引导学生整合已知材料,开展中华传统节日传讲活动。

环节一:创设情境,吟诵节日里的诗词

情境任务:浙江省文化产业学会正在征集中华文化系列的文创产品,希望传统文化爱好者,以设计明信片的方式,将自己对于传统文化的理念和想法进行创意表达,通过这套明信片让更多的人了解关于传统节日的古诗、习俗。

(1)活动回顾,激发节日探索兴趣

回顾活动:分别出示元宵猜灯谜的活动视频、做清明团的图片、版画和誊抄古诗的图片猜测节日,并进行古诗配乐朗诵。

提出任务:继续开展单元综合性学习活动,在小组合作中以"讲"的形式,继续完善属于我们自己的节日明信片。

(2)走近画卷,感受农历节日的蕴意

出示卷轴,说说传统节日名称。

话说端午,感受农历中的文化。

朗诵儿歌,唤醒单元情境任务。

【设计意图】连接社会资源,家校社协同助力。在"浙江省文化产业学会征集中华文化系列的文创产品"的真实情境中,使学生明确制作节日明信片的任务及意义。通过"元宵做灯猜节日""制作版画绘节日""誊

抄古诗写节日""传统日历制年历"等跨学科的活动方式,唤起单元情境,感受农历文化的蕴意。

环节二:连接课文,说清习俗活动过程

(1)唤起情境,讲好习俗

借情境任务鼓励学生将传统节日介绍好,并将介绍视频生成二维码贴在明信片上,做一名优秀的中华传统节日传讲人!

(2)连接课文,聚焦动词

出示《纸的发明》课文语段,分析方法,明白说清楚一个习俗的过程,通过借助动词,用上连接语或按照顺序可以把习俗介绍得更好!

(3)精准用词,对比分析

在对比中明确精准用词的好处,并对自己小组的习俗活动进行动词梳理,为小组传讲做好准备。

【设计意图】在阅读与鉴赏、表达与交流、梳理与探究的实践活动中,引导学生获得言语经验。紧扣单元语文要素,聚焦动词进行精准对比分析,帮助学生形成文化理解,体验文化魅力,获得文化滋养,传承文化精神。

环节三:内化方法,展示分享

(1)教师示范,补充节日味

介绍节日中除了增加诗词的韵味,介绍清楚传统习俗的过程,还可以有其他内容的补充。教师做视频、补充信息,增加节日味,为学生的"讲述"做好直观的引领。

(2)迁移方法,小组合作

以小组为单位,围绕同一个传统节日,每人安排一个子任务,学着借助动词,用上连接语或按照顺序轮流介绍,尝试将传统节日介绍清楚。

(3)现场展示,完善成果

选组上台展示,同学点赞评价,课后进一步优化成果。

【设计意图】在展示交流中,运用PPT、图片、视频、明信片等多种方式传讲自己对文化的理解,传递文化信息、表达文化情感。在情境感十足的言语交际环境中理解文化,不仅突破了以理解课文内容为学习目标的局限,也是用鲜活、丰富的生活经验帮助学生自主建构学习经验。在这个过程中,学生得到的不仅仅是知识技能,更重要的是深刻理解了文化对于生活的意义。

(三)学生感悟

学生(课堂学习后):从传统节日的古诗学习到书写古诗,从了解传统节日的习俗到版画呈现、劳动实践,从说清传统习俗的过程到分享整个传统节日,再到其他课文的学习,我们在这样丰富的综合性实践活动中不断增加着对祖国传统文化的了解。原来简单的节日背后有那么多有趣的故事、多样的习俗活动甚至文化内涵啊!

研究小组(研学后):在富阳非物质文化遗产馆,我们见识到了很多从来不知道的传统习俗和非遗技艺,认识了厉害的非遗传承人,被他们精湛的技艺、传承中华传统文化的精神所折服;在富春山馆,我们了解了更多的传统文化,特别是将《纸的发明》和富阳的造纸历史相结合,《一幅名扬中外的画》和《富春山居图》相对比,更让我们感受到了中华传统文化的博大精深。我们为祖国的传统文化而自豪!

(四)特色及创新

1. 虚实结合,从网络激发到物化传播

从窃用中华传统节日为他国所有的新闻出发,创设"我为中华传统节日代言"的大情境任务,并联合浙江省文化产业学会通过视频招募中华传统节日代言人,激发学生的参与热情,并最终通过明信片的形式传播我们的传统节日文化,让本次综合性学习真正落地。

2. 单元重组,从节日探索到文化感知

本单元为小学阶段第一个综合性学习单元,内容为"中华传统节日",但单元主题却是"中华传统文化"。教材中只有《古诗三首》和单元习作与传统节日有关,其余课文涉及中华传统文化,却与传统节日关系不大。所以,本单元的设计意在以小见大,将教材顺序重组,将传统节日作为一个探索的影子,辐射至中华传统文化。

3. 内外联动,从单科学习到学科整合

除了课堂内外与学校内外的联结外,将多个场馆也进行了联结:课

前在富阳非物质文化遗产馆研学,帮助学生了解更多的中华传统节日知识;课后建议有兴趣的同学或小组在家长的陪同下参观富春山馆、富阳元书纸文化展示馆,了解更多传统文化知识,进一步感受传统文化的魅力。而本次综合性学习将艺术融于语文、科技辅助记录、劳动赋予实践、场馆提升深度,让学生在有趣的语文实践活动中丰富体验,在传讲的过程中宣扬传统节日,也感受了传统节日文化的魅力,增强了民族自豪感,提升了个人的综合素养。

4. 载体物化,从课堂展示到个性传讲

打通年级,将最有代表性的12个传统节日拍摄成12个传讲视频,制成二维码赋予明信片之上。一张小小的明信片,集合了学生的诸多智慧,有美术爱好者的版画,有书法爱好者的书法,更有小组的个性传讲。同时,借助浙江省文化产业学会真正展出这些明信片,让更多的人通过儿童视角了解更丰富的中华传统节日和节日文化。

(五)专家点评

综合性学习是跨学科学习的重要载体之一,教师从综合性学习的特点出发,顺应新课标标准的时代取向,有机整合教材内容,通过学习活动层层推进,在多样的活动探究中提升学生的综合素养,很有实践价值。

课堂上,教师从丰富的前期活动回顾入手,一下子吸引学生的眼球,拉近了学生与传统节日的距离;以课文为载体,引导学生说好传统习俗。特别是课堂展示环节,学生的表现很不错,不仅内容丰富,还有各种道具,非常符合"穿越时空来过节"的小主题。

正如执教老师所说,课堂的展示只局限于部分人群,明信片的物化形式非常有创意,将学生各个阶段的成果都能呈现在上面,视频二维码让这张明信片更具时代感。这不仅给了学生更多的展示空间,也将传统节日的分享拓展得更广更远。

传统节日最重要的是习俗及其背后的文化内涵。教师没有将展示定位为最后的环节,还引导学生去相应的传统文化场馆研学,这是对综合性学习活动的延续,更是对传统文化的深入学习,这正是我们追求的"大语文观"。

二、课程思政行走学习更多主题清单

(一)千人糕飘香　江楠艺传承

教材:《语文》(统编版)二年级下册

课程主题:千人糕

场馆:杭州江楠糕版艺术馆

载体形式:艺术与特色技能

目标:在杭州江楠糕版艺术馆中了解糕版文化,尝试糕点制作,激发学生的艺术兴趣和创造力,感受劳动成果的来之不易。

场馆特色及教材亮点:杭州江楠糕版艺术馆位于杭州市临平区,是一座专业收藏国内外糕点制作模具的博物馆。学生通过"人生礼仪""岁时习俗""生活礼俗"三个主题馆的沉浸式体验,不仅能亲身体验课文《千人糕》的制作部分内容,领略糕点制作的乐趣与传统文化的魅力,增强对优秀传统文化的归属感和认同感,也能让学生真实感受到《千人糕》课文告诉大家的道理:每样物品的形成都需要很多人的劳动,每一项劳动成果都来之不易。

【行走学习建议】

行前初探:自由组建小组,通过阅读、观看视频、搜索资料等方式,自主了解糕版艺术,对糕版艺术有初步的了解与期待。

行中实践:聆听场馆导师的讲解,了解糕版艺术的起源、发展、技艺特点、制作过程等。在场馆指导教师的帮助下,合作制作经典糕点,感受糕版艺术的魅力。

行后感悟:在场馆学习后,回顾糕版艺术的博大精深。通过制作手抄报、组织主题分享会、策划和参与校园中的小卖场活动等形式与更多同学分享糕版这一文化瑰宝,带动大家共同关注传统文化,丰富校园文化。

(二)西湖与苏东坡　我心中的诗人

教材:《语文》(统编版)三年级上册

课程主题:饮湖上初晴后雨

场馆:西湖、杭州西湖苏东坡纪念馆

载体形式:经典篇目;人文典故

目标:通过实地参观和体验,感受西湖的美丽和文化底蕴,了解苏轼的生平轶事和文学艺术成就,从而更好地领悟苏轼以"西施之美"比喻"西湖之美"的诗词艺术,感受情景交融的美感,对苏轼与西湖的深厚渊源有更全面的认识。

场馆特色及教材亮点:风景如画的西湖,历史底蕴丰厚,一直以来都是杭州的璀璨"名片"。学生身临其境,有机会一睹西湖的壮美景色——湖光山色之间的变幻莫测以及晴雨交替的韵味盎然。杭州苏东坡纪念馆精选了诗人在杭期间的政绩逸事以及文学创作的丰硕成果。结合课文学习,学生可以更加深入地领会苏轼的独特视角和精湛艺术,激发出对美的向往和对知识的渴求。

【行走学习建议】

行前初探:通过阅读课本注释、查找网络资料等途径,探寻《饮湖上初晴后雨》的创作背景、苏东坡的生平及文学成就。

行中实践:体验西湖与杭州西湖苏东坡纪念馆,认真聆听研学导师的讲解。小组合作完成研学任务,全面了解苏东坡。

行后感悟:举办"我心中的苏东坡"主题活动,可以进行诗歌朗诵、绘画创作、故事分享等。

(三)讲好千年纸故事　传承千秋纸业艺

教材:《语文》(统编版)三年级下册

课程主题:纸的发明

场馆:富阳元书纸文化展示馆

载体形式:科技成就

目标:了解纸的发明历程,亲身体验纸的制作过程,围绕"纸的发明"这一主题说清楚蔡伦是如何把纸发明出来的,感受造纸术对人类社会进步的促进作用。

场馆特色及教材亮点:富阳元书纸文化展示馆位于杭州市富阳区湖

源乡新二村。在这里,学生能够全面了解纸的历史和制作过程。馆内集中展示了元书纸的历史文化、工艺及相关产品,使学生不仅对纸发明的伟大有了更深入的认识,同时也提高了对纸的多样化运用的兴趣。以体验式形式展示传统工艺,能够让学生亲手体验纸的制作过程,提高他们对纸的发明的兴趣,使"这张纸"的故事得以在每个学生的体验中重新被书写和传承。

【行走学习建议】

行前初探:了解纸的发明历程以及纸的发明者蔡伦,体会蔡伦改进的造纸术之所以被世代传承的独特之处。

行中实践:在场馆内,学生深入研究纸的发明历程、图文资料,参观各类纸制作。通过亲身参与纸制作的互动体验,从实践中直观地理解纸的发明及其广泛应用。

行后感悟:结合实践经验与课文内容,让学生说清楚纸的发明过程和制造工艺,解释蔡伦改进的造纸术能够传承下来的原因。运用纸张进行各类艺术创作,如剪纸、拼贴、书画等,进一步培养学生的创新能力和艺术审美观。

(四)桥文化风貌展　华夏智慧千年颂

教材:《语文》(统编版)三年级下册

课程主题:赵州桥

场馆:钱塘江大桥陈列馆

载体形式:科技成就

目标:通过了解现代桥梁钱塘江大桥的精巧构造、抗战历程和历史地位,深化对我国桥梁工程技术的理解;通过比较赵州桥与钱塘江大桥的差异与共性,体会我国劳动人民的无穷智慧和创新精神。

场馆特色及教材亮点:钱塘江大桥陈列馆位于杭州市西湖区,是为了纪念杭州钱塘江大桥而建立的一座专题性陈列馆。钱塘江大桥是中国第一座自主设计、自主建造的公铁两用特大桥,也是中国桥梁建造史上重要的里程碑。在陈列馆中,学生能够感受到在国力衰微的背景下,桥梁先进技术创造的不易。结合课文,学生更能感受到我国古现代劳动人民的智慧和才干,从而提高民族自豪感,激发改革创新精神。

【行走学习建议】

行前初探:通过搜集相关资料了解钱塘江大桥的特点、外观、历史地位,尝试寻找与赵州桥的相似之处。

行中实践:引导学生感悟古代与现代桥梁技术的碰撞与融合,鼓励他们主动发问、提出疑惑,团队共同探讨解惑。在小组合作中,从设计者、建造年代、外观设计、功能特点、历史地位等方面,比较钱塘江大桥与赵州桥的异同,分享各自的见解。

行后感悟:组织学生用中华传统手工艺、绘画,或者现代的摄影方式创作赵州桥的作品,发展审美和创新能力。当一当小导游,用自己的语言向同学、家人介绍赵州桥与钱塘江大桥。

(五)寻觅历史韵脉　鉴赏千年古画

教材:《语文》(统编版)三年级下册

课程主题:一幅名扬中外的画

场馆:杭州博物馆

载体形式:其他文化遗产

目标:从不同角度走近《清明上河图》,更好地理解这幅名画背后所反映的社会风貌、历史背景和人文情怀,激发学生对中国传统文化的兴趣,培养学生发现美、品味美和表达美的能力,使学生深入了解中国古代绘画艺术。

场馆特色及教材亮点:杭州博物馆位于西湖风景名胜区吴山,是一座反映杭州历史变迁的人文类综合性博物馆。学生在这里仿佛穿越时空,亲身踏足辉煌的宋朝盛世,感受繁华市井的生动场景,置身于流动的历史画卷之中。这种丰富的视觉体验不仅能让学生更好地理解和感受课文中对《清明上河图》的传神描写,同时也能激发他们研究传统文化的浓厚兴趣。

【行走学习建议】

行前初探:搜集有关《清明上河图》的资料,如画册、邮票等,欣赏这幅享誉中外的名画之美。根据课文阅读提示,图文对照朗读,感受《清明上河图》画面与课文文字的生动。

行中实践:在《清明上河图》的动态展览中,引导学生观察画中的人物设计、城市建筑、田园风光、河流景观等,培养学生的观察能力。小组合作完成"清明上河图小名片"。

行后感悟:担任小小讲解员,结合课文内容、图画和"小名片",绘声绘色地向父母或同学介绍这幅画中涉及的人物、场景和历史背景,培养学生的自信和表达能力。

(六)钱塘江潮涌　山河壮丽展

教材:《语文》(统编版)四年级上册

课程主题:观潮

场馆:钱塘江、杭州海塘遗址博物馆

载体形式:其他文化遗产

目标:亲身体验并深入理解杭州钱塘江海塘文化,感受钱塘江大潮的雄伟壮观,激发对祖国大好河山的热爱之情。

场馆特色及教材亮点:钱塘江潮被誉为"天下第一潮",是世界一大自然奇观。杭州海塘遗址博物馆位于上城区九堡文体中心,是一个集收藏、研究、体验、教育于一体的遗址类专题博物馆。在博物馆内,学生可以实地观看海塘的实物和模型,辅助动画演绎,体会钱塘江深厚的海塘文化。同时,学生耳闻目睹钱塘江的涨潮过程,结合课文学习,能够对潮汐来临前、潮汐盛时、潮头退后的景象有更直观的体验,从而充分感受到钱塘江大潮的奇特、雄伟且壮观,激发起学生热爱祖国大好河山的思想感情。

【行走学习建议】

行前初探:自由组建研学小组,阅读有关潮汐的相关资料,观看钱塘江大潮潮来前、潮来时、潮头过后的相关视频,与同学交流自己的看法和感受。

行中实践:聆听研学导师的专业讲解,感受钱塘江的海塘文化,体会古代劳动人民的超群智慧。实地观赏钱塘江的涨潮,从声音、气势、形态几个方面感受涨潮时的景象,感受钱塘江大潮的雄伟壮观,并完成研学记录单。

行后感悟：学生分享参观体验和感悟，并按照记叙景物的顺序，以"观潮"为主题写一篇感叹祖国大好河山魅力的习作。

（七）探索中医药文化　体验中药制作乐趣

教材：《语文》（统编版）四年级上册

课程主题：扁鹊治病

场馆：杭州胡庆余堂中药博物馆

载体形式：科技成就

目标：深入探索中医药文化的宏伟世界，感受传统治疗方法与现代医疗技术的奇特融合，理解古代名医扁鹊的卓越医术和高尚医德，实践"防微杜渐、珍爱自身健康"的生活哲学。

场馆特色及教材亮点：杭州胡庆余堂中药博物馆，坐落于杭州市大井巷，前身是江南药王胡雪岩的故土。学生在这里可以亲眼看见大量的中药传统制药器具，亲身体验制药之乐，领略中药制作的工艺之精湛、精髓之丰富，可以实际感受中药起源的历史沉淀，可以倾听"江南药王"胡雪岩的动人传奇。在探寻中医药文化博大精深的过程中，学生能够对古代名医扁鹊的高超医术和高尚医德有更深的理解和欣赏，并意识到"要防微杜渐、珍爱自身健康"这一真理。

【行走学习建议】

行前初探：自由组建研学小组，通过网络资源、查阅书籍、询问专业人员等方式了解有关中草药的分类、特性、功效、制作工艺等内容，各小组选择一个专题整理相关信息。

行中实践：聆听研学导师的专业讲解，感受扁鹊、胡雪岩等名医精湛的医艺和高尚的医德。亲自参观制药工坊，体验传统制药工艺，领略中药制作的工艺与精髓。观察各种中药植物、动物、矿物标本，进一步深化对大自然、医药文化的理解。

行后感悟：每个小组结合他们在研学前所整理的知识和参观中获得的体验，做出主题报告或是制作主题展板，进一步加深对中医文化和扁鹊高尚医德的理解。

(八)探索孔庙智慧　追寻读书之道

教材:《语文》(统编版)五年级上册

课程主题:古人谈读书

场馆:杭州孔庙

载体形式:人文典故

目标:理解古人对读书的重视,体会古人读书的方法和态度,改进自己的学习方法和态度。体验古人读书的乐趣,了解以孔子为代表的儒家文化和古代科举制度。

场馆特色及教材亮点:杭州孔庙,又称"文庙",位于杭州市上城区府学巷8号,是南宋时期全国最高学府"太学"的遗址。进入大成殿,学生可以直接面对伟大的孔子像,感受孔子的智慧和庄严感。学生通过参观典型的科举考试房间,更感性地理解古代的科举制度。学生可以从孔庙收藏的文物中,直观感受到文化的魅力与读书的智慧。结合课文内容,进一步了解孔子、朱熹、曾国藩的读书理念,体验到古人读书的韵味。

【行走学习建议】

行前初探:自由组建研学小组,通过网络资源、查阅书籍等方式了解杭州孔庙的历史、地位、作用等内容,与同学相互交流"古人为什么重视读书""他们是如何读书的"等问题。

行中实践:聆听研学导师的专业讲解,深入了解孔庙的历史文化;参观各个建筑,了解其背后的故事与文化内涵;参观文物展览,如石碑、文房四宝等,感受古人对读书的重视;亲身参与古代学子的读书活动,如诵读经典、习字等,体验古人读书的乐趣。

行后感悟:分享参观体验和感悟,讨论古人读书的方法和态度对自己的启发;结合自己的学习方法和态度,思考如何改进和提高;了解孔子为代表的儒家文化和古代科举制度对现代社会的影响,思考传统文化的现代价值。

(九)湖光山色有正气　壮怀激烈满江红

教材:《语文》(统编版)五年级上册

课程主题:示儿

场馆:杭州岳王庙

载体形式:人文典故;其他文化遗产

目标:结合场馆研学,了解岳飞,体会中国人代代相传的爱国情怀,激发学生"天下兴亡,匹夫有责"的责任感和使命感。

场馆特色及教材亮点:杭州岳王庙,位于西湖栖霞岭南麓,是南宋抗金名将鄂王岳飞的墓地。在这里,学生能对岳飞有更全面的了解和认识。五年级上第四单元的主题是"爱国情怀",《示儿》《题临安邸》的时代背景是"靖康之耻""岳飞北定"。对岳飞的研究能让学生更好地体会陆游在"王师北定中原日"这句诗中所承载的"死不瞑目的悲切",以及林升在"直把杭州作汴州"这句诗中的"愤慨",同时也能体会岳飞等抗金名将的爱国情怀。

【行走学习建议】

行前初探:阅读《岳飞传》,对"岳飞出世""岳母刺字""岳飞挂帅""风波亭"等关键事件进行深入研读;诵读《满江红》;进行研学小组分工、策划。

行中实践:小组合作,或了解岳飞生平经历,讲述人物历史故事;或结合岳飞庙中诗句,赏析相关文学作品;或根据场馆中的历史物件,探寻背后的历史故事。

行后感悟:场馆研学后展开交流汇报,感悟岳飞的爱国情怀,激发学生"天下兴亡,匹夫有责"的责任感和使命感。

(十)书世界遗产　扬中国文化

教材:《语文》(统编版)五年级下册

课程主题:习作——中国的世界文化遗产

场馆:良渚博物院、良渚古城遗址公园

载体形式:艺术与特色技能;其他文化遗产

目标:在良渚博物院和良渚古城遗址公园中寻找世界遗产的特点,并收集和整理资料,清楚地进行介绍;激发热爱家乡的自豪感,提升文化自信。

场馆特色及教材亮点:良渚博物院和良渚古城遗址公园皆位于浙江

省杭州市余杭区。2019年,良渚古城遗址被列入世界遗产名录。通过教材引导学生搜集资料、整理资料、撰写介绍稿分享中国的世界文化遗产,正好与两个场馆的研学活动相匹配。在实践过程中,让学生亲临现场,近距离感受文化遗产,体会祖先汗水与智慧的同时,介绍更多中国的世界文化遗产,宣扬民族文化,增强民族自豪感。

【行走学习建议】

行前初探:自由组建小组,通过阅读、观看视频、搜索资料等方式,自主了解良渚博物院、良渚古城遗址公园的分布与展示重点,确定一处最感兴趣的文化遗产,有侧重地参观和记录。

行中实践:聆听场馆导师的讲解,了解良渚文化;小组重点参观已选定的文化遗产,从历史背景、基本现状、外观结构等方面做好记录,并针对不明白的信息及时询问场馆导师。

行后感悟:在场馆学习后,梳理小组资料,各自撰写文章,并开展主题为"中国的世界文化遗产"的交流会,让更多的人了解中国的文化遗产,增强民族自豪感。

(十一)逐梦竹节人　探寻传统美

教材:《语文》(统编版)六年级上册

课程主题:竹节人

场馆:彰坞村竹艺非遗展示馆

载体形式:其他文化遗产

目标:在彰坞村竹艺非遗展示馆中了解竹艺文化,尝试竹节人制作,进而激发学生的艺术兴趣和创造力,感受中华工艺文化的智慧,体验传统玩具的趣味与魅力。

场馆特色及教材亮点:彰坞村竹艺非遗展示馆位于杭州市桐庐县江南镇彰坞村,是一座专业展示彰坞村竹艺历史、文化、技艺和传承的博物馆。学生在场馆内欣赏竹艺,体会竹所代表的人文意趣,沉浸式体验竹品从实用品中逐渐衍生出竹制工艺品的巧思,增强对优秀传统文化的归属感和认同感。同时结合课文《竹节人》中用竹节组合成玩具的变形之趣,感受中华工艺文化中的智慧以及传统玩具带给人们的生活趣味。

【行走学习建议】

行前初探:自由组建小组,通过阅读、观看视频、搜索资料等方式,自主了解竹艺文化,对竹艺文化有初步的了解与期待。阅读课文《竹节人》,梳理竹节人的玩具制作指南。

行中实践:聆听场馆教师的讲解,了解竹艺文化的起源、发展、技艺特点、制作过程等。在教师的帮助下,合作制作竹节人,培养团队协作意识、提高实践能力,感受竹节人这一传统玩具的趣味与魅力。

行后感悟:在场馆学习后,回顾竹艺文化的博大精深;通过自制竹节人、介绍自制竹艺品以及用竹节人上演民间传统故事等活动形式,分享竹艺这一文化瑰宝,传承传统文化。

(十二)绘制游览地图　带家人游览德寿宫

教材:《语文》(统编版)六年级上册

课程主题:故宫博物院

场馆:德寿宫

载体形式:艺术与特色技能;其他文化遗产

目标:在德寿宫中寻宋,了解德寿宫的历史变迁、观赏南宋历史文化陈列,从而探寻南宋历史足迹;并绘制游览地图,仿照课文向更多人介绍德寿宫。

场馆特色及教材亮点:德寿宫位于杭州市上城区望江路228号,是集德寿宫遗址本体及出土文物的保护、研究、收藏和展示于一体的专题博物馆,是南宋皇城大遗址综合保护工程的开山之作,也是浙江省宋韵文化传承和展示的重要载体。学生通过走德寿宫仿古建筑、看德寿宫的历史变迁、观南宋历史文化陈列的沉浸式体验,领略恢宏的南宋宫殿建筑风格,感受南宋璀璨的文化。通过教材引导学生绘制德寿宫参观路线图,择经典景点作讲解,很好地与场馆研学相结合,帮助学生进一步感受传统建筑,宣扬传统文化。

【行走学习建议】

行前初探:自由组建小组,通过观看视频、搜索资料等方式,自主了解德寿宫的前世今生,确定研学主题和研学任务分工。

行中实践:聆听场馆导师的讲解,了解德寿宫的建筑风格、历史变迁、各类南宋历史文化陈列品,在游览中积累小组需要的资料,思考和总结,为后期带家人游览做准备。

行后感悟:在场馆学习后,回顾南宋历史文化,绘制游览地图,开展"我带家人游德寿宫"实践活动,带动大家一起了解南宋文化,做好宋韵传承。

(十三)赏北京春节　知杭州传统

教材:《语文》(统编版)六年级下册

课程主题:北京的春节

场馆:杭州大马弄

载体形式:基本常识;艺术与特色技能

目标:在杭州大马弄里欣赏传统装饰,品尝传统小吃,体验美食制作,感受浓浓年味的同时,了解老杭州的风俗习惯,感受传统年文化的独特魅力,增强学生热爱家乡、热爱生活的情感。

场馆特色及教材亮点:杭州大马弄位于杭州市上城区,是一条杭州老街,虽然只有短短几百米,却浸透了杭州最浓郁的烟火气。学生通过"找一找年味""买一买年货""尝一尝小吃"等沉浸式体验,不仅能感受到杭州老底子的年味,了解杭州的地域文化,还能亲身体验汤圆、春卷等传统小吃的部分制作过程。结合课文学习,对比北京过年习俗,感受杭州年味,增强对优秀传统文化的归属感和认同感,增强热爱家乡、热爱生活的美好情感。

【行走学习建议】

行前初探:以假日小队形式组建小组,通过询问长辈、阅读书籍、观看视频、搜索资料等方式,自主了解杭州怎样过春节。

行中实践:聆听带队教师的讲解,逛一逛不同风格的小铺,感受老杭州的味道;用耳聆听,用眼感受,用脚丈量,用心记录,积累分享素材。

行后感悟:在场馆学习后,回顾传统节日的丰富多彩。通过剪窗花、买装饰、品美食和组织主题分享会,以实物、PPT、视频等形式向更多同学分享大马弄里的老底子杭州味道,感受杭州年味,带动大家共同关注家

乡文化,传承传统文化。

(十四)诵古诗　明清廉

教材:《语文》(统编版)六年级下册

课程主题:石灰吟

场馆:于谦祠

载体形式:人文典故;艺术与特色技能

目标:在于谦祠中了解人物的生平事迹,感受民族情怀,明晰托物言志的表达方式,激发学生的理想信念和鉴赏力。

场馆特色及教材亮点:于谦祠位于杭州市西湖区西湖街道三台山路161号,是杭州市第五批爱国主义教育基地。学生在这里通过观于谦祠、祭于谦墓、走墓道识牌坊等活动的沉浸式体验,不仅能知道《石灰吟》的创作背景,更能全方位认识于谦这位民族英雄,感受于谦借《石灰吟》表达自己清白忠烈的理想信念,也帮助学生树立正确的理想信念。

【行走学习建议】

行前初探:自由组建小组,通过观看视频、搜索资料、回顾诗文等方式,自主了解于谦的人物形象。

行中实践:聆听场馆导师的讲解,从"少年壮志""勤政廉明""保卫北京""永垂青史"四个部分了解于谦的生平事迹;行走墓道,赏"热血千秋"牌坊,读周边楹联,观沿途石像,在幽静中感受于谦精神;在于谦墓前齐颂《石灰吟》,表达敬爱缅怀之情。

行后感悟:在场馆学习后,回顾于谦的生平事迹和精神品质,继续搜集于谦其他托物言志的著作,开展"于谦故事会""古诗吟诵会"、类似"石灰为于谦代言"的"＿＿＿＿为＿＿＿＿代言"演讲赛,进一步感受于谦"勤政为民、两袖清风、为国效忠"的正气人生,同时也感受其他人的优秀品质和精神。

(十五)重温东坡经典　传承东坡精神

教材:《语文》(统编版)六年级下册

课程主题:浣溪沙

场馆:杭州西湖苏东坡纪念馆

载体形式：经典篇目

目标：了解苏东坡在杭州的政绩逸事，阅读苏东坡的文学艺术作品，感受与传承东坡乐观豁达、坚守初心的人文精神。

场馆特色及教材亮点：杭州西湖苏东坡纪念馆位于闻名遐迩的西湖苏堤，馆外立着一尊苏东坡石雕像，衣袂飘然，昂首云外，仿佛还在诉说眷眷情愫。在这里，学生能了解苏东坡两次来杭担任地方官的政绩及其在杭的文学艺术成就。学生通过对苏东坡传记的阅读，了解"乌台诗案"等苏轼在政治生涯上受到的种种打击，对《浣溪沙》及其他文学艺术作品进一步地鉴赏品味，实现与苏东坡的跨时空对话，感受苏东坡在逆境中表现出的乐观向上的精神。

【行走学习建议】

行前初探：阅读诗文《浣溪沙》与林语堂的《苏东坡传》，和同学分享书中的故事，了解苏轼的相关人生经历。

行中实践：走进杭州西湖苏东坡纪念馆，在视听结合的场馆中，沉浸式地感受苏轼的文学艺术作品，进一步了解补充《浣溪沙》的创作背景，将纪念馆中其他打动人心的作品抄录在册。

行后感悟：在场馆学习后，小组分享对苏轼文学艺术作品的新体会，用不同的艺术形式，如书写东坡精神、绘画东坡画像、吟诵东坡诗词，记录与传承苏东坡乐观豁达的品质。

附件

清单(二)"西湖与苏东坡,我心中的诗人"研学单

清单(九)"湖光山色有正气,壮怀激烈满江红"研学单

第四章
艺术课程思政在地化的校本实践

　　艺术是人类精神文明的重要组成部分,是传递信仰和情感的载体。艺术课程在落实革命传统、中华优秀传统文化教育中发挥着重要作用。通过挖掘现有教材中丰富的中华优秀传统文化和具有革命传统教育意义的艺术作品,结合在地场馆,寓教于乐,引导学生走出课本、走向更广阔的天地去探索和发现,在行走学习中坚定文化自信,在革命精神的引领下弘扬真善美,塑造美好心灵。在逐步提高学生感受传统美、欣赏美、表现美、创造美能力的同时,帮助学生树立正确的历史观、民族观、文化观,增强爱国、爱党、爱社会主义的情感,坚定文化自信,提升人文素养,铸牢中华民族共同体意识,为实现中华民族伟大复兴而不懈奋斗。

第四章

三木屋家蔵本文政十三年版勧懲亭本末考

第一节 革命传统在地化落实的案例及清单

艺术是落实革命传统教育的重要载体,在净化学生心灵、陶冶情操、提升人生境界上发挥着重要作用。艺术学科要注重选取经典红色作品,以寓教于乐、潜移默化的方式,增强教育的感染力和实效性,培养学生深厚的爱党爱国情感,做有骨气、有品位、有修养的中国人。

一、课程思政行走学习案例

案例一　凝聚英雄力量　心向光荣奖章

教材:《美术》(浙美版)二年级上册
课程主题:光荣的奖章
场馆:浙江革命烈士纪念馆
载体形式:革命英雄人物及事迹

(一)案例背景

1. 场馆名片

> 浙江革命烈士纪念馆位于杭州市西子湖畔的云居山上,1992年被列为全国重点烈士纪念建筑物保护单位。学生在7个展厅、一千余幅照片的行走学习中能亲身感受英雄的事迹。纪念馆运用沙盘、雕塑、油画以及电影、录像等多种方式,全方位、多层次地展现了革命烈士悲壮、动人的事迹与浙江历史发展的轨迹,让学生更好地感受英雄的精神。

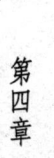

2. 教材亮点

本课教材是小学二年级上册第7课,属于"设计·应用"学习领域。奖章是一种佩戴在胸前的荣誉标志,用以表示对个人成绩和贡献的认可。国家级别的奖章又称勋章,是国家授予英雄的最高荣誉,象征着无比的光荣。本节课以小小的奖章为载体,通过一系列的学习活动,去了解一个人物、一个故事、一段历史,唤起学生对英雄人物的崇敬之情,激发他们向身边优秀榜样学习的渴望,形成努力成为榜样的内驱力。二年级的学生情感表达直接,绘画技能质朴真挚,通过对奖章的学习和制作让创作的过程浸入情感,让绘画像文字一样成为他们的表达方式,笔笔留情,成为光荣的奖章设计师。

3. 价值关联

本课在爱国主题的时代背景下结合浙江省的革命历史,通过认识一位英雄烈士,了解革命期间悲壮、动人的英雄事迹,从而了解浙江历史发展的轨迹。从身边的先烈出发,了解革命时期的奋斗精神,再将其延续至日常生活中,用更具有爱的、崇敬的心态面对身边的英雄人物。培养学生对国家人民的感恩之情,对党与国家的热爱之情。

真正理解"光荣"的意义,用美术活动传达光荣,深入探寻奖章中所包含的荣誉价值观,让学生从为先烈颁发奖章到为身边的英雄颁发奖章,最后成为获得奖章的人。发扬榜样的力量,让光荣的使命感步步走进学生的内心,使学生成为有责任、有担当的青少年。

(二)教学设计

1. 教学目标

(1)了解奖章的种类、用途以及不同奖章的象征意义,激发并培养学生学习榜样、成为榜样的荣辱感。

(2)通过观察比较奖章的组成样式,运用绘画、拼贴、黏土等方式设计制作一枚奖章。

(3)走访在地场馆——浙江革命烈士纪念馆,了解不同的英雄人物与事迹,用奖章表达对其成就的敬意与崇敬之情。

2. 思政目标

在研学中增加对英雄人物的认识,加深与中国共产党的情感连接,增强民族荣誉感,在思考交流中培养学生奋发向上的思想情感,在制作创作中传递榜样的精神力量,激发学生的爱国之情。

3. 教学过程

第一课时·场馆研学

为了让学生在设计奖章时更有真实感与目标性,本次研学以自由组队的形式,通过四个环节的学习,在了解革命发展进程的同时,在场馆内选定奖章授予对象。二年级的学生年龄较小,为了更好地理解场馆内的文字信息与历史背景,研学活动可邀请父母陪同。

环节一:研学准备

学生准备:一朵鲜花、铅笔、橡皮、手机或相机等。

教师准备:提前预约场馆讲解员、共邀家庭导览员、研学单、英雄卡。

分组准备:6~8人一组,选定各组组长并创意取名,分发研学单和英雄卡。

资料预览:在参观前,学生可在爸爸妈妈的帮助下提前在网络上了解浙江省的历史和革命背景知识。

【设计意图】本环节从材料、分组、人员等方面考虑研学准备。二年级学生的阅读量与识字量有限,在展览前若没有预先学习,完全凭借自身阅读,较为吃力。利用家校合力,在父母的帮助下提前理解展览信息,能够更好地理解展览内容。

环节二:缅怀烈士

在教师的带领下,根据讲解员的指导,依照规范流程,举行向烈士敬献鲜花仪式,瞻仰烈士纪念碑等。

【设计意图】在缅怀烈士的仪式中培养和激发学生对革命烈士的崇敬之情。

环节三:追寻印记

任务发布:教师分发光荣的奖章研学单,发布研学主题——追寻红

色印记,寻找心中的英雄,并强调活动安全问题。

分组实践:由组长带领组员进入浙江革命烈士纪念馆,在相应的展厅中自主学习了解并合作完成研学单(表4-1-1),鼓励学生从自己的角度着重认识一位英雄烈士。

总结讨论:展览结束后教师可将原有小组打乱重组,让学生在新组中分享讨论他们所学的知识与感受。

表4-1-1 光荣的奖章研学单

小组:	姓名:	小贴士
□一段历史 □一个老物件 □一句名言		选择一项用绘画或文字的方式开启你的追印之旅。
一位英雄		选择一个令你印象最深的英雄,并用画笔或相机记录他的样子。
一则事迹		写一写他的英雄事迹
一个词语		用一个词语形容他
我的感悟		

【设计意图】浙江革命烈士纪念馆展品多、展览内容丰富,若要了解完整的历史脉络,对二年级的学生来说较为困难,因此学生可以在浏览展览概况后选择一个视角出发,着重了解令自己印象深刻的英雄,提高研学效率,为后续的英雄卡的制作做准备。展后分组交流可以强化学生对展馆的记忆,从不同人的视角了解更多英雄事迹与历史故事,在互动交流中加深对烈士英雄的崇敬之情。

环节四:英雄卡片

研学后学生根据研学单以"我心中的英雄"制作一张英雄卡(图4-1-1),卡片内容包括英雄的姓名、肖像、英雄事迹,学生可以根据自己的实际情况选择绘画或照片粘贴的方式进行制作。感受深的学生也可以用心情日记的形式简短地对纪念馆参观写一篇反思或日记,并思考寻找身边的英雄事迹。

图4-1-1 英雄卡

【设计意图】本环节旨在对研学结果的提炼和总结,学生根据自身情况制作英雄卡,以更好地理解和表达对这些为国家和民族英勇献身的英雄烈士的敬意,并思考身边的英雄事迹,再次巩固这段研学经历的情感认识,培养爱国情怀。

第二课时·光荣的奖章

本课时回归教室,并将教学重点落脚在奖章的具体制作与情感连接上。经过前期的研学,学生心中对"英雄"一词有了自己的理解与对应的形象,以此创设情境。

环节一:忆英雄·追光荣

教师活动:发布任务——今年是建党××年,我校要举办一次红色追忆会,请为你心中的英雄烈士制作颁发一枚光荣的奖章。

学生活动:明确本课任务,发表对奖章的理解与看法。

教师活动:播放"共和国勋章获得者——袁隆平"视频,引导思考勋章的意义。提问:"勋章也是奖章,什么样的人可以获得奖章?"

学生活动:交流对奖章的理解。

教师活动:引出课题"光荣的奖章"并组织学生分享英雄卡内容,提问:"你想为谁颁发这枚光荣的奖章,并用一个形容词为这个奖章取名。"

学生活动:根据英雄个人事迹思考奖章名称,如勇敢奖章、奋斗奖章等。

【设计意图】本环节通过结合真实背景,创设情境引出本课课题。学生明确本节课的学习目标后能够更有针对性地学习奖章的寓意和制作方法。通过学习孩子们最熟悉的伟人——袁隆平,引出"共和国勋章"的无上光荣。学生快速感受与理解奖章所代表的荣耀,理解光荣的意义,加深对本次活动的使命感。

环节二:辨结构·思寓意

教师活动:列举奖章的种类,包括"共和国勋章""七一勋章""八一勋章""庆祝中华人民共和国成立70周年"纪念章等,引导学生对比欣赏奖章的相同点。

学生活动:观察奖章结构,了解佩戴方法。

教师活动:再次对比奖章的不同点,以形状为切入寻找规律,引出基础型包括三角形、五边形等,并发布第一次实践——尝试将桌面上的剪纸形状进行多种排列组合。

学生活动:实践不同形状的组合,探索奖章外形的可能性。

教师活动:展示"共和国勋章",引导学生寻找勋章中的元素。(国家标志:国徽、五角星、黄河、长江、章链等;内涵寓意元素:中国结、如意、兰花等)

学生活动:理解元素与寓意之间的关联。

教师活动:引导学生思考如何用基本元素表现自己命名的奖章。

【设计意图】通过找形状、找规律、找元素三个环节的实践探索,揭示奖章从外形到寓意的秘密。摒弃灌输式教学法,利用对比观察、实践探索、思维联想等方式让学生在自主探索中了解奖章的设计规律与价值内涵。勋章看起来复杂，其实逃不出对基础型的认识与扩展。让学生在实践中发现不同形状的多种组合效果，发散创意性思维，在元素的寓意联想中明确对奖章的理解。

环节三：选材料·做奖章

教师活动：展示更多类型的奖章图片，引导思考奖章材质的区别，想一想你会如何制作你的奖章。

学生活动：发散思维，思考奖章的画法与用色搭配。

教师活动：现场示范奖章绘画与拼贴的方法，并用微课视频示范制作奖章中黏土的用法，再次明确任务并提炼制作建议（运用2～3种形状设计奖章外形，大小合适富有创意；自选材料通过绘画、拼贴、黏土制作奖章；图案与文字排列美观，配色和谐统一）。

学生活动：实践制作。

【设计意图】本环节通过多种方法，如现场示范、微课讲解等化解奖章制作中的难点。学生在教师的带领下快速了解奖章的制作步骤，并了解更多创意可能性。在制作环节，教师充分尊重学生的差异性与主观性，为学生提供开放多元的创作条件与氛围，学生根据自身喜好和绘画能力自由选择奖章的材料，展现多样的创意作品。

环节四：悟精神·表情感

教师活动：展示英雄墙并举行颁章仪式。

学生活动：将奖章与对应英雄卡粘贴至英雄墙。

教师活动：引导欣赏同学的奖章作品。

学生活动：感受英雄墙的威严并进行自评与他评。

教师活动：梳理总结学生的对话，指明爱国这个中心要义，升华课程主题。并引出拓展内容——请你在生活中关注更多的榜样事迹，为身边的平民英雄设计、颁发奖章，如你的爸爸妈妈、热心的公交车司机等，这枚小小的奖章对他（她）们来说也是很大的鼓励。

【设计意图】通过举办颁章仪式并结合庄严的音乐，再次创设情境，在庄重的氛围中对追忆活动进行完整的总结与反思。学生在交流中增

加对自身作品的解读,结合对应英雄的特质,用艺术的力量表达情感,实现以美育人的学科价值。在主题升华中再次点燃学生对榜样的学习和崇拜之情,增强学生的爱国主义情怀。

(三)学生感悟

学生1:这次研学我和爸爸一起去了浙江省革命烈士纪念馆,爸爸向我介绍了好多在战场上牺牲的英雄。原来在以前有这么多人为了祖国牺牲了自己的生命,我们现在能生活在这样平平安安的社会,都是以前的军人为我们打下的基础。所以我想为这些人颁发英勇奖章,他们的勇敢值得我们学习。

学生2:今天在课堂上我学习了很多奖章的种类,像袁隆平爷爷这样特别厉害的伟人才能获得国家最高级的勋章。其实在我们的身边,在我们看不见的地方也有许许多多的人在为我们的国家默默地作着贡献。他们可能是在前线打仗的军人,可能是每逢过年不能回家而坚持为人们开车的司机,他们就是我们的榜样,是我们学习的对象。我想我也要认真学习,努力为身边的人做力所能及的事情,成为别人的榜样!

(四)特色及创新

1. 结合红色背景创设真实情境

本节课共创设了2次情境,在任务发布环节通过结合当下时代背景与红色文化,让学生在庄严的氛围中快速进入学习状态,让红色文化精神贯穿课堂。课堂结尾评价时的情境创设让整体活动实现闭环。学生在展示评价中再次感受到自己作品所赋予的真实意义,将情感真切地投入其中并延续,让红色文化精神扎根在心。

2. 尊重个体差异实现以生为本

本次课程从研学开始便强调学生的自主选择权,在行走学习中,根据自己的需要,从繁多的展览信息中,聚焦令自己印象深刻的英雄事迹,自主选择英雄。在课程新授环节,配合二年级的实际学情,用简单易懂的方式让学生在自主实践中探索发现奖章的多样性。在创作实践环节尊重个体差异,根据自身情况自主选择材料,发扬自己的美术特色。三次实践配合三次自主选择,让学生成为课堂的主人。

3. 以美育人的文化价值体现

本次课程在结合红色革命历史背景的同时,不失艺术性,始终强调美术作品在文化表达中的重要作用。学生在此过程中,通过学习,掌握美术学科知识,运用学科技能,用小小的奖章以小见大,在表达其深厚的、浓烈的情感的同时,实现对自身品格的正向引领。学生在明确美术表达与寓意的连接时,追溯红色文化,提升爱国主义情怀,真正将革命精神融入内心、融进生活,成为新时代优秀的社会主义接班人。

(五)专家点评

这节课程以"光荣的奖章"为主题,成功地结合了美术教育和思政教育的要素,通过艺术创作激发学生的情感和创造力,培养了他们对民族精神和爱国情感的理解。

在研学的过程中,学生自主学习英雄及其成就,思考和了解民族精神的重要性。通过这样的行走学习,学生聚焦英雄事迹,学习榜样精神,加深了对爱国情感的体验。

在创作环节,通过鼓励学生自己设计奖章,培养创造力和独立思考能力。每个学生都能表达自己独特的观点和情感,这有助于个性的发展。展评时通过解释奖章设计背后的故事,学生不仅学会了尊敬英雄,还在创造性思维和表达情感的能力培养中,塑造了积极向上的人生价值观。

整体课程设计将思政要素贯穿始终,充分诠释了爱国主题教育与艺术学科的融合。

案例二　　唱革命歌曲　悟革命精神

教材:《音乐》(人音版)二年级下册

课程主题:共产儿童团歌

场馆:中国少年先锋队杭州总部

载体形式:反映革命文化的音乐

(一)案例背景

1. 场馆名片

中国少年先锋队杭州总部位于杭州市青少年活动中心,由红领巾广场、迎宾大厅、红领巾筑梦空间和辅导员指导中心四部分组成，致力于打造新时代杭州少先队工作的"三个中心"：教育中心、交流中心和指导中心。红领巾筑梦空间净面积930平方米，分序厅、"沐浴在党的光辉下""红领巾跟党走""红领巾敬先锋""红领巾展风采"和尾厅六大板块，少先队员们可以通过自主参与大量互动体验项目，寻找红色足迹，表达对英雄烈士、时代先锋的崇敬之情和对党和社会主义祖国的热爱之心，是少先队员思政启蒙的沉浸式教育阵地。

2. 教材亮点

《共产儿童团歌》是一首革命历史歌曲，曾被作为红色故事片《红孩子》的插曲。歌曲为四段歌词的分节歌，4/4拍，五声宫调式。旋律以小跳、级进为主，多采用重复的手法构成，其典型的节奏"X　X. X　X X"顿挫有致，几乎贯穿整首歌曲，给人一种威武的进行曲感受，恰当地表达了共产儿童团员"打倒军阀，保卫苏维埃"的坚定信念。

《中国少年先锋队队歌》是儿童故事片《英雄小八路》的主题曲，原名为《我们是共产主义接班人》。此曲于1978年被定为中国少年先锋队队歌，并于1980年获少年儿童音乐作品一等奖。歌曲为2/4拍，大调式，单二部曲式结构。开头四句歌词概括了少先队员爱祖国、爱人民，决心继承革命先辈的光荣传统，誓做共产主义接班人的思想和情操。曲作者用明朗的大调性、宽广的节奏、经常从弱拍起等灵活多变的句法，以及上下起伏较大的旋律线条，刻画出少先队员昂首阔步、豪迈刚强的英雄形象。

3. 价值关联

（1）革命精神的思政引领。本课围绕"难忘的歌"这一主题，安排了同一历史时期创作的两首红色经典影片中的音乐作品《共产儿童团歌》和《中国少年先锋队队歌》。通过学唱和聆听，感受歌曲的进行曲风格特点，感知理解歌曲创作的背景以及所表达的内容，激发少年儿童强烈的爱国情感。

（2）红色研学的多维感悟。中国少先队杭州总部中的红领巾筑梦空间创新设置了25个教育活动项目，紧紧抓住少年儿童的年龄特征，将党团队知识、红色思政元素以及中国式现代化发展进程等内容,通过现代技术手段和新颖的表现方式,变为看得见、摸得着、听得到、玩得了的交互式生动场景,引导少先队员在游戏式参与中愉悦地学习,把课堂所学与更多知识相关联,使感悟变得多维、立体,从而升华爱党爱国的情感。

(二)教学设计

1. 教学目标

(1)感受歌曲"强、弱、次强、弱"的节拍规律,能边拍击节奏边歌唱;能用坚定、有力的声音演唱《共产儿童团歌》。

(2)通过学唱和聆听两首红色经典作品《共产儿童团歌》和《中国少年先锋队队歌》,培养学生对先辈们的崇敬之意和对伟大祖国的热爱之情。

(3)通过红色场馆沉浸式体验,了解中国少年先锋队的发展历史,使学生能带着更加深刻的体会,用合适的情绪、丰富的表演形式表现歌曲。

2. 思政目标

了解中国少年先锋队的发展历程,感受先锋精神,引导学生从小学习做人、从小学习立志、从小学会创造,努力成长为担当民族复兴大任的时代新人,做社会主义接班人。

3. 教学过程

为了让学生深入感悟革命精神,激发爱国情感,本课采用课堂学习与红色场馆"中国少年先锋队杭州总部"研学相结合的学习方式,共两课时。引导学生在行走中深入了解中国少年先锋队,学习更多少先队的知识,传承革命精神。

第一课时·学唱歌曲

环节一:听音乐,感知节拍

(1)课前热身,节拍练习。

活动:听音乐《共产儿童团歌》伴奏音乐,随教师做4拍子的强弱规律练习。

拍子：强　　　弱　　　次强　　　弱
动作：拍手　握拳击腿　拍腿　握拳击腿

(2)自主变化动作,用自己喜欢的方式表现4拍子强弱规律。

(3)聆听歌曲,谈论感受。

教师:你们觉得这首歌曲带给你什么样的感觉?

学生:很有节奏感,有力量的,行进的感觉……

(4)跟随音乐,踏步行进。

【设计意图】《共产儿童团歌》是一首典型的进行曲风格特点的曲子。从低段学生的年龄特征出发,学生通过聆听、打拍子(用不同动作表示强弱)和步伐行进这些丰富多样的方式进行多维体验,加深学生对进行曲风格的理解。

环节二:赏视频,了解背景

(1)《红孩子》电影片段欣赏(电影中插曲演绎部分)。

(2)教师介绍歌曲创作背景。

(3)交流谈论"儿童团"的故事。

教师:共产儿童团即共产主义儿童团,是第二次国内革命战争时期(1927—1937),在革命根据地建立的劳动儿童组织。儿童团的任务是在中国共产党的领导下,加强对少年儿童的共产主义教育,领导儿童参加革命斗争,做一些力所能及的革命工作,如站岗放哨、带路送信、拥军优属等,并开展学习、文娱、体育等活动。你们都知道哪些关于儿童团的故事呢?

学生:王二小、刘胡兰……

教师:是的,比如我们都熟知的刘胡兰、雷锋和王二小烈士都曾经加入过儿童团。他们小小年纪就走上了革命的道路,为新中国的解放事业作出了自己的贡献。

【设计意图】通过电影中插曲片段的欣赏,教师介绍歌曲的创作背景和表现内容,结合学生前期浅学所获知识,了解"儿童团"的含义,通过熟悉的故事人物、故事情节回顾,激发学生学习革命歌曲的兴趣和热情。

环节三：识曲谱，学唱歌曲

(1)出示曲谱,完整聆听歌曲。

教师：请你找一找这首歌曲的节拍?(4/4拍子)。

(2)二次聆听歌曲,找音符。

教师：你能发现这首歌曲的旋律中一共出现了几个音符吗?(1、2、3、5、6)

(3)师生以小节为单位接唱旋律并交换(慢速)。

(4)三次聆听歌曲,继续找一找旋律的特点——每一个小节中都有附点八分音符。

(5)跟琴唱旋律,指导附点八分音符的演唱。

对比演唱带附点的旋律和没有附点的旋律,谈论附点在歌曲中的作用。(有力量,威武的感觉)

(6)学习歌词,指导学生有感情地朗诵歌词(不按旋律节奏念诵)。

(7)跟琴慢速填词演唱。

(8)分组分段接唱歌曲。

(9)加快速度完整演唱歌曲。

(10)尝试用轮唱的方式演唱歌曲。

【设计意图】通过层层递进的问题预设,引导学生自主探究歌曲中各种音乐元素带来的情感表现,在学会歌曲能完整齐唱的基础上,指导学生尝试进行轮唱,激发学生更深刻地去理解体会歌曲的情感,让演唱更具表现力。

环节四：演歌曲，表现音乐

(1)欣赏2018年央视"六一"晚会中《共产儿童团歌》的表演视频。

(2)模仿小演员们的表演动作或者自创动作进行歌曲表演。

(师备一定数量的道具：红缨枪、队旗、小号)

(3)分小组进行排练。

(4)小组展示,并互相评价。

【设计意图】无论是电影片段,还是"六一"晚会表演视频,服装、道具、场景的创设充分打开了学生的视觉感官,使这首歌曲更具有代入感。通过丰富的情境设置,让学生更能体会歌曲所表达的内容和情绪,

从而激发他们的表演和创作欲望。学生们手持道具,俨然化身为一个个参加革命的小战士,自豪感与使命感自然地从歌声中、从他们天真稚气的表演中流露出来。

环节五:听队歌,拓展延伸

(1)师生交流,激发情感

教师:"1949年10月13日,中国共产党缔造的、全国统一的少年儿童组织——中国少年儿童队成立。1953年6月,中国少年儿童队改名为中国少年先锋队,简称少先队。而我们在座的所有小朋友都已经凭借自己在学校优异的表现加入了中国少年先锋队,成为一名光荣的少先队员!我们应该怎样做才能成为一名优秀的少先队员呢?"

(2)聆听轻唱,表达信念

教师:"我们是共产主义接班人,继承革命先辈的光荣传统,爱祖国,爱人民,不怕困难,不怕敌人,顽强学习,坚决斗争……你听,这就是作为少先队员人人要会唱的《中国少年先锋队队歌》。少先队员们,让我们带着骄傲自豪、饱满坚定的声音一起放声歌唱吧!"

(3)课堂小结,升华感悟

教师:"这节课,我们学唱了歌曲《共产儿童团歌》,了解到了共产儿童团是中国少年先锋队的前身。这是一个有信念有力量的组织,我们为成为一名中国少年先锋队队员而自豪,我们为生在新中国,长在红旗下而骄傲!希望同学们从小牢记自己的使命,好好吸收知识,学习本领,长大能为建设祖国贡献自己的一份力量!"

(4)布置任务,准备研学

教师:"下节课,老师将带着大家走进中国少年先锋队杭州总部,了解更多关于中国少年先锋队的历史和知识,请大家以音乐课上的8人小组为单位,根据老师下发的研学单,做好充分的研学准备。"

【设计意图】让学生清晰地了解共产儿童团是中国少年先锋队的前身,并结合语文课本或者课外学习到的关于优秀儿童团员的先进事迹,在激昂的队歌聆听和跟唱中激发学生强烈的情感共鸣,达到音乐育人的目的。同时,课上下发研学单,让学生提前做好充分的场馆研学准备工作。

第二课时·场馆研学

环节一:研学准备

材料准备:研学单(表4-1-2)、表演道具、移动音响、伴奏音乐。

分组准备:以音乐课8人小组为单位,进行《共产儿童团歌》或《中国少年先锋队队歌》的集体演唱。

研学要求:人人参与、表演内容自选(可选择一首,或者两首结合)、表演形式不限。

表4-1-2 "唱革命歌曲,悟革命精神"研学单

研学小组:		组员:	
研学准备:熟唱并排练歌曲表演《共产儿童团歌》《中国少年先锋队队歌》(第1段歌词) 表演歌曲(自选一首或者两首):_____ 表演形式(齐唱、表演唱、轮唱等):_____			
场馆研学少先队知识新发现: 发现1:_____ 发现2:_____ 发现3:_____ 发现4:_____			
表演评价单			
评价内容 评价维度	完整性 ☆☆☆	表现性 ☆☆☆	创新性 ☆☆☆
自我评价			
他人评价			
综合评价			

【设计意图】本环节借助"研学单",结合第一课时中布置的任务,引导学生做好行走场馆的充分准备。明确分组、小组合作内容,提供场馆研学探索方向,引导低段学生更加自主又有合作地参与场馆行走学习。

环节二：场馆研学

任务发布：各小组用40分钟参与各项体验活动，20分钟小组讨论并填写研学单，30分钟场馆内各小组表演展示；强调安全问题和研学秩序。

过程指导：由于二年级学生的知识和能力有限，在小组合作展开学习的过程中，教师及时跟进并给予指导。寻找少先队发展的五个重要阶段和新中国成立后少先队发展的三个时期的时间节点和典型事件；寻找具有先锋意识、爱党爱国精神的代表人物，以及其背后的故事；欣赏红色经典影视作品；了解新中国的发展进程，等等。

分组实践：学生以小组合作的方式在场馆进行探究式学习，并在规定时间内完成研学单，确定研学汇报人，寻找合适的空地进行展示前的排练。

【设计意图】本环节实现了课堂所学和在地资源的无缝衔接，学生结合已有的知识经验，通过小组合作的方式行走于灵动的场馆，现代技术手段和新颖的表现方式，把知识变为看得见、摸得着、听得到、玩得了的交互式生动场景，少先队员们在游戏式参与中，愉快地汲取知识，升华了爱党爱国的情感。

环节三：表演展示

氛围创设：以红领巾广场的红领巾主题精神雕塑+弧形浮雕墙为背景，师生环形席地而坐。

小组展示：以8人小组为单位，一组6分钟（小组研学发现分享+歌曲表演展示）。

表演评价：小组间互评—小组自评—教师综合评价—个别学生现场互动点评交流活动感受。

【设计意图】参观中国少年先锋队杭州总部，共唱儿童革命歌曲。此环节为研学的闭环。"将来的主人，必定是我们！""为着理想勇敢前进，我们是共产主义接班人！"在最后的歌表演展示中，让红色精神深植学生心中，把党的光荣革命传统和作为共产主义接班人的使命感用歌声自豪且坚定地歌唱出来！提升少先队员责任担当的自觉性和使命感，努力在学习生活实践中不断前行！

(三)学生感悟

学生1:红领巾筑梦空间太有趣、太好玩儿了!我们小组找到了音乐课上看过的《红孩子》电影片段,还参与了配音!我觉得我们小组在场馆里的表演比在教室里熟悉完整多了,而且我们都是带着坚定、自豪的感情去演唱!我们爱中国,我们为自己能成为光荣的少先队员而骄傲!

学生2:通过学唱《共产儿童团歌》,我才知道中国少年先锋队最早的名称叫劳动童子军,再后来发展成共产儿童团、抗日儿童团,比起那些时期的团员们,我们能出生在和平年代,拥有幸福生活,真的好幸运!我一定要好好珍惜!我会好好学习,天天向上的!

(四)特色及创新

1. 遵循低段学生年龄特征,提升学习兴趣

2022版新课程标准以"趣味唱游"来命名第一学段(1~2年级)的学习任务,就是遵循了低段学生身心发展的规律。以歌唱为主的同时,要融合演奏、声势、律动、即兴表演等多种表现形式。这节课的设计中,从歌曲节拍的感受、律动、激发学生自主创新,到歌曲学唱中经典影视作品片段(以学唱歌曲为背景)的欣赏,优秀晚会同名歌曲的歌表演创编欣赏,都在不经意地激发学生的学习兴趣,紧紧抓住他们的眼球,提高学生课堂学习的效率。学生学得津津有味,乐于参与每一项音乐活动。

2. 挖掘在地资源关联课堂,丰富教学手段

课堂35分钟的学习时间非常有限,教师能在有限的时间内传递给学生的知识也是有限的。通过挖掘丰富的在地资源,连接研学场馆,带领学生参与沉浸式体验,在加深课堂教学印象的同时吸收更多的书本课堂之外的知识,每个学生都会带着自己独特的视角去探索、去挖掘、去生成。运用现代信息技术设计的交互式认知学习场景深深地弥补了课堂教学的不足和短板。学生收获颇丰,在不知不觉中提升了爱国爱家乡、爱社会主义的精神理念,为自己能作为新时代的共产主义接班人——中国少年先锋队员深感骄傲和自豪!

3. 创设红色情境小组合作,激发表现潜能

场馆研学激发了学生极大的学习热情,研学之后利用场馆进行作

品演绎更是增添了新鲜感。在充满丰富少先队知识和情境的氛围之中,学生的歌唱与表演更具代入感,或许是刚认识了一位英雄烈士、革命先锋,或许是刚了解到了少先队发展的整个历史过程,或许是刚欣赏了一段革命影视经典,抑或是刚听到一首陌生的红色歌曲。研学新知结合课堂学习中对歌曲的理解,用学生喜欢的方式来表现歌曲,使歌声更加坚定有力量,表演更加自信丰满。

(五)专家点评

本课教学设计在依据低学段学生心理特点和认知规律的基础上,遵循感知、体验、升华的教学规律,内容编排丰富合理,教学形式生动多样,有意识地创设不同的情境激发学生的学习兴趣。同时,教师巧妙地把思政教育无痕地渗透进音乐学习中,突破常规让课堂结合在地资源,将思想性与艺术性有机地结合,引领学生走向社会大课堂。在沉浸式体验中获取更多关于少先队和党团发展的知识,深刻地体验爱国主义情感,激发学生好好学习、天天向上,努力成长为优秀共产主义接班人的强烈意愿。

二、课程思政行走学习更多主题清单

(一)以画为体　童心向党

教材:《美术》(浙美版)二年级上册

课程主题:画家笔下的快乐童年

场馆:萧山抗战纪念馆

载体形式:反映革命文化的历史画作

目标:欣赏表现童年生活的美术作品,通过学习战争时期的画作,了解战争时期的生活背景,学习用自己的语言对画面进行简单的描述,对比自身童年,激发对和平的渴望之情。

场馆特色及教材亮点:萧山抗战纪念馆,坐落于杭州市萧山区河上镇凤凰坞村,抗战期间,这里是萧山县政府机要室所在地。场馆围绕"我们的抗战"主题,对近年来挖掘收集的各类萧山抗战资料、物品、人物、事件等进行全方位展示,凸显抗战是"一代人的牺牲、一代人的苦难、一代人的坚守、一代人的辉煌"。教材展示了《小八路》画作,以两位小八路的稚趣与童心,将人们带入诗的境界,唤起人们呼唤和平的愿望。

【行走学习建议】

行前准备:在参观前,教师可以简要介绍抗日战争的相关历史背景,为学生场馆的行走学习提供背景知识的支撑。

引导与记录:在纪念馆内,学生可首先参加由纪念馆提供的导览活动,了解抗战历史。阅读馆内文献资料,并对自己感兴趣的地方做文字记录。

理解与创作:选择一个革命人物进行着重学习,了解人物相关的物品与事件背后的情感故事,从他(她)的角度出发感受时代的苦难与坚守。

分享与反思:展览后,继续寻找该人物的生平事迹,查找有关其童年的相关资料,用自己的语言说一说你的童年和他的童年的区别,表达感受。通过活动,学生能从人物的童年出发,了解战争年代人民的生存历程,以换位思考,唤起学生对先烈的崇敬之情与对和平的美好展望。

(二)号外:争做爱党宣传员

教材:《美术》(浙美版)三年级下册

课程主题:班级小报

场馆:《民族日报》社纪念馆

载体形式:反映革命文化的影视

目标:学习解放战争时期的班刊版面设计,了解历史背景,通过创意文字等方式设计制作一份建党主题小报,宣传爱国主义精神,厚植爱国主义情怀。

场馆特色及教材亮点:《民族日报》社纪念馆是浙江省省级文物保护单位、省级党史学习教育基地和省级社科普及基地,是抗日战争以来具有重要纪念意义、教育意义的代表性纪念馆,更是临安区的一个重要的红色景点。教材从小报的内容、排版对报刊的设计进行了系列的教学,强调学生合理运用报刊元素进行有主题的设计。

【行走学习建议】

行前准备：教师简要介绍《民族日报》社纪念馆的历史和重要性，学生可以通过看一部解放战争纪录片、读一段解放战争的故事，提前了解解放战争时期的历史背景。

历史统揽：跟随引导员的脚步，仔细听取报刊的讲解，了解报社的历史与时代背景，感受那个年代报社的民族使命。

主题选择：学生根据展览信息，选择一段感兴趣的历史故事、重要历史事件或一名党员事迹做重点学习与了解，并做好照片记录。

美术观察：仔细观察报刊中的排版、颜色、插图等内容，尝试用草图的形式，绘画记录1~2张报刊。

回顾反思：为自己的主题搜寻更多的资料，并撰写简短有力的文案来宣传主题，为后续小报中的文字信息做提前的准备。通过本次活动，学生能够更深入地了解报刊的发展历程与党的历史进程，并能从新闻传播者的视角思考报刊的功能，为更多的新时代少年传播爱党主题的精彩内容。

(三)以砖石之力　传民族精神

教材：《美术》(浙美版)四年级上册

课程主题：砖石上的雕刻

场馆：浙江革命烈士纪念馆

载体形式：反映革命文化的艺术作品

目标：学习砖石雕刻作品的艺术形式，了解革命发展历程，通过选择一个事件或一个人物用浮雕的形式制作一件美术作品，表达对民族的热爱之情。

场馆特色及教材亮点：浙江革命烈士纪念馆位于浙江省杭州市万松岭路，被中华人民共和国国务院列为全国重点烈士纪念建筑物保护单位。广场上矗立着革命烈士纪念碑，碑高27米，碑身为汉白玉饰面，线条简洁，庄严挺拔，呈"风帆"形，象征浙江革命斗争如"钱江潮"中的航船，乘风破浪，奋勇前行。教材中指出中国的雕刻艺术具有极高的艺术成就，学生在学习浮雕的基本制作过程中，能够了解浮雕别样的艺术效果，感受浮雕的精美与立体感,将艺术与精神相结合,借助具体美术意象表现人民意志。

【行走学习建议】

行前准备:教师在行前可讲解浮雕作品的欣赏方法,如五四运动(人民英雄纪念碑),引导学生从作品内容、浮雕形式、雕刻方法上对作品进行解读。

自我感受:浙江革命烈士纪念馆进门便有一件大型的铜浮雕壁作品,通过欣赏方法的指导,引导学生自行欣赏浮雕,感受浮雕的整体风格,并发表对此作品的看法。

教师再解读:讲解浮雕艺术形式,并解读350位革命烈士的斗争事迹。

馆内研学:带着对革命先烈的崇敬之情,再次进入馆内了解更多关于革命的历史背景,并选择一张老照片,了解背景。用速写或照相的形式记录,为后续的创作做准备。通过本次学习活动,让学生实地感受浮雕作品的艺术魅力,了解革命文化。

(四)攻克难关　再建大桥

教材:《美术》(浙美版)四年级下册

课程主题:家乡的桥

场馆:钱塘江大桥纪念馆

载体形式:文化建筑;革命事件

目标:了解钱塘江大桥的建造历程与抗日战争的时代背景,通过泥塑、竹棒等手工材料复刻一座钱塘江大桥,感悟抗战背景下人民艰苦奋斗的精神,培养爱国主义精神。

场馆特色及教材亮点:钱塘江大桥是诞生于抗日战争时期的标志性宏伟建筑,具有特定的历史意义和价值,是国家级文物保护单位。它和六和塔相映生辉,一古一新构成了杭州的城市形象和标志。而钱塘江大桥纪念馆的落成,使钱塘江大桥有了真正向大众展示自身历史的窗口。教材中着重介绍了桥体的结构与外形,学生通过观桥、做桥等美术实践活动,了解抗日战争背景。

【行走学习建议】

行前建议:学生穿上适合行走的鞋子,并带好速写本和相机做好相应的记录工作,教师进行安全教育。

历史背景:通过参观钱塘江大桥纪念馆,了解钱塘江大桥的建成故事,感悟抗日战争时期建筑师心中的爱国精神。

实地勘查:教师带领学生先对桥体进行远观,学生通过绘画或照相的方式进行记录,并着重观察桥体的结构与造型风格。然后教师可带领学生走上大桥,从桥上向远处眺望,感受钱塘江大桥的雄伟以及和平年代下祖国河山的秀丽。

研后反思:学生带着照片与草图,预设钱塘江大桥的制作工具,如思考泥塑作为材料的可行性、是否牢固等问题,并提前想好解决方案。通过本次活动,使学生学习了解抗日战争的历史,以建筑师的身份用美术作品重建钱塘江大桥,感受抗战背景,感悟人民艰苦奋斗的精神,培养爱国主义精神。

(五)共唱童谣 共绘童画

教材:《美术》(浙美版)五年级上册

课程主题:童谣童画

场馆:中国少年先锋队杭州总部

载体形式:革命期间童谣

目标:了解中国少年先锋队发展史,学习党团队知识,寻找革命期间童谣作品,学习童画的绘画风格,将文字之美、韵律之美、色彩之美生动地结合。根据童谣进行联想、绘画,表达爱国之心。

场馆特色及教材亮点:中国少年先锋队杭州总部位于杭州青少年活动中心,由红领巾广场、迎宾大厅、红领巾筑梦空间和辅导员指导中心四部分组成,致力于打造新时代杭州少先队工作的"三个中心":教育中心、交流中心、指导中心。教材指出,童谣是广泛流传于我国的民间艺术形式,通过场馆学习,使学生了解杭州少先队的发展进程,从儿童视角诵读革命童谣,感受革命的不易与自身的时代责任,为后续童谣的绘画做好充足的资料准备。

【行走学习建议】

行前准备：利用网络资源查找收集相关革命童谣，并尝试解读童谣内容，也可以对场馆做一定的了解。

馆内研学：在教师的带领下，通过演唱革命童谣、寻找红色足迹等一系列的场馆行走学习活动，了解党团队知识、先锋楷模事迹，以及少先队的变化发展历程。

反思感悟：研学后学生分组交流对研学的感受，表达对英雄烈士、时代先锋的崇敬之情。在歌声与交流中表达对党和社会主义的爱国之心，并根据自己寻找的童谣思考绘制具体的艺术形象，传递爱国之心。

(六)剪纸：对话革命先烈

教材：《美术》(浙美版)五年级下册

课程主题：剪纸人物

场馆：杭州市革命烈士纪念馆

载体形式：革命英雄人物与事迹

目标：学习用不同的剪纸方法表现人物；了解革命烈士英雄的英勇事迹，用剪纸的形式表达对英雄人物的敬佩之情，厚植爱国主义情感。

场馆特色及教材亮点：杭州市革命烈士纪念馆前身是蔡永祥烈士事迹陈列馆，1983年4月，经中共杭州市委批准，增名杭州市革命烈士纪念馆。在纪念馆的革命史展厅中展出了近一个世纪以来，杭州人民在党的领导下前仆后继的革命斗争历史，以及李成虎、张秋人、刘别生、蔡永祥等近百位革命烈士的事迹。本课将剪纸与英雄人物相结合，旨在让学生学习、了解剪纸刻法后，以剪纸这项传统技艺为载体刻画英雄伟人的肖像面貌，从一个人了解一段历史、歌颂一份情。

【行走学习建议】

行前准备：学生明确美术作业任务——以剪纸的形式刻画一张英雄人物肖像作品，并准备好向同学介绍他的生平事迹。

研学过程：通过参观革命史展厅，学习了解一个世纪以来，杭州人民在党的领导下的斗争历史。寻找并聚焦一位革命烈士的事迹，着重了解并记录，用漫画或速写的形式为其画一张肖像作品。

反思与回顾:与同学和父母讨论研学感受,并根据革命烈士的事迹为肖像作品添画相应的历史背景。通过本次研学活动,使学生学习了解英雄人物的事迹,了解杭州人民的革命斗争历史,为后续的肖像剪纸建立精神基础。

(七)装点人物道具 演绎历史故事

教材:《美术》(浙美版)六年级下册

课程主题:我们的课本剧

场馆:中共杭州小组纪念馆

载体形式:重要革命史实和关键事件

目标:学习了解中共杭州小组的成立进程,根据真实革命故事编写课本剧,并设计相关服装、道具、背景。在制作中感受美术的装点作用,在演绎中感悟对党的热爱之情。

场馆特色及教材亮点:中共杭州小组纪念馆位于杭州市上城区小营巷,围绕突出"组织馆"特色,以中共杭州小组的成立、发展、壮大为展示主题。教材指出了美术在课本剧中的重要作用,学生根据历史事件编写课本剧,并结合美术,利用道具的制作让课本剧更具真实与成品感。增强学生课本剧的信念感,学生作为设计师也作为演员,甚至作为编剧,全方位地学习了解历史,并用创意的方法表现历史。

【行走学习建议】

行前准备:学生用自己的喜欢的方式提前了解共产党的发展历程,和身边的党员聊聊入党的事迹,学习党的精神,做好知识储备。

行走过程:分组进入馆内,以学习一段党史故事为目标,在五个展厅的走访中了解党史发展,截取让自己印象最深刻的故事要点。学生利用语言导览进行行走学习,并通过欣赏馆内油画、雕塑等艺术作品,利用艺术形象回忆当时的场景,收集课本剧的道具素材。

反思与回顾:组内讨论课本剧的分工(包括编剧、服装制作、道具制作和布景等)。每个成员根据自己的人物关系思考所需的美术材料,建议用纸、布等非现成的材料进行设计制作,更能感受美术制作的趣味性。本次活动,引导学生从各个角度对革命的历史有更深入的了解,在制作中感受美术的装点作用,在演绎中激发学生表达对党的热爱之情。

(八)学习革命精神　唱响革命歌曲

教材:《音乐》(人音版)三年级下册

课程主题:只怕不抵抗

场馆:杭州市革命烈士纪念馆

载体形式:革命故事;革命歌曲;革命英雄人物

目标:能用坚定、有力的歌声演唱歌曲,通过红色研学了解杭州本土革命烈士、英雄人物的事迹,实现认知及情感迁移,生动形象地表现歌曲塑造的音乐形象,表达对英雄的崇敬之情,激发爱国情怀。

场馆特色及教材亮点:杭州市革命烈士纪念馆位于之江路2号钱塘大桥北边西侧的月轮山上,是为了缅怀保卫钱塘江大桥、守护旅客列车而壮烈牺牲的蔡永祥烈士而建立的。纪念馆展厅通过展板、图片、投影、仿真人雕像等形式展示了杭州人民在党的领导下前仆后继的革命斗争历史,不仅有李成虎、张秋人、刘别生、蔡永祥等近百位革命烈士事迹,还有杭州地区1970年至今牺牲的58位见义勇为的烈士事迹,以及20多位家喻户晓的见义勇为先进人物事迹,一代又一代杭州人展现了自己的家国情怀。本课教材是冼星海作曲的一首反映抗日战争时期的革命儿童歌曲,以进行曲的节奏,平稳级进和跳进交替出新的旋律,描绘了儿童团员们不畏强暴、英勇杀敌的战斗精神。

【行走学习建议】

行前了解:分组,确定研学目标,选择研学方向,明确小组内分工,做一次行前浅学。通过阅读书本、网络搜索、家人谈话等方式了解杭州本土革命烈士的英雄事迹,聆听经典革命歌曲。

行中深探:根据研学单选择的具体人物,小组共同探究场馆,整理总结一位革命烈士或者见义勇为先进人物的具体事迹,集团队智慧设计有创意的艺术表演形式(要求要体现音乐性)进行展示,与大家交流。

行后分享:给学生充分的编排练习时间,在学习了歌曲《只怕不抵抗》之后,利用一节音乐课进行研学成果展示。通过行走和课堂学习,达

到知行统一,深刻体会歌曲的音乐形象,并能准确表现、传递音乐中浓郁的民族情感和精神。

(九)深入了解历史　激情演唱国歌

教材:《音乐》(人音版)四年级上册

课程主题:中华人民共和国国歌

场馆:浙江革命历史纪念馆

载体形式:革命英雄人物及事迹

目标:认识聂耳,聆听、学唱中华人民共和国国歌,并能富有激情地演唱;感受歌曲的进行曲风格,结合歌词理解旋律上行所表达的情感,结合场馆研学深入理解革命斗争的艰难,感悟幸福生活来之不易,用激昂的歌声表达对祖国的热爱。

场馆特色及教材亮点:浙江革命历史纪念馆,位于杭州市西湖东南湖畔的云居山上。馆藏近现代文物近万件,其中珍贵文物六千余件,藏品丰富,种类繁多,其中的革命文物包括文献、报刊、图书、传单、标语、手稿、信件、钱币、武器和烈士遗物等,具有重要的价值。中华人民共和国国歌原名《义勇军进行曲》,由田汉作词,聂耳作曲,原是革命电影《风云儿女》的主题歌,被称为中华民族解放的号角,自1935年在民族危亡的关头诞生以来,对激励中国人民的爱国主义精神起到了巨大的作用。中华人民共和国国歌是中华人民共和国的象征和标志。

【行走学习建议】

行前准备:通过课堂学习,初步规范国歌的正确演唱(三连音、附点音符及整体音准),能正确表达歌唱情绪。根据研学单提示,对深入了解浙江的革命历史做一次行走场馆前的浅学。

行中细探:以小组合作的形式,积极探索浙江的革命历史。以时间为序,选择"南湖红船与中共一大""大革命的洪流""土地革命的风暴""钱江两岸的抗日烽火""走向解放之路"中的其中一个部分进行深入探究,完成研学单。

行后感悟:结合音乐课中对国歌由来的历史认知,通过行走场馆深入了解中国共产党领导浙江人民经过浴血奋斗取得浙江解放的光辉历程,深刻理解革命成功的艰难和不易,在富有激情的演唱中表达对国歌的尊重、对祖国的热爱。

(十)瞻仰革命烈士　歌声传递情感

教材:《音乐》(人音版)五年级上册

课程主题:雨花石

场馆:浙江革命烈士纪念馆

载体形式:艺术作品;革命精神

目标:了解歌曲创作背景,能用抒情优美的歌声演唱歌曲。利用在地资源践行行走学习,引导学生从小课堂走向成长的大课堂,聆听更多革命故事,了解更多英雄烈士,感悟高尚的革命精神。

场馆特色及教材亮点:浙江革命烈士纪念馆位于杭州西湖东南湖畔的云居山上。馆内陈列着千余幅图片和革命文物,展示了辛亥革命至社会主义建设时期,浙江350多位革命烈士的斗争史实和他们可歌可泣的英雄风采。教材歌曲《雨花石》是电视连续剧《红红的雨花台》的主题歌,旋律淳朴、委婉。歌曲以第一人称深情地抒怀许多无名先烈为人民解放事业默默地奉献,恰似小小石子铺起的一条五彩路,让人们去迎接黎明,迎接欢乐。这是一篇对学生进行革命传统教育的好教材,把人们对革命先烈的缅怀之情,深深地埋藏在心中,鼓舞着人们沿着先辈的足迹奋勇向前。

【行走学习建议】

行前了解:结合所学歌曲《雨花石》的创作背景,了解革命纪念圣地南京雨花台景区,了解浙江革命烈士纪念馆的地理位置及其重要意义。

行中细探:在浙江革命烈士纪念馆中,学生可以沿着革命战争时期四个阶段的清晰线路,细细追寻红色脚印,挖掘每个时期的代表人物、经典事件,深刻感受革命成功的不易。

行后分享:小组除了分享展示研学成果外,尝试结合课内所学红色歌曲《雨花石》,用歌声(艺术形式不限)表达所感、所思,抒发真挚的敬仰之情和爱国之情。

第二节　中华优秀传统文化在地化落实的案例及清单

《中华优秀传统文化进中小学课程教材指南》指出,艺术是落实中华优秀传统文化教育的核心课程,对提高学生艺术修养、弘扬中华美育精神具有不可替代的重要作用。[1]艺术课程标准对此进行了具体部署。《义务教育艺术课程标准(2022年版)》在"课程性质"中明确提出艺术课程以立德树人为根本任务,培育和践行社会主义核心价值观,着力加强社会主义先进文化、革命文化、中华优秀传统文化的教育;坚持以美育人,坚定文化自信,提升人文素养,为实现中华民族伟大复兴而不懈奋斗。[2]将杭州在地场馆中的中华优秀传统文化融入艺术课程,引导学生沉浸式地行走学习,有利于课程思政的落地。

一、课程思政行走学习案例

案例一　走近西湖十景　体会意境之美

教材:《美术》(浙美版)五年级上册

课程主题:西湖十景

场馆:杭州西湖博物馆

---

[1] 中华人民共和国教育部.教育部关于印发《中华优秀传统文化进中小学课程教材指南》的通知[EB/OL].(2021-02-03)[2023-03-05].http://www.moe.gov.cn/srcsite/A26/s8001/202102/t20210203_512359.html.

[2] 中华人民共和国教育部.义务教育艺术课程标准(2022年版)[M].北京:北京师范大学出版社,2022.

载体形式:世界文化遗产;艺术与特色技能(版画+水墨)

(一)案例背景

1. 场馆名片

> 杭州西湖博物馆,位于浙江省杭州市上城区南山路,坐落于西子湖畔,是中国第一座湖泊类专题博物馆。在这里,学生不仅能看到西湖独创的山水景观组合和丰富的历史文化遗存,更能用全新的视角去体会景观背后深厚丰富的文化积淀。
>
> 西湖十景,位于浙江省杭州市西湖境内,为西湖风景名胜区周围的十处建于南宋至清的特色景区,包括苏堤春晓、曲院风荷、平湖秋月、断桥残雪、花港观鱼、柳浪闻莺、三潭印月、双峰插云、雷峰夕照、南屏晚钟。2011年6月24日,包括西湖十景在内的"杭州西湖文化景观"被列入《世界遗产名录》,成为中国第41处世界遗产。

2. 教材亮点

意境是中华民族传统美学思想的重要范畴,是中华民族在长期的艺术实践中形成的一种审美理想境界。本课教材着重强调学生对意境的理解与创作表达,从艺术作品、诗句、摄影等多种视角呈现不同时代的人们对西湖的赞美之情,学生通过读文字、观景色、赏画面多方位了解意境的含义,从实景到艺术形象的虚实转换中感受意境的表达方式,了解传统美学思想的核心。

西湖十景是杭州最具代表性的景点,系列景观涉及春夏秋冬、晨昏昼夜、晴雾风雪、花鸟虫鱼等关于季节、时节、气象、动植物的景观特色,以及堤、岛、桥、亭、台、楼、阁、园林、宅院、寺塔等较为丰富的景观元素,并各有侧重地表现出生动、静谧、隐逸、闲逸、冷寂、禅境等审美意境。自南宋起,西湖十景就被认定为理想的经典景观,体现了人与自然的融合。杭州人生活倚靠着西湖十景生活,以西湖十景为创作题材能更自然地唤起学生心中对家乡国土的热爱之情,对非物质文化遗产的理解与喜爱之意。

西湖十景自南宋起便是无数文人的创作灵感来源,他们因景绘图,因画题景,借景抒情。西湖十景的意境美与宋人的精神世界相连,与现代审美意象想通。通过对宋画中意境的理解和把握,从构图、用墨等方式中了解意境的具体表达方式,是天人合一、情景交融的交合点。

3. 价值关联

(1)观十景·感家国情怀。通过对杭州西湖博物馆的研学、对西湖十景的写生游赏,感受西湖十景的美好景色,增强自身与环境的情感联系,建立更为深厚的家国情怀,热爱家乡的风土人情,热爱祖国的大好河山。

(2)赏宋画·悟传统精神。通过欣赏马远、夏圭等名家的作品,了解构图与墨色对画面意境表达的作用,了解"气韵生动"在中国画中的具象表达。在宋画与实景交替间结合自身情感,激发学生自身对西湖十景的情怀,感受西湖十景的意境美和深厚的人文底蕴。

(3)做版画·立文化自信。学生在实践探索中,思考吹塑版画与饾版版画的联系,结合画面需求尝试吹塑版画的多种切割与印制方法。在合作中实现十景长卷的制作,在欣赏与评价中建立对画作的信心,建立文化自信。

(二)教学设计

1. 教学目标

(1)了解西湖十景的人文底蕴,感受西湖的意境之美。

(2)能用饾版的形式表现西湖景物,并利用水墨画进行添画点景。在重组构图中寻找意境美的表达,体悟西湖的意境之美。

(3)了解西湖十景,增强与家乡的情感联系,热爱祖国大好河山。

2. 思政目标

在学习传统水印木刻——饾版中了解优秀传统文化;在鉴赏宋画中感受传统艺术,体悟意境之美下中式审美的精神内核,增强文化自信;在创作中激发保护世界文化遗产的强烈意愿。

3. 教学过程

第一课时·场馆研学

为了让学生沉浸式体验西湖十景的意境之美,本课时的学习活动在杭州西湖博物馆、西湖十景实地开展,共分四个学习环节。

环节一:研学准备

材料准备:研学单、铅笔、橡皮、速写本、手机或相机、写生凳等。

分组准备:以一个班级40人为例,按西湖十景分成十个小组,每组4人。选定各组组长并创意取名。

思考准备:西湖对你来说是什么?你认为西湖美吗?美在哪里?如何理解意境之美?

【设计意图】本环节从材料、分组、思维等方面考虑研学准备。所谓意境,是"意"与"境"的结合,即在感受"境"的基础上,结合自身经验加入对"意"的体会。在研学前提出对西湖和美的思考,能够让研学过程更具目的性,从而在切身经历中加深对西湖的视觉与情感认知,为理解意境之美做准备。

环节二:行前探讨

对初次写生的学生来说,可能无法意识到自身与绘画对象的关系,那么如何调动学生的情感呢。在此环节教师可与学生开展一些行前探讨,比如:回忆印象深刻的一次西湖游玩,最喜欢一年四季中哪个时段的西湖。重要的不是把景点的样子复述出来,而是在讨论的过程中了解每个人对西湖不同的关注点与情感。

【设计意图】由于空间、时间等条件的制约,日常美术课在安排写生类课程时,学生大多只能凭着记忆或对照照片进行写生绘画,这与写生的初衷便产生了相悖的概念。教师除了传授基础的写生知识,更需要调动学生对写生对象的情感。在西湖的实景氛围中交流探讨,让学生的具象表现与客观对象产生融合,从而使写生的过程变得更鲜活并具创造性。

环节三:研学实践

任务发布:教师发布活动主要任务,分发研学单,强调活动安全问题。

分组实践:由组长带领组员进入杭州西湖博物馆,在相应的展厅中自主学习了解西湖并合作完成研学单(表4-2-1),鼓励学生从自身出发去感受西湖十景的美。

表4-2-1　西湖十景研学单

小组名称：
小组成员：
研究景点：□苏堤春晓□曲院风荷□平湖秋月□断桥残雪□花港观鱼□柳浪闻莺□三潭印月□双峰插云□雷峰夕照□南屏晚钟

关卡	任务清单	闯关小贴士
第一关 天开画图	在地图中找到景点相应的位置	在第一展厅你可以了解西湖的山、水和建筑格局的分布，对西湖的景观有一个大致的了解
第二关 浚治之功	以时间轴的形式绘画西湖十景形成的过程	在第二展厅你可以了解近代杭州西湖的发展过程
第三关 诗情画意	用简短的语言介绍景点的特色	在第三展厅你可以找到对应的西湖十景，并了解其缘起
第四关 人文渊薮	列举2~3件有关西湖十景的文学作品	在第四展厅你可以观看苏轼饮茶、岳母刺字等场景，了解与西湖有关的名人轶事
第五关 精神家园	如何理解西湖十景中的意境美，用自己的语言进行描述	在第五展厅你可以欣赏历代西湖诗词书画，感受不同艺术形式下西湖的美与文人艺术家对西湖的不同情感表达

【设计意图】本环节根据杭州西湖博物馆的五个展厅分别设计5项闯关任务，学生根据闯关贴士在完成任务的过程中加深对西湖十景的了解，在团队合作中增强组员间的协作能力，明确自身小组的景物特点，为后续的小组合作打下基础。

环节四：实地写生

明确写生要求：寻找合适的构图，写生一张西湖十景。绘画技能方面薄弱的学生，也可以用相机或者手机捕捉景色的美。

分组创作：组长带领小组成员去往各自分组的景点实地写生创作。（为保证学生安全，可由一名家长陪同）

【设计意图】户外写生对孩子们是一项挑战,这不仅是一次学生对西湖十景的自我探索,更是一次与自然景物对话的机会。学生在写生的过程中,寻找合适的观察角度,选定构图,在方寸画纸中表现他们对西湖十景的美的理解。

第二课时·宋韵西湖

本课时回归教室,并将教学重点落脚在对意境之美的理解与表达。经过前期的研学,学生对西湖十景有了更深入的认知,但对"美"的理解还较为单一。为了更好地传达意境美,教师从构图和墨色变化入手,将隐含在画面背后的审美表达通过具体的绘画意象进行解读,在技法与情感的叠加下,让学生了解传统美学思想的核心。

环节一:唤视听·忆西湖

教师活动:播放西湖十景照片,提问:"请你快速说出景点的名字并描述你印象中的西湖十景。"

学生活动:根据图片回忆西湖十景,并表达感受。

教师活动:播放黑白摄影视频,提问:"正如苏轼所说,淡妆浓抹总相宜,不同人眼中的西湖有不同的美。思考这位摄影师镜头下的西湖,和你眼中有什么不同?"

【设计意图】本环节利用快闪照片的形式回顾西湖十景,调动课堂气氛,唤起学生对西湖十景的记忆和感受,表达对西湖十景的热爱之情。在黑白视频与悠扬的音乐结合营造出静谧优美的氛围中,学生通过最直观的视觉和听觉刺激将回忆拉回写生时期,身临其境般体会西湖淡雅静谧的意境之美。

环节二:赏名作·品意境

教师活动:画家是如何表现西湖的意境呢?教师展示两张同样以"三潭印月"为主题但风格不同的画面(图4-2-1),提问:"两张画分别给你什么感觉?哪张更能表现西湖的意境之美?"

学生活动:体会两张画面静谧和热闹的氛围,并从颜色、构图等方面进行对比分析,探讨出构图和墨色对意境的影响。

图4-2-1 三潭印月画作对比

教师活动：展示马远的《山水图》与夏圭的《月夜拨阮图》两幅画作，引导学生思考构图特点。

学生活动：对比观察，得出：画面构图留白多、景物多置于画面边角。

教师活动：出示画作《山庄暮雪图》，引导学生对比画面前后景物的墨色变化对意境的影响，如景物前实后虚，墨色前浓后淡。

学生活动：结合上节课在户外的写生作品和照片，尝试用移动、删减、变换大小等方法将平板电脑中的西湖十景重新构图，摆出意境之美。

【设计意图】本环节通过感知不同时期的三潭印月作品，在视觉上完成从实景到绘画的转变，并由视觉引发情感促进思维，初步感受意境之美。通过两次艺术欣赏活动，引导学生深入了解宋代绘画中意境的具象表达方式，在比较中逐渐领悟留白位置和墨色变化对画面意境表达的影响，使学生沉浸在中国画独特的艺术魅力之中，感受宋代文化的独特韵味。借助电子信息产品的便利性，将知识点落实，提高实践的效率，拼摆后的构图可作为草图为后续的创作打下基础。

环节三：学饾版·印西湖

教师活动：修改并总结拼摆的结果。介绍饾版作品《荷花小鸟》的制作方法，引出中国传统水印技法——饾版。拿出由传统吹塑版画印制的"断桥残雪"，提出问题引发学生对传统吹塑版画的思考。

学生活动：了解饾版的作画原理，在交流讨论中努力创新传统，并为新方法取名"版画水墨添画法"。

如何让画面更有意境？——增加画面留白面积。

如何增加留白面积？——利用饾版原理，切割拆分吹塑板。

如何增加画面的墨色变化？——利用水墨的方式增加画面的虚实效果。

教师活动：示范总结吹塑板的切、印步骤。

学生活动：组内讨论标志景物并进行分工，可一人一景，也可一人多景。如断桥残雪组，需要雕刻的是断桥、路灯、道路、小船，则可4人分工，并提前选出专门的上墨员、印画员、水墨员。学生将景物刻画在吹塑版上，并用裁纸刀分割边缘，根据各组的构图印制画面，最后利用毛笔的侧锋表现水的倒影与远山。

【设计意图】将实践经验与传统文化相连接，在自然而然中理解饾版作画规律，了解更多中国优秀传统文化的表达，为后续的创新实践提供技术上的支持。教师在一问一答中引发学生对传统吹塑版画的辩证思考，学生在质疑中发现问题并结合新知识解决问题，打破一版一画的局限性，提出吹塑版画与水墨画的创意结合，在实践中构建创新意识，真正成为实践的主人。让学生在创作中加深对传统文化的思考，以当代的眼光描绘属于他们心中的西湖。

环节四：悟文化·拓眼界

学生活动：组长将各组作品粘贴至长卷（图4-2-2）。

教师活动：展示西湖十景长卷，提问："哪张作品最能表现意境之美？整幅作品给你什么感觉？"

学生活动：通过自己的语言表达对自己和他人的作品的感受，对画面的意境进行解读和讲解介绍。

教师活动：梳理和总结全程的学习活动，展示更多风格的西湖十景版画作品，如清代版画作品《西湖志》，引导学生更多地关注版画、关注传统文化。

【设计意图】通过自评、互评的环节，加深对意境的了解，再次感受西

图4-2-2 学生西湖十景长卷作品

湖十景长卷，增加对作品的自豪感，体会合作的意义和对西湖十景的浓厚情谊，通过展示更多元的版画作品，回顾传统、放眼未来。学生了解了原来版画还有这么多的表现形式，从而重新审视中国优秀传统文化在现代的多样表达，形成从技法层面向艺术表现手法层面的转变。同时也激发了自豪之感，以及研究中华传统文化的热情。

(三)学生感悟

学生1：通过这次的课程，我对意境之美有了更深入的理解。之前我总是路过西湖，我看到西湖的水很美、山很美、花很美，美在我的眼中是非常具体的事物，没想到原来美还可以靠想象、靠体会。和平时热闹的西湖不同，在宋人的画笔下的西湖是那样的恬静淡雅，原来这就是意境之美呀！

学生2：这节课我们通过自己的实践，发现了原来版画还可以这样玩！原先我总以为一幅画便是一种绘画方法，没想到吹塑版不仅能切割还能和水墨叠加在一起呢！我们组在组长的带领下分工明确、有条不紊，每个人都很好地完成了自己的景物刻画，最后当十组的画连成长卷时，真的是太好看了！我非常自豪我们也能创作出这么完整的西湖十景作品。

(四)特色及创新

1. 人文资源与在地化的有机结合

杭州是一座独具宋韵气息的城市,学生总是听到这个词但不理解这个词的意思,"韵"是相对抽象的一个概念,是一种无形的、高雅的意识形态。如何能够让学生从身边的事物中感受到"韵",通过理解西湖十景的意境再合适不过。西湖是杭州学生最熟悉的景点之一,也是杭州最负盛名的地方。通过身边的事物,引发学生的情感共鸣,让学生在艺术创作中表达对景物、人等画面对象的情感,成为有情感有思想的小画家。

2. 传统文化在新视域下的创新

学生在实践中发现传统吹塑版画的优缺点,并在学习新的知识后对原有创作形式进行大胆创新,打破以往对版画作业的认识,结合新画种,以当下学生的视角出发创作属于他们心中的西湖十景。在拓展学习中补充不同时期西湖十景的不同版画表达方法,比如清代的《西湖志》、现代画家陆放的作品。通过欣赏前辈艺术家的绘画,唤起学生对版画、对传统文化的热情。鼓励学生用更多元的方式进行作画。让传统扎根在心,让创新思维发扬。

3. 注重实践合作的创意作业设计

本次作业以小组为单位,由全班同学一起合作完成,打破一人一幅画的传统美术作业形式。学生首先需在组内找到合适的定位,或雕刻或绘画,在小组合作后再全班拼接完成这幅西湖十景的长卷。学生在合作过程中团队协作能力能得到增强,在展示中能感受到成品所带来的自豪感,建立与作品的自信心,与文化的自信心。

4. 思政课堂中信息技术的高效融合

在摆一摆的环节,利用平板电脑软件自带的随意移动、放大缩小、删减增加等功能,让学生将西湖十景重新构图(图4-2-3、图4-2-4)。这样的方式不仅能够让学生快速提取到有用的景物信息,达到想要的画面效果,也能充分提起学生的学习兴趣,为后续的创作提供构图的支持。

(五)专家点评

"宋韵西湖"通过版画与水墨结合的独特形式,让学生感受中国绘画

图 4-2-3　西湖十景构图（前）　　图 4-2-4　西湖十景构图（后）

的意境之美。从宋画大师马远与夏圭身上学习借鉴，从欣赏构图到体验构图，再到师生互动修改构图，用ipad点亮创意思维，学生在思辨中体会留白的构图艺术，感受墨色变化的魅力，小组成员一同探究，合作创作，共同绘出孩子们心中的宋韵西湖美景，体会传统艺术的独特韵味，效果非常显著。在行走学习中，学生不仅感受到了绘画的魅力，更被西湖十景的人文底蕴所震撼，中华优秀传统文化潜移默化地激发学生作为杭州人的自豪感，课程思政悄然落地，在无形中激发学生的爱国之心，厚植爱国主义情怀。

案例二　　赏《关山月》　走近古琴

教材：《音乐》（人音版）六年级下册
课程主题：欣赏古琴曲《关山月》
场馆：浙江省博物馆之江新馆——古琴艺术馆
载体形式：艺术与特色技能（古琴）；经典篇目（琴歌作品、古诗词）

（一）案例背景

1. 场馆名片

　　浙江省博物馆之江新馆——古琴艺术馆。展厅位于浙江省博物馆之江馆区四层，分为"古琴的历史""古琴的制作与演奏""馆藏古琴解读"三个单元。"古琴的历史"单元主要通过场景、水墨动画、图片等方式对古琴的起源、汉唐时期古琴的定型、宋元时期浙派的崛起至明清时期纷繁的琴派做客观系统的陈述。"古琴的制作与演奏"单元通过实物模型、视频短片和图片资料等方式介绍了古琴的结构、制作工序、琴音及手法等信息。展厅现场还有耳机可供参观者聆听遥远古琴发出的美妙旋律，更有专供体验的古琴让观众可以在现场弹奏，值得一试。学生在这里还能现场观摩镇馆之宝——唐代落霞式"彩凤鸣岐"七弦琴，感受中华优秀传统文化。

2. 教材亮点

琴，中国最古老的弹拨乐器之一，21世纪初才被称作"古琴"，是中华传统文化之瑰宝。古时，琴与棋、书、画作为文人四艺，是读书人每天生活修养必不可少的一部分，所以古人有"君子无故不撤琴瑟"的说法。当古琴随着中国传统"士"阶层的消亡而日渐衰落的时候，却被几个具有历史意义的事件改变了它日渐式微的命运——2003年，"古琴艺术"被确定为"人类口头和非物质遗产代表作"；2008年，奥运会开幕式上全世界都听到了中国古琴的声音。自此之后，古琴变得不再曲高和寡，它从远古的"高阁"上，穿越3000年时光直抵信息时代的人心，正被越来越多的人所认知和热爱，一股复兴之风正席卷而来。

《关山月》是人音版小学音乐12册教材中唯一一首古琴曲，为梅庵琴派著名代表曲目之一，正调(F调)4/4拍，音韵刚健质朴、气魄宏大，抒壮士之情怀，真挚感人，富有浓厚的北地音乐风味。唐代诗人李白著有同名诗《关山月》，抒写作者感怀古代戍边将士的艰难困苦。夏一峰、杨荫浏等将李白的诗配入《关山月》歌唱，便为琴歌(古代称为"弦歌")。琴歌艺术，是利用古琴弹奏的指法特点与乐器本身所呈现的音色特质作为伴奏，与诗词韵文等吟唱之声腔相互合拟，而体现出别具一格的韵致。

3. 价值关联

（1）文化遗产的载体呈现。音乐博物馆是音乐文化遗产价值得以发挥的有效途径，学生通过浙江省博物馆之江新馆的古琴艺术馆的研学活动，了解古琴的构造、派别、历史及发展，为新课学习做好充分的知识储备的同时，唤起学生对中华传统音乐文化的尊重和热爱，从而迸发出更

加强烈的民族自豪感、树立起更加坚定的文化自信。

(2)传统文化的认知唤醒。通过音乐课丰富的学习活动,进一步深入了解古琴的乐谱发展、音色特点和演奏形式,感受古琴深厚的历史底蕴和丰富的表现性。在有韵律地诵读诗词中,体会诗人的情感抒发,了解中国古代文人音乐气韵生动、余韵绵长的特征。

(3)家国情怀的思政浸润。乐曲《关山月》原为《乐府诗集》"横吹曲辞"中的曲目,系守边战士在马上吹奏的军乐。乐曲表现了征人思乡报国的情感,音韵刚健而质朴,气魄宏大,抒壮士之情怀,真挚感人。通过聆听、讨论、诵读、吟唱等多样的形式参与学习,理解中国音乐文化中的美育精神和民族审美特质,激发学生强烈的爱国精神,浸润家国情怀。

(二)教学设计

1. 教学目标

(1)通过场馆行走学习,认识古琴并了解中国传统文人乐器古琴的历史文化。

(2)欣赏琴曲《关山月》,了解古琴的乐谱发展、音色特点和演奏形式,感受古琴深厚的历史底蕴和丰富的表现性。

(3)学习韵律诵读古诗《关山月》并吟唱琴歌,体会边疆战士思乡报国的情感,激发学生的家国情怀,树立爱党爱国家的理想信念。

2. 思政目标

在研学参观活动中感知优秀文化遗产的价值,通过学习古琴曲《关山月》,了解中国传统文化,增进学生对中国传统音乐文化的喜爱之情,坚定文化自信。

3. 教学过程

第一课时·场馆研学

环节一:研学准备

材料准备:研学单、铅笔、橡皮、手机或相机等。

分组准备:以一个班级40人为例,按5个研学主题均分,每个主题由8人共同研究,根据个人兴趣进行自主申报并组队。

资料搜集:通过上网查阅资料、阅读相关书籍、采访专业人士等方式对古琴进行一定的了解。

研学要求:对自己的小组主题做深入研究,对其他主题有兴趣或者有发现的也可适当补充。

【设计意图】教师为学生提供明确的研学方向,在尊重学生个人意愿的前提下,学生自由选择组队,充分调动学生的学习主动性。为确保场馆研学深入、有效,前期布置学生通过各种力所能及的途径进行资料搜集,做好充足的学习预设。

环节二:行前探讨

进行组内分工:确定组长、观察员、记录员或绘图员、分享展示员。

整理知识储备:通过小组讨论筛选搜集的内容,进行书面记录。

讨论参观礼仪:结合迎亚运"文明八礼"讨论在参观博物馆的过程中应该做到哪些礼仪。

【设计意图】前期学生通过自主申报确定研究主题和小组归属。在研学活动出发前进一步明确各自的分工,确定目标,讨论参观礼仪,能够增加研学活动的正式感,激发每个学生的主人翁意识,培养其团队精神。在谈论整理搜集资料的过程中,每个学生也能更加清晰自己研学的方向,尽可能杜绝看热闹、走过场现象的出现。

环节三:研学实践

任务发布:教师分发研学单,强调活动礼仪及安全问题。

分组实践:由组长带领组员进入浙江省博物馆之江新馆——古琴艺术馆,并在场馆中自主学习,结合前期的知识探究深入了解古琴,通过小组合作完成研学单(表4-2-2)。

【设计意图】音乐文化遗产是物质要素与非物质要素的融合,音乐文物中蕴含着古往今来音乐文化的审美旨趣与深刻内涵,透过音乐文物,可以体悟中国历史、中国文化与中国精神。本环节中学生根据前期充分的准备开展实地探究,从理论知识的了解过渡到实践的探索,通过观看、聆听、触摸、讨论等方式深入了解古琴,感受中国古琴文化的源远流长,激发他们对传统音乐文化的尊重和热爱,从而迸发出更加强烈的民族自

表4-2-2 "赏《关山月》,走近古琴"研学单

小组名称: 小组成员: 研究主题:□外形材质 □历史发展 □演奏技巧 □经典曲目 □名家故事		
类目 内容	知识储备	研学成果
小组主题		
其他发现		

豪感、树立起更加坚定的文化自信。

环节四:研学分享

完善表单:小组讨论并整理参观时用各种方式记录的小组主题资料,确定分享方式。

小组分享:集体围坐,分小组以不同的形式进行参观成果展示。

【设计意图】本环节旨在引导学生把研学中收获的点滴内化并外显,通过研讨的方式展现、表达出来。成果展示有合作、有分工,与老师、同伴分享学习感悟,为《关山月》第二课时的学习做好充分的知识和情感铺垫。

第二课时·关山月

本课时从参观研学回归课堂学习,并将教学重点落脚在古琴实物的音色听辨、古琴曲的聆听、琴箫合奏的声效体验,以及琴歌演唱初试上。经过前期的研学,学生对古琴有了更深入的认知,但对古琴曲的聆听不够细节和深入。为了更好地感知古琴音色的独特和美妙,如有条件能够提供多把古琴,可以尝试以小组合作探究的形式进行授课。

环节一：看实物，识古琴

(1)聆听音乐，辨别乐器。

(2)学生分小组围琴而坐，通过4个问题，对古琴实物进行探究。

问题1：琴有多长？

问题2：琴有几个徽？

问题3：琴有几根弦？

问题4：弦是什么音？

【设计意图】引导学生通过观察实物进行自主探究，结合前期的研学成果，深入了解古琴的结构及悠久的历史，激发学生对民族乐器的自豪感和亲近感。

环节二：赏琴曲，品意境

(1)一听乐曲，体验情感。（课件音频）

(2)二听乐曲，感受演奏技法。（龚一老师演奏音频）

(3)了解古琴的文字谱、减字谱。

(4)三听乐曲，深入感受乐曲。（龚一老师演奏视频）

(5)四听乐曲，琴箫合奏。（教师现场演奏箫，与龚一老师演奏视频隔空合奏）

【设计意图】四听乐曲，让学生循序渐进地感受古琴音色的特点，古琴曲《关山月》表达出来的苍凉、刚健。逐渐拓宽学生的知识面，提升学生的聆听素养，感受古琴音乐的深度。同时，通过了解琴谱的由来和发展，感受中华民族的智慧。

环节三：唱琴歌，仿文人

(1)播放视频，欣赏诗句，感受画面。请同学们说说看到了什么画面，有什么感受？

(2)三读诗句，激发情感。学生诵读古诗，讨论看到的景色并抒发情感。教师用平仄诵读古诗，引导学生有韵律地念古诗，为吟唱琴歌做铺垫。学生根据教师指挥手势用平仄配乐念诗。

(3)欣赏琴歌，学唱琴歌。聆听古琴演奏家、琴歌演唱家乔珊老师弹唱版本，感受声音特点。学唱琴歌《关山月》前四句乐谱内容，及最后再

现的结束句。琴箫合奏,师生共唱。

(4)课堂小结:今天这节课结合同学们之前的古琴艺术馆研学,我们更清晰地认识了有着悠久历史的古琴,了解古琴特有的减字谱,诵读了充满爱国情怀的《关山月》,也像古人一样吟唱了琴歌《关山月》。传统的民族音乐是我们中国文化的根和魂,它能给予我们力量、给予我们美好,让我们怀着热情,去学习民族音乐,把它传承与发扬!有兴趣的同学也可以在空余时间去聆听一下中国的十大古琴名曲,细细品味古琴之美!(《潇湘水云》《广陵散》《流水》《渔樵问答》《平沙落雁》《阳春白雪》《胡笳十八拍》《阳关三叠》《梅花三弄》《醉渔唱晚》)

【设计意图】引入诗词中的平仄,让学生感受独特的诗词韵律,并有节奏有情感地诵读古诗,在文化性中融入音乐性。通过谈论,激发学生对于壮士驻守边疆的爱国情怀、对社会作出贡献的人群产生敬佩之情。用中国传统乐器琴和箫来演奏、伴奏,使学生体会到非常独特的文人音乐的特质。诗与琴的融合让学生的情感体验升华,通过琴歌的演唱由内而外地感受民族音乐的根和魂,激发民族自豪感、自信感。

(三)学生感悟

学生1:以前一直分不清楚古琴和古筝这两种乐器,通过浙江省博物馆之江新馆的古琴艺术馆的研学和音乐课的学习,我终于认识和了解了古琴,无论是外形还是音色,跟古筝还是有着很大区别的。当我知道了浙派古琴是我国最古老的一个古琴流派,2008年入选第二批国家级非物质文化遗产名录时,我为自己是浙江人而骄傲!我感觉我开始对古琴有了兴趣,希望能有机会去学习古琴演奏。

学生2:之前我在艺术楼音乐教室就欣赏过我们学校的音乐老师演奏古琴,琴声悠扬,非常有韵味,还请求吴老师让我尝试了一下,我被深深地吸引了。所以这次研学活动和《关山月》这节课我学得特别认真,和同学们一起学习到了很多关于古琴的知识。因为我们班有好几个学习民乐的同学,有琵琶、笛子等,我觉得我们中国的传统民族乐器历史悠久、韵味独特,而且在世界舞台上越来越受欢迎,我深深地感到自豪!

(四)特色及创新

1. 课堂与在地资源连接

浙派古琴是我国最古老的一个古琴流派,是浙江省杭州市传统音乐,于2008年入选第二批国家级非物质文化遗产名录。浙派古琴艺术流传于浙江地区,起于南宋,追求文雅、恬静、简洁、洒脱的意境。通过研学活动连接在地资源——浙江省博物馆之江新馆的古琴艺术馆,让学生走进古琴艺术馆,走近古琴,通过试听、弹奏等更加直接的方式了解古琴这个中华民族古老的弹拨乐器,增强保护与传承非物质文化遗产的意识。

2. 音乐性与文化性相得益彰

以研学活动为基础,利用课堂的前五分钟自主探究古琴实物来认识乐器。通过聆听琴曲、认识琴谱、感受琴箫合奏三个环节,逐渐拓宽学生的知识面,提升学生的聆听素养,感受古琴音乐的深度。在学习古诗部分,普通的语文课只是有感情地朗读课文,而这节课中教师依据诗词的平仄,用手势指挥学生有节奏、有韵律地吟咏古诗,凸显音乐性。在有平仄地念诗的基础上加入部分的琴曲唱诵,从而感受文人音乐的独特性。

3. 信息技术助力情境创设

传统的音乐课上,教师的伴奏器乐基本都是钢琴。在这节展示中华民族传统音乐的课中,钢琴失去了它的作用,取而代之的是优质网络资源——名家范唱奏。同时,笛子专业的执教教师最大化发挥了自身特长,用另一样中国传统民族乐器——箫,来辅助伴奏,并与屏幕上的古琴名家——龚一先生,实现跨时空的琴箫合奏。这种有着悠久历史,美妙的音乐表演形式,不仅体现了中国传统文化的独特魅力,还展示了中华音乐的丰富多样性。

(五)专家点评

《关山月》执教教师黄老师,毕业于浙江音乐学院,三年教龄,笛箫特长。这是一堂琴、诗、乐、歌相互交融的课堂,更是集探索、聆听、谈论、吟咏、唱诵于一体的饶有趣味的课堂。年轻的黄老师在课中的角色,时而

是琴箫王子、时而是戍边将士、时而是咏叹不已的诗人李白之化身。

课中三次致敬经典,第一次致敬当代著名琴家龚一老师,将他的古琴独奏引入课堂;第二次致敬琴歌奏唱家乔珊,将她的弦歌《关山月》引入课堂;第三次跨时空进行琴箫合奏,同学们投情唱诵起琴歌。作品的民族意蕴在层层叠加,学生的审美体验也层层深入。课中的同学通过触摸古琴、听辨谈论、平仄吟咏、化诗入琴成歌、伴箫动情唱诵,获得远远超越现实的审美意象,情思涌动。

文人器乐音乐,在人音版12册教材中,仅此一曲,因此《关山月》在整个小学阶段的地位与价值十分突出!学校通过场馆的行走学习,让学生沉浸式地学习和体验传统古琴的历史文化,有利于情感的亲近。像这样的中国传统音乐课堂,能帮助下一代建立中华文化自信,值得我们更多、更深入地去研究并将其发扬光大。

二、课程思政行走学习更多主题清单

(一)驶向运河文化　让船儿出航吧

教材:《美术》(浙美版)二年级上册

课程主题:船儿出航

场馆:杭州京杭大运河博物馆

载体形式:艺术与特色技能(船只工艺)

目标:学习了解京杭大运河的发展进程,发现各个时期船的基本结构和建造特点,用绘画或制作的方法进行表现。感受杭州运河文化,激发探究世界文化遗产的好奇心,坚定文化自信。

场馆特色及教材亮点:杭州京杭大运河博物馆是国内首座以运河文化为主题的大型专题博物馆,坐落于杭州市城北运河文化广场。博物馆突出运河南端和在地特色,整体展线疏密有致,展品内涵丰富,展览阐释注重观众体验。本课教材注重学生对船只造型和用途的理解,并鼓励用各种材料设计制作一艘能"出航"的船,体会中国古代劳动人民的智慧,激发民族自豪感。

【行走学习建议】

根据杭州京杭大运河博物馆新的展览体系,研学活动分为以下4个环节。

(1)记一记。从杭州京杭大运河博物馆常设的特展"因河而兴:大运河与杭州城的故事"中,了解杭州运河文化的发展历程。

(2)画一画。以展厅中感兴趣的船只为学习重点,观察船只的结构特点以及船只的用途,并用速写的方式记录一艘船只。

(3)玩一玩。数字体验区"大运河数据驾驶舱",在数字大屏中浏览运河有关的人物、文物、景点,一站式领略运河文化。

(4)想一想。通过与同伴与父母间的交流,分享对船只的学习所得,在船只工艺中关注运河文化,了解杭州运河文化中暗含的时代意义。

(二)寻觅南宋官窑　领略宋代美学

教材:《美术》(浙美版)三年级下册

课程主题:南宋官窑

场馆:杭州南宋官窑博物馆

载体形式:艺术与特色技能(南宋官窑)

目标:结合在地场馆参观,了解南宋官窑的历史背景、工艺特点和代表作品。能够辨认和欣赏南宋官窑的陶瓷作品并进行简单评述,培养学生对传统文化的兴趣和热爱,提升文化自信。

场馆特色及教材亮点:杭州南宋官窑博物馆,位于浙江省杭州市上城区南星街道,藏品主要来源于南宋官窑两处遗址出土以及建馆后的历年征集,遗址保护厅是中国南方地区最大的遗址保护建筑。本课教材强调了解南宋官窑历史,从"紫口铁足""粉青釉色""文武纹片"三大造型特点了解官窑的美学价值与独特气质。学生在场馆中,可以亲身感受官窑的特点,在文物的观摩中、在制陶的体验中,激发对中华传统文化的热爱。

【行走学习建议】

行前准备:在参观前,教师可以简要介绍官窑的历史和特点,以帮助学生更好地理解展览内容。

馆内研学:杭州南宋官窑博物馆共设三个展厅,学生可在相应的展厅中学习了解官窑知识,并做好笔记和绘画记录。

文化与历史:学生在第一展厅中欣赏中国历代具有代表性的陶瓷文物,了解中国古代陶瓷的演进历程。

造型与气质:学生在第二展厅中了解南宋官窑的历史风貌、制作工艺和器物类别,并重点观察官窑的外形、颜色、纹路,试着分辨它们的不同款式和用途。

互动与体验:通过场馆内的特色陶艺活动,让学生在体验捏塑、泥条盘筑、拉坯、制作的过程中感受古老工艺的制作过程,体验制陶的乐趣。

反思总结:学生在个人日志中,写下反思,回顾学到的东西以及对南宋官窑的感受。

(三)深入良渚文化　探秘玉器美学

教材:《美术》(浙美版)四年级下册

课程主题:良渚古玉

场馆:良渚博物院、良渚古城遗址公园

载体形式:其他文化遗产(良渚文化)

目标:了解良渚文化,感受良渚古玉的特征,提高审美评述能力和造型表现能力,激发热爱中国古文化的情感。

场馆特色及教材亮点:良渚博物院,是一座收藏、研究、展示和宣传良渚文化的考古遗址博物馆。良渚古城遗址,代表了中华文明起源阶段稻作农业的最高成就,良渚文化对其后五千年的中华文明发展拥有广泛而深远的影响。2019年,良渚古城遗址被列入世界文化遗产名录。本课教材中主要呈现的良渚文化中最具代表性的玉琮、"神徽纹"——神人兽面纹及各类玉器,在场馆中都能亲眼看到,以感受文物的魅力。本课教材还通过"小知识""想一想"等方式引导学生探究良渚古玉的神韵、特征,感受良渚古玉的美感特征,从而激发学生热爱中国古文化的情感。

【行走学习建议】

行前阅读:学生在参观前可提前阅读与良渚文化和玉器相关的书籍或文章,为场馆的行走学习提供有关古玉器历史和文化价值的基础知识。

引导与记录:在博物馆内,学生可首先参加由博物馆提供的导览活动,仔细观察古玉器的细节,包括形状、纹饰、纹理等,并用笔记本、手机或摄影机记录他们的观察和印象。

理解与创作:学生可以选择一个古玉器并深入了解其背后的文化故事,例如,它在古代社会中的用途和象征意义,用绘画、素描或手工制作等方式表达他们对古玉器的理解和感受。这个创作过程将帮助学生更深入地思考古玉器的美学和艺术价值。

分享与反思:学生通过小组分享和讨论,分享他们的观察、创作和个人体验,这将促进文化交流和学习。鼓励学生进行文化反思,交流他们的文化自信和审美感知的变化。通过这个学习过程,学生将有机会深入了解良渚古玉器的历史、文化和艺术价值,同时通过思考和创作,提高文化自信。这个过程可以使他们更加亲近中国传统文化并深刻体验到其美妙之处。

(四)绘茶为礼　茶香四溢

教材:《美术》(浙美版)四年级下册

课程主题:茶香四溢

场馆:中国茶叶博物馆、杭州市梅家坞茶文化村

载体形式:艺术与特色技能(茶文化)

目标:了解茶文化的历史及西湖龙井茶的相关知识,在学习设计茶文化卡中感受中国茶文化的渊博厚重,认识设计与生活的密切关系,体会设计与文化传播的作用,培养探究茶文化的兴趣及梳理保护传承茶文化的意识。

场馆特色及教材亮点:中国茶叶博物馆、杭州市梅家坞茶文化村,集文化展示、科普宣传、科学研究、学术交流、茶艺培训、互动体验及品茗、餐饮、会务、休闲等服务功能于一体,是中国与世界茶文化的展示交流中心,也是茶文化主题旅游综合体。本课教材从相关美术作品出发,从茶类专著、文化活动、礼仪角度让学生了解中国茶文化的历史与内涵,并从实践角度出发着重学习一种茶叶并设计茶文化卡,理解设计的美学价值。在参观与体验中,感受茶文化的博大精深,激发文化自信,厚植爱国

主义情怀。

【行走学习建议】

研学准备:以小队的形式行走场馆,出于安全考虑,每个小队可以有一位家长志愿者协助。小队明确人员分工,包括文字、绘画和相机记录等,同时也要预设好小队想了解哪些关于西湖龙井茶相关的知识。

行走学习第一站,问茶古道:观察一片完整的茶叶是什么形状,请你画一画;思考哪片茶叶是用来制作西湖龙井茶的。

行走学习第二站,博识茶叶:浏览茶叶的背景知识,了解茶叶的代表品种与制作过程。

行走学习第三站,茶香四溢:观察茶叶罐与相关茶叶包装,记录茶叶罐上的文字,绘画罐中的图案;了解茶叶罐的变迁史。

学后反思:思考西湖龙井茶为什么能成为杭州的文化名片?并为自己的家人泡一壶茶,分享在场馆内的所见所闻。通过在地场馆的行走学习,从制作、包装、茶叶本身出发了解西湖龙井茶,感受中国茶文化。感悟传统文化的内涵,增强对茶中礼仪与人文的理解。

(五)漫步古道老街　细绘宋韵痕迹

教材:《美术》(浙美版)五年级上册

课程主题:悠悠老街

场馆:南宋御街

载体形式:其他文化遗产(南宋御街)

目标:探访杭州老街的历史与文化,学习用不同的美术形式记录或描绘老街,感受老街传统风俗文化和历史建筑的艺术特点,增进对杭州历史、人文的关注和热爱之情。

场馆特色及教材亮点:南宋御街是南宋临安城铺设的一条主要街道,是皇家专用的道路,在南宋时期有十里长街之说,所以南宋御街又称十里天街。《咸淳临安志》等文献记载,铺设南宋御街一共使用了一万多块石板。本课教材通过分享不同城市的老街图片,引导学生感受悠悠老街中沉淀的岁月文化和人文气息,并在老街中着重对石桥、石铺进行观察,从细微中见生活,感受建筑中生动的岁月痕迹。

【行走学习建议】

行前准备:发布探访任务,确定探寻主题;学生在探访前可提前预设兴趣点,如街上的石桥、店铺、石板路、传统门饰等,有目标、有重点地进行走访。在过程中学生可用画笔和相机及时记录;小组以本组主题绘制探访地图。

探访时:学生从鼓楼出发一路到凤凰寺,在行走的过程中根据组内探访主题,着重观察记录,获得相应照片与文字信息。学生漫步在南宋御街感受古建筑风貌,享受一份古早美食,感受古街与商铺的再结合,在游玩与闲步中欣赏宋韵建筑的岁月痕迹,感受建筑中浓郁的历史韵味。

反思与回顾:整理照片并以路线图的形式回顾走访进程,学生可根据自己的实际情况,以速写或拼贴的方式进行制作。通过交流展示,激发学生对美的探究,以及对历史文化底蕴的认同感,从而激发自豪之情,培植爱国之心。

(六)重走丝绸之路　新绘民族纹样

教材:《美术》(浙美版)五年级上册

课程主题:生活中的民族纹样

场馆:中国丝绸博物馆

载体形式:艺术与特色技能(丝绸)

目标:欣赏了解丝绸中的民族纹样,感受纹样的内容美、形式美。通过设计绘画,用喜欢的纹样图案装点生活,感受民族纹样的艺术魅力,发现并创造生活美。

场馆特色及教材亮点:中国丝绸博物馆,位于浙江省杭州市玉皇山路,是全国性的丝绸专业博物馆,也是世界上最大的丝绸博物馆,为浙江省省属副厅级事业单位。中国丝绸博物馆的河北遵化清东陵纺织品保护修复项目被国家文物局评选为"2021全国优秀文物藏品修复项目"。本课教材中着重引导学生对民族纹样的欣赏,感受民族纹样的魅力。将纹样艺术与生活相连,让学生在实践体验中重组纹样形式、创新纹样设计,用美装点生活,培植对传统文化的欣赏能力与发自内心的热爱之情。

【行走学习建议】

行前准备:本次活动以学生喜欢的民族纹样入手,在丝绸之路中了解丝绸的发展历史并寻找最喜欢的纹样作品。

丝绸故事:欣赏宋代提花织机模型,研读丝绸年表和丝绸之路展示图,了解丝绸的性能与基本信息。

丝绸历史:从新石器时期至明清的古代织绣文物中,了解丝绸的起源与发展、丝绸的主要种类、丝绸之路及丝绸在古代社会生活中的作用。

丝绸纹样:欣赏丝绸之路中出土的汉唐织绣、北方草原的辽元服饰、江南地区的宋代服饰、明清袍裙及清代帝后龙袍、匹料、缂丝绣画,并重点观察丝绸花纹图案的变迁。用绘画的方式记录纹样特点。

织物表演:欣赏古代织机的操作表演,以现代眼光回望古代文明。

回顾反思:整理回顾在地化场馆行走学习中积累的资料,并以纹样笔记的形式,画一画纹样作品,标注纹样的朝代、织物名称等等,从形式、内容、颜色三方面写出自己的标注理解。通过交流展示,激发学生对中华传统文化的热爱之情、自豪之感、研究之心。

(七)欣赏传世名作 回望文化历史

教材:《美术》(浙美版)五年级上册

课程主题:中国传世名作

场馆:浙江省博物馆

载体形式:经典篇目(《富春山居图》)

目标:欣赏中国传世名作,通过对《富春山居图》的欣赏、分析、评述,提高学生的艺术审美能力,培养学生热爱民族文化的美好感情。

场馆特色及教材亮点:浙江省博物馆位于浙江省杭州市西湖区,是浙江省内集收藏、陈列、研究于一体的综合性人文科学博物馆,馆藏文物达10万余件,是浙江省内规模最大的综合性人文科学博物馆。本课教材中呈现了自南宋以来的多幅名作,以中国画作品为主。根据场馆特色,本课可以《富春山居图》为教学重点,从作品的技法、形式、题材出发了解作品的内涵,创设问题情境引导学生逐步深入地展开对名作的欣赏活动,提高学生的艺术鉴赏能力,培植对中华传统文化的喜爱之情。

【行走学习建议】

本次研学建议放置在课堂教学之后,在行走前学生已经了解了《富春山居图》的历史、画家背景和艺术价值。因此本次研学活动的重点将落脚在欣赏原作、了解更多元代等的中国画作品。学生可选择一件作品用自己的语言来鉴赏介绍。

引导与提问:研学时学生跟随导览员的引导,一边欣赏原作一边仔细听取讲解,再次回顾《富春山居图》的历史背景和绘画技巧。

细节与绘画:仔细观察绘画中的各种细节,包括山水、庭院、植物等,并选择一处尝试用速写的方式临摹绘画。学生在创作中想象自己置身于画中场景,感受画家所表达的山水之情。

鉴赏与讲解:学生挑选一幅馆中的其他山水画作,尝试从作画形式、风格上来鉴赏作品。

反思与回顾:针对画作学生可在网络中再次查找相关资料,以"我是讲解员"的形式,开设一次中国画鉴赏的主题班会活动,宣传中国传统文化,表达对中国传统文化的热爱。通过行走学习,学生将有机会近距离欣赏原作,在笔触与墨色变化间感受画家的心境与情感表达,更直观深入地了解更多中国画的艺术价值和历史背景,激发民族自豪感。

(八)品京腔京韵　访名角故居

教材:《音乐》(人音版)六年级上册

课程主题:京腔京韵

场馆:盖叫天故居

载体形式:艺术与特色技能(京剧)

目标:了解京剧艺术,聆听传统京剧选段,认识行当唱腔,结合京剧名家在地场馆参观,进一步感受京剧艺术的魅力,培养热爱中华国粹——传统京剧艺术的情感。

场馆特色及教材亮点:盖叫天故居位于杭州市金沙港26号,又名燕南寄庐。盖叫天是以武戏闻名天下,被誉为"燕北真好汉,江南活武松",开创了独具特色的盖派艺术的京剧表演艺术家。青瓦白墙的典型江南民居建筑内陈列着盖叫天老先生生前遗物200余件,展示了盖老的从艺经历及艺术成就。本课教材中结合知识与技能"京剧行当"(生旦净丑)的学习,选取了净角唱腔的传统剧目《包龙图打坐在开封府》和用唢呐模拟四个行当唱腔的乐曲《京剧唱腔联奏》。通过聆听和欣赏名家唱段视频,学唱具有现代气息又不失韵味的戏歌《校园小戏迷》,在"唱、念、做、打"等实践活动中进一步感受体验京腔京韵,激发对国粹的喜爱之情。

【行走学习建议】

行前了解:学生在参观前可通过课堂学习及各种自主探究方式深入了解盖叫天的生平,通过网络查找盖叫天的京剧表演视频进行欣赏。

行中细探:根据研学单上的要求以小组合作的方式进行故居参观,探索未知领域,并做随手记录。在行走学习过程中,适当回忆并运用所学知识进行辨析,与同伴积极研讨。

行后分享:与老师、同伴分享研学收获,分享对京剧艺术、京剧表演艺术家盖叫天生平的了解和感受。激励学生去认识更多的京剧艺术家,了解更多的京剧行当,体验更多的戏剧唱腔,用心感悟中华传统艺术之美!

(九)古风新韵　吟诵轻唱

教材:《音乐》(人音版)六年级下册

课程主题:但愿人长久

场馆:杭州西湖苏东坡纪念馆

载体形式:经典篇目(诗词歌曲)

目标:在欣赏、朗诵、演唱中,体验诗乐合一所表达的意境和情感。走进苏东坡故居,了解其生平和《水调歌头》创作背景,深入体会诗词韵律、节奏与音乐的关系,感受传统诗词文化的魅力并尝试做简单的旋律创编,培养研究古文化的热情。

场馆特色及教材亮点:杭州西湖苏东坡纪念馆位于西湖苏堤南隅,馆区由主楼展厅、碑廊、百坡亭、酹月轩等组成。学生通过参观可以了解到苏东坡的生平家史,及两次来杭担任地方官的政绩和在杭的文学艺术成就。欣赏到苏东坡的诗文著作、手画手迹复制品及当代书画名家以苏东坡诗词为题材创作的书画作品。《但愿人长久》来自苏轼的一阕词——

《水调歌头·明月几时有》，以月起兴，以与其弟苏辙七年未见之情为基础，表达了词人对亲人的思念和美好祝愿，也表达了在仕途失意时旷达超脱的胸怀和乐观的景致。歌曲《但愿人长久》由台湾著名作曲人梁弘志创作，古词新唱，古风新韵，由著名青年歌唱家陈思思演唱的版本在2007年10月24日作为30首"搭载"歌曲之一，随我国第一颗月球探测卫星"嫦娥一号"登上月球，成为在太空中都能听到的声音。

【行走学习建议】

行前了解：在行走前，通过课堂学习、自主阅读名人书籍、网络检索等方式初步了解苏东坡，根据研学单要求选择苏轼创作的关于杭州西湖的诗词（《饮湖上初晴后雨》《望湖楼醉书》），进行小组合作谱曲，与小组同伴明确分工。

行中细探：带上研学单，以小组合作的方式行走场馆，细致了解苏东坡在杭州期间的主要政绩和文学成就。小组研读所选歌词，确定诗词旋律创作的基调，并尝试简单创作。在此过程中，教师辅以适当的专业指导。

行后分享：根据学生创作的情况，请完成作品的小组为大家展示，分享创作思路、展示节目（视学生能力而定，可以不局限于小组齐唱）以及活动感想。通过活动，引导学生关注近在咫尺的优秀传统文化，走近传统文化，并努力继承和发扬。

（十）探音乐博物馆　听赏民族音乐

教材：《音乐》（人音版）六年级下册

课程主题：阿细跳月

场馆：浙江音乐学院音乐博物馆

载体形式：经典篇目（民乐作品）；艺术与特色技能；其他文化遗产

目标：了解云南相关音乐文化和风俗人情，能感受乐曲《阿细跳月》热烈欢快的情绪，结合场馆行走学习，认知民族乐器分类及民乐乐团编制，引导学生热爱中华民族优秀的传统音乐文化。

场馆特色及教材亮点：浙江音乐学院音乐博物馆位于浙江音乐学院校本部，由浙江音乐学院与中国艺术科技研究所共同打造。4个基本展

区以乐器实物为基础,运用实景、图文、多媒体视听等多种手段,全方位、立体化地呈现了丰富的音乐文化信息,学生通过细致参观,能够了解到很多书本上看不到的民族乐器。在另外的宫廷雅乐拓展区和敦煌乐舞专题区中,从原始乐器到礼乐重器,学生能深刻感受中国古代音乐千年历史的传承。这首民乐合奏《阿细跳月》在20世纪80年代被列为世界名曲之一,"阿细跳月"也叫彝族三弦舞,是一种流行于云南弥勒西山彝族阿细人之中的传统民族民间舞蹈,是国家级非物质文化遗产之一。其旋律活泼跳跃,富有动感,特色鲜明,学生在乐曲的聆听欣赏中能了解到不同类型的民族乐器,深刻感受独特的彝族音乐文化魅力。

【行走学习建议】

行前准备:在课堂学习中认识并能区分民族乐器,清晰乐器的分类(依据材质、发声原理、音色特征)。通过课上对《阿细跳月》音频和民乐乐团演奏视频的欣赏,了解拉弦乐器、弹拨乐器和吹管乐器的音色特点。

行中细探:根据研学单的提示,以小组合作的方式行走场馆,找寻对应的乐器,用画画、文字或者图文并茂的方式进行记录。同时,积极主动探究未知领域,如传统宫廷雅乐、敦煌乐舞、西洋乐器等并做文字记录。

行后分享:小组整理资料,派代表与老师、同学分享小组研学收获。运用已学知识,从对比中国传统民族乐器和西洋乐器的不同,到搜罗中国民族乐器与民间音乐等历史新知中,深刻感知中国民族器乐的源远流长、中国传统文化的博大精深。

第五章
其他课程思政在地化的校本实践

将中华优秀传统文化中的人文精神、革命精神和学科思想融入小学教学，充分发挥其"以文化人""转知为智"的教育功能，在满足继承发扬中华优秀传统文化的客观要求的同时，还可以很好地植入文化基因、形塑内在精神力量，提升学生核心素养和综合能力。①中华优秀传统文化、革命先辈为中华民族的发展作出了杰出的贡献，也为世界数学、科学、体育等教育的发展作出了不可磨灭的贡献。将这些宝贵的内容引入小学教学中，可以让学生在博大精深的中华优秀传统文化、革命精神中获得强大的精神支持与丰厚的文化滋养。下面，将结合数学、科学、体育等学科做详细说明。

---

① 岳增成,陈雪梅.中华优秀传统文化进小学数学的整体性建构[J].小学教学（数学版）,2023(03):7-10.

第一节　革命传统在地化落实的案例及清单

《革命传统进中小学课程教材指南》指出，数学、科学、体育与健康等其他课程也是对学生进行革命传统教育的载体。[1]结合这些学科的特点，有选择地融合在地场馆中数学家、科学家、模范人物和优秀运动员及团队的事迹、成果和成就展示，实地的科技建设成果考察等，培育学生自强不息、勇于探索的科学精神，培养学生拼搏进取、为国争光的革命精神，增强民族自豪感，坚定文化自信，厚植爱国主义情怀。[2]

一、课程思政学习行走案例

重走体育场路　传承体育精神

教材：《体育与健康》（浙教版）水平三（5—6年级）

课程主题：重走杭州体育传承路

场馆：杭州市体育中心、杭州体育馆、杭州游泳健身中心、浙江省全民健身中心

载体形式：运动场馆的历史；优秀运动团队和运动员的事迹、故事、比赛成绩

---

[1] 姜懿轩.体育人文精神在体育训练中的价值与意义[J].当代体育科技,2023(27):191-194.

[2] 李亚斌.核心素养视角下中小学体育教学的优化路径[J].体育世界,2023(08):95-97.

(一)案例背景

1. 场馆名片

> (1)杭州市体育中心:位于杭州市体育场路169号,很多杭州的学生都曾在这里参与校、区、市级的田径运动会,留下了属于他们学生时代的回忆。
>
> (2)杭州体育馆:杭州体育馆原名浙江体育馆,位于杭州市体育场路210号,曾作为浙江男篮、杭州男篮的主场,见证了球队的成长。
>
> (3)杭州游泳健身中心:位于杭州市中山北路572号,除了开设游泳培训,这里也是杭州体育中考耐力项目游泳测试的场地。
>
> (4)浙江省全民健身中心:位于杭州市体育场路153号,这里有着"世界冠军摇篮"的美誉。

2. 教材亮点

贯穿了体育新课标中培养学生核心素养的理念,帮助学生逐步形成正确的价值观和必备的品格。外从体育场路上沿途体育场馆的外观设计、设施建设、运动项目等增进学生对基础知识的了解,提高学生参与体育运动的兴趣;内从体育场路和四个场馆的变迁过程和衍生出的故事,结合场馆中走出来的知名运动员为国争光的事迹,感受杭州体育文化的发展,培养爱国主义精神,提高文化自信。

3. 价值关联

(1)提高认知能力。通过对体育场馆的参观,学生可以观察场馆的设计、体育器械、比赛场地、运动员的训练过程等,从中发现问题、提出疑问,并通过互相交流、阅读相关资料等方式,不断地思考和探索,提高学生的观察能力和思考能力。

(2)传承爱国精神。在参观体育场馆过程中,可以了解各种体育项目的历史和文化背景、杭州体育事业的发展历程和取得的成就,了解运动员们的艰苦训练和为国争光的感人事迹,从而激发爱国精神和荣誉感。

(二)教学设计

1. 教学目标

（1）在走体育场路前，能知晓体育场路及周边四个场馆的具体位置，能了解四个场馆中至少一个历史故事或一位运动员、一支运动队的事迹，并能够粗略地画一幅体育场路和四个场馆的路线图。

（2）在走体育场路和参观四个场馆的过程中，根据小组分工找到每个场馆的至少一个代表之处，并将其标注在路线图上。

（3）在走体育场路、参观四个场馆以及之后的游园活动中，能够全程积极参与活动，在活动中能够控制自己的情绪，展现顽强的拼搏精神和团队协作的意识。

2. 思政目标

在了解体育场路和四个场馆历史故事的过程中，能够体会老一代体育人对体育的热情与坚守，能了解从四个场馆中走出来的运动员的事迹，学习他们坚持不懈、为国争光的爱国精神，通过所见所闻所查的场馆、人物和事件去感受杭州百年体育事业的发展和传承。

3. 教学过程

让学生通过走"老路"，参观"老路"上历史悠久的四个体育场馆，以小组合作的方式，设计相应的实践环节，共两课时，从中了解历史故事，知晓运动项目，深挖争光事迹，探寻文化底蕴，传承爱国精神。

第一课时·走老路探历史

环节一："走"前准备

（1）材料准备：线路图（图5-1-1）、手机或相机、笔。

图5-1-1 体育场路及周边场馆路线图

(2)前期准备:提前查询体育场路及杭州游泳健身中心、杭州体育馆、杭州市体育中心、浙江省全民健身中心的具体位置,并对四个场馆做初步了解。

(3)分组准备:通过这四个场馆的历史故事,对这四个场馆进行挖掘,每个小组确定一个场馆的历史故事、运动团队或运动个人事迹进行挖掘。

(4)思考准备:你认为这四个场馆的历史对杭州体育的发展有什么影响?

【设计意图】通过学生提前对体育场路和周边体育场馆的了解,可以帮助学生更好地了解所要参观的具体内容,例如,场馆特点、运动项目、运动员代表等,这有助于确定参观的方向,提高参观体验和学习效率。

环节二:"走"中探讨

(1)任务发布:确定路线,在到达场馆后,由负责的小组向大家介绍场馆的历史故事、运动项目、运动团队和个人以及比赛成绩等。

(2)小组分工:到达场馆后,小组按照任务单进行分工,学生各自按照小组分工进行资料的收集。

(3)分组实践:小组分工结束后,去找寻场馆中需要收集资料的地方,用手机或相机拍摄下来,并将自己的成果记录在路线图上。

【设计意图】学生以小组为单位,通过任务发布后的小组分工,提高获取场馆资料的效率,并且能培养学生的团队合作能力和组长的组织协调能力,确保活动的安全性和有序性,也便于教师在过程中进行整组指导。

环节三:"走"后总结

(1)小组讨论:回到学校后,分小组进行讨论,根据之前选定的场馆,添加参观后看到的素材并进行整理。

(2)分组汇报:以小组为单位,对自己组场馆的历史背景、历史事件、运动项目、运动团队、运动员、比赛成绩等做汇报。

(3)教师总结:教师对体育场路以及四个场馆做一个整体的梳理与总结,鼓励学生交流分享从场馆中了解到的运动员故事、体育精神等。

【设计意图】在学生获取所需资料后,回校进行总结可以帮助学生巩固参观时获得的知识,加深对获得知识的理解,在交流过程中潜移默化地提高了学生的归纳总结能力,促进了知识的分享效率。通过分享和交流,有利于学生关注体育精神,激发学生的爱国情怀。

第二课时·同游园传精神

环节一:"游"前准备

(1)游园设计:根据体育场路的四个场馆,对应准备四个体育游戏,进行轮转游园打卡,并根据游园卡(图5-1-2)的评分规则来计算最终得分。

图 5-1-2 游园卡

(2)分组准备:学生5人一组进行分组,同小组的组员穿上相同颜色的分队背心。

(3)器材和场地准备:体育馆篮球场地一块、接力棒2根、标志桶10个、牛津布带2条、垒球10个、收纳筐2个、泡沫砖块20块。

【设计意图】通过游园的形式可以接触到多种不同的体育项目,从而满足不同学生的兴趣爱好和需求,有利于激发学生的学习热情和参与意识,从而享受体育的乐趣。能够促进体育知识的普及,帮助学生更好地了解体育项目的规则、技巧和历史背景等方面的知识。集趣味性、挑战性和教育意义于一体。

环节二:"游"中体验

(1)游戏一:竞速接力赛(图5-1-3)

器材准备:接力棒1根、标志桶5个/组。

游戏规则:每队进行S形绕标志桶接力赛,看看哪个组的速度最快。

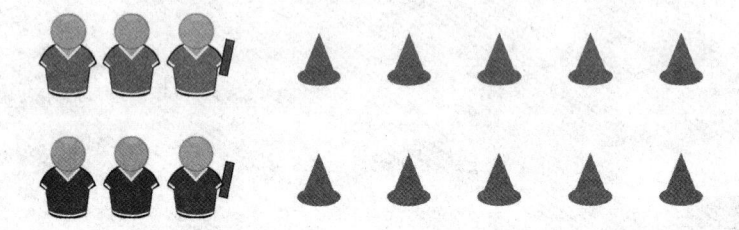

图5-1-3 竞速接力赛示意图

(2)游戏二:风火轮(图5-1-4)

器材准备:牛津布带1条/组。

游戏规则:全组人进入牛津布带内,通过向前输送布带前进,看看哪个组最快到达终点。

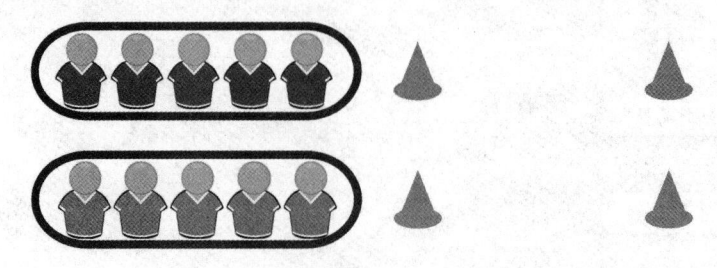

图5-1-4 风火轮示意图

(3)游戏三:投准接力(图5-1-5)

器材准备:垒球5个、收纳筐1个/组。

游戏规则:第一位同学扔5个垒球,第二位同学在距离10米处手持收纳筐接球,5个投完后,第二位同学投球,第三位同学接球,以此类推,看看哪个组完成得又快,扔进的球又多。

图5-1-5　投准接力示意图

(4)游戏四:摸石过河(图5-1-6)

器材准备:泡沫砖块10块/组。

游戏规则:以小组为单位,在规定距离的"河流"中,用提供的道具让全组同学过河,身体任意部位不得落地,看看哪个组完成的时间快。

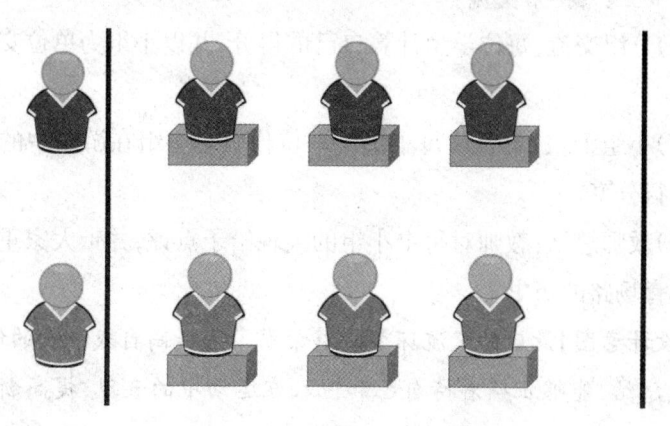

图5-1-6　摸石过河示意图

(5)轮转方式:如图5-1-7所示进行轮转,轮转三次后所有学生均完成了所有游园游戏。

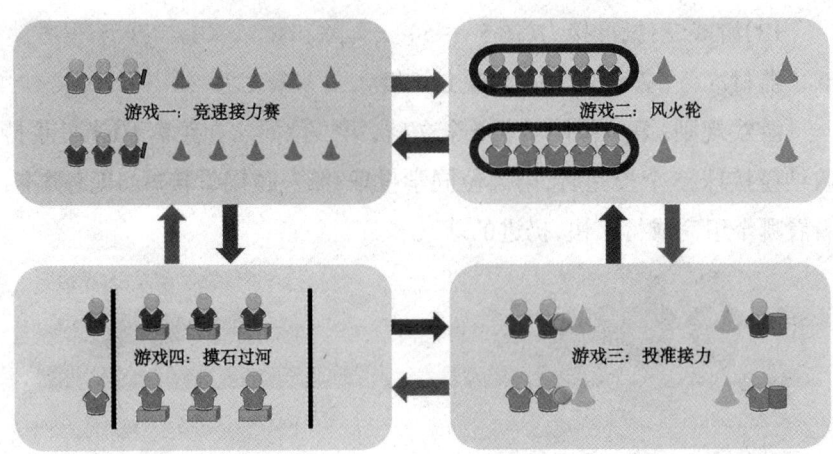

图 5-1-7　轮转方式示意图

【设计意图】游园的游戏以小组为单位进行,需要学生之间相互协作、分工合作才能完成任务。这种形式可以培养学生的团队合作精神和协调能力,提高学生的集体荣誉感和责任感。以不同项目的展现形式,可以提高学生的身体素质和运动能力,有助于培养学生的健康意识和良好的运动习惯。

环节三:"游"后交流

(1)分组交流:每位学生计算自己的得分,并以小组为单位交流游戏体验。

(2)小组汇报:集合后每小组派一位代表对小组在游园中的表现和感受进行分享。

(3)教师总结:教师对每个小组的表现给予点评,并带大家重新回顾杭州体育场路的历史。

【设计意图】最后的交流环节能够帮助学生提高自我评价的能力,学会自我总结,能够正确看待自己和他人在运动中的表现,提高新课标中体育品德的素养。培养学生在活动中表现出积极进取、勇敢顽强的体育精神。

(三)学生感悟

学生1:当我看到运动员们在赛场上奋力拼搏、为国争光的场景时,我感到非常感动和敬佩。他们不仅代表了自己,也代表了整个国家和民族,为了赢得荣誉而付出巨大的努力和牺牲。

学生2:这些运动员们让我明白了什么是真正的坚持和拼搏。他们面对困难和挫折,不是轻易放弃,而是勇往直前,用自己的实力和勇气去争取胜利。这种精神不仅值得我们学习和尊重,更应该成为我们成长过程中的榜样和引领者。

学生3:我看到这些运动员在比赛中相互配合、共同努力,为了团队的胜利而付出努力和汗水,这种团队合作的精神值得我们学习。不光在体育运动中,在平时的生活、学习中,我们也要发扬团队合作的精神。

学生4:观看运动员们为国争光的事迹让我收获了很多。我明白了坚持和拼搏的重要性,也感受到了团队合作的力量。这些知识和感受将激励我在以后的学习和生活中更加努力、拼搏,为实现自己的梦想而奋斗。

(四)特色及创新

1. 借助场馆助力多元化学习

学生参观体育场馆游学活动本身是一种多元化的学习,可以学习到体育、历史、文化等多方面的内容。在行走学习活动中,学生可以通过观察、交流、体验等方式获取知识,提高综合素质。可以直观地了解各种体育项目的比赛规则、技巧,增强对体育运动的认知和理解。同时,通过更深入地挖掘,可以深入了解体育项目的历史和文化背景,拓宽知识面。也可以通过参观体育场馆激发学生对体育的兴趣和热情,让他们更加热爱体育运动,积极参与到体育活动中,为以后的体育学习和生活打下坚实的基础。当学生愿意参与到运动中来,体育运动天生的特点就会给学生带来变化,对其身体健康、体育品德等核心素养有全方位的提高。

2. 小组合作培养团队化学习

通过小组合作的形式让学生参观体育场馆是一种团队合作学习,学生可以分组进行游学活动,通过合作、交流、分享经验等方式,增强团队合作意识和协作能力。根据学生的身体素质、学习能力和兴趣爱好等方面的差异,将学生划分为不同的小组,每个小组选取一位小组长,负责组

织小组内的学习和交流活动。在参观体育场馆前,教师给每个小组分配不同的任务,组长帮助组员协调安排,让小组内的成员分工合作,完成任务。在完成任务的过程中,小组成员可以互相交流、讨论和分享自己的见解,促进小组内的互相学习和合作。在参观结束后,通过总结环节,小组的合作成果得到展示。在展示成果后,教师对每个小组的表现进行评价和反馈,肯定优点和亮点,指出不足之处,并给出建议和指导,以便学生能够更好地进行下一次的小组合作学习。

3. 结合游园激发实践化学习

在参观场馆完成之后,通过游园的形式让学生切身参与到体育运动中来,在学习了体育文化知识之后,通过身体力行的方式加深记忆,并用具有趣味性的游园方式,创设体育运动的情境模拟。在游园卡的设计之中,用星级来评价学生的参与度、团结协作程度、控制情绪能力、是否坚持到底,以及是否获胜。学生在游园游戏中,即便无法获胜,但依旧可以通过展现良好的意志品质、精神风貌来获取星星,使之前学生走访学习到的、自我总结的体育精神、合作意识都在实践中得到运用与展示。

(五)专家点评

小学生走访体育场馆活动是一项具有深远意义的教育实践。学校通过走访当地城市具有一定历史的老路,并对老路周围具有特色的体育场馆进行参观,让学生亲身体验和了解体育文化,培养体育精神,这对促进体育教育的发展和提升学生的核心素养有很大的作用。

学校和体育场馆的联动拓宽了学生的视野,共享了社会资源。体育场馆中拥有一些学校不常见的体育器材与设施,一些具有年代感的设施背后反而有很多值得挖掘的故事,让学生主动挖掘并深入了解这些故事。体育前辈们的榜样事迹能够在他们的脑海中种下一颗体育精神的种子,在加强切身感受的同时也可以提高学生观看运动比赛、参与运动项目的兴趣,帮助孩子形成终身锻炼的运动习惯,达到增强学生身体素质的目的。

这样的行走学习模式还可以拓宽更多的道路,通过加强活动的多样性和参与度、提高活动的组织水平、加强体育与教育的融合、培养教师的专业素养以及建立长期机制等方面的努力,我们可以进一步推动学生走访体育文化路线和体育场馆活动的持续发展,为学生的健康成长作出更大的贡献。

二、课程思政行走学习更多主题清单

(一)讲竺可桢故事　坚持观察天气

教材:《科学》(教科版)三年级上册

课程主题:我们关心天气

场馆:竺可桢纪念馆

载体形式:科学家事迹、故事

目标:通过参观竺可桢纪念馆,了解竺可桢长期研究天气的科学家精神及其研究对社会的贡献,激励学生也能坚持观察天气,提升持之以恒的钻研精神。

场馆特色及教材亮点:竺可桢纪念馆坐落于浙江大学玉泉校区内,学生可以参观我国卓越的科学家、教育家、浙江大学老校长竺可桢的许多珍贵历史图片和生前用品,了解竺可桢爷爷的卓越功绩,感受他的人格魅力。教材中本节课是让学生通过交流,了解各种各样的天气,感知不同的天气会带给我们不同的感受。通过整个单元的学习,随着学生对各种天气特征的认识,他们将更加关心天气,准确地观测天气,提高生活质量。

【行走学习建议】

行前阅读:查阅资料,了解竺可桢爷爷所处的时代背景以及其作为中国气候学的创始人,对中国气候的形成、特点、区划及变迁等的深刻研究。

引导与记录:在纪念馆内,带领学生深入了解许多珍贵历史图片背后的故事,引导学生借助研学单,观察记录竺可桢爷爷的重要功绩和对自己的启发。

分享与反思:学生借助研学记录,小组分享感受,开展讨论。组织学生成立小小讲解员团队,鼓励学生讲述竺可桢爷爷的故事并充分表达自己的感受,从而学习一名科学家坚持不懈的钻研精神,感悟作为一名中国人的责任和担当。

(二)参观水电站博物馆　探秘能量转化工程

教材:《科学》(教科版)六年级上册

课程主题:各种形式的能量

场馆:杭州富春江水电站博物馆

载体形式:我国水电站建设成就;团结协作的革命精神

目标:通过参观富春江水电站博物馆,认识各种能量形式及其转换,了解国家集中力量建设大工程的勇气和探索建设成就,增强学生为祖国发展作贡献的责任感。

场馆特色及教材亮点:杭州富春江水电站博物馆位于杭州市富阳区东洲街道,坐落于杭州富春江水电设备有限公司内。学生可以在序厅、水电科普知识图文展区、水电设备藏品展区参观,还可以在水电设备互动体验区和真机实体模拟区亲身实践,直观了解中国当代水利水电科技的进步发展水平。本课教材从学生生活中常见的事物出发,让学生认识到能量是客观存在的,而且有不同的表现形式。引导学生从能量的角度来看待物体的变化,关注身边能量的表现形式及它们的相互转换。

【行走学习建议】

行前阅读:通过查阅资料,了解各种类型的发电站,总结能量转化的多种形式。阅读资料,了解富春江水电站的建设历史。

引导与记录:在博物馆内,带领学生参观了解水电科普知识和水电设备的更新换代。同时,分组在水电设备体验区和真机实体模拟区进行体验,进一步直观了解发电原理。引导学生借助研学单,用图文并茂的形式介绍水电站的发电原理和能量转换形式。

分享与反思:学生通过小组分享和讨论,补充修改水电站的发电原理,明确能量转换形式,进一步讨论水电站建设的时代背景和实际困难,理解每一个岗位和工作人员的重要性和付出,感受国家建设大工程的勇气和攻坚克难的钻研精神,感悟作为一名中国人的责任和担当。

(三)走钱塘江大桥纪念馆　看跨海大桥建设历史

教材:《科学》(教科版)六年级下册

课程主题:认识工程

场馆:钱塘江大桥纪念馆

载体形式:科学家事迹、故事和我国科技建设成就

目标:通过走访钱塘江大桥纪念馆和近距离观察钱塘江大桥,让学生体会尖端工程的建造不易。结合茅以升设计建造钱塘江大桥所处的特殊时期,激发学生的爱国意识和不断创新、不断超越、攻坚克难的探索精神。

场馆特色及教材亮点:钱塘江大桥纪念馆位于杭州市西湖区钱塘江大桥西北侧,学生通过参观"建桥序曲""攻克难关""历经沧桑""养桥护桥""卓越成就""茅以升生平"六个篇章能够深入了解尖端工程建造的伟大。钱塘江大桥作为抗日战争时期的标志性宏伟建筑,更能激发学生的爱国意识。本课教材中介绍了桥梁建设等多项宏大工程,帮助学生从更宽广的角度认识工程,多方面理解工程意义和实施过程,从而深刻认识到科学技术与工程的相互作用。

【行走学习建议】

行前阅读:分组查阅资料,了解钱塘江大桥波折的建桥历史,通过实地考察,以图文结合的方式描绘第一座双层铁路、公路两用桥的结构。

记录与展示:通过参观"建桥序曲""攻克难关""历经沧桑""卓越成就",整合各组前期的资料,分组讲解钱塘江大桥的建桥历史。带领学生参观大量图片、实物和茅以升的著作、手稿、藏书及使用过的物品等,感受尖端大工程的建设难度。

点评与反思:组织学生进行小组互评,通过总结钱塘江大桥的建桥历史,了解一项工程建设的基本流程。结合时代背景,进一步理解这一诞生于抗日战争时期的标志性宏伟建筑所具有的特定的历史意义和价值。通过了解特殊时期茅以升主持设计和建造的中国第一座公铁两用现代化大桥的历程,提醒着学生不忘建设钱塘江大桥的这一段惨痛的传奇历史,加强爱国主义教育,激励着学生为祖国的强大而学习。

(四)感悟数学家精神　提升问题解决能力

教材:《数学》(浙教版)四年级上册第四单元

课程主题:应用问题

场馆:张天孝小学数学教育博物馆

载体形式:数学家事迹、故事和成就

目标:掌握三步运算的顺序,能熟练地计算三步式题,能把握数量关系的基本结构,有效地分析并解答三步应用问题,感受张天孝老师在这方面孜孜不倦的研究精神。

场馆特色及教材亮点:张天孝小学数学教育博物馆位于杭州市上城区枝头巷17号。博物馆内收藏了张天孝老师从事小学数学教育研究六十余年的许多珍贵史料,其中包括教材编写的手写稿200余卷,个人无偿捐赠的图书15000余册,20世纪60年代开始的"三算结合教学研究""应用问题教学研究"以及"思维能力培养教学研究"的初期文稿与相关的出版物,此外还有不同时期编写的六套数学教材与七套思维训练。本课教材将计算与应用问题相结合,使计算成为解决问题的一部分。

【行走学习建议】

场馆的参观主要是感受张天孝先生持之以恒、潜心钻研、勇于攻关的精神,培养学生自强不息、勇于探索的科学品质。在进入场馆之前,教师下发研学单(表5-1-1),让学生带着问题进行行走。在内容的融合方面,可以以"走近编者爷爷"为主题,让学生围绕"三步运算"制作应用问题反思卡或采用其他方式,自己梳理、总结解决问题的一般步骤。

回到学校后,学生围绕研学单进行交流、讨论,进一步感受张天孝爷爷身上的精神,激发学生热爱数学、勇于探索的精神。

(五)探亚运历史　悟运动精神

教材:《体育与健康》(浙教版)水平三(5—6年级)

课程主题:体验亚运文化

场馆:杭州亚运会博物馆

载体形式:优秀运动员、运动团队的事迹、故事、成绩

目标:通过参观与体验,了解亚运会的历史与文化,感悟运动员坚

表5-1-1 "张天孝小学数学教育博物馆"研学单

研学小组：	组员：
研学准备： 我对"三步运算"的了解程度：☆ ☆ ☆ ☆ ☆	
场馆研学： 我知道了张天孝爷爷的故事：_____。 我知道了张天孝爷爷的成就：_____。 对张天孝爷爷的"一生只做一件事"我是这样理解的：_____ _____。 我学会了"三步运算"，我将用（　　　　）展示成果。 ①现场讲解　②制作应用问题反思卡　③其他方法：_____。	

持、拼搏的精神，激发热爱体育、发扬体育精神的情感。

场馆特色及教材亮点：杭州亚运会博物馆位于杭州市奥体中心，杭州市奥体中心是杭州第19届亚运会的主场馆。学生在场馆里，可以通过"亚运与杭州""亚运与亚洲""亚运与未来"三个展厅了解亚运文化。从历届亚运会火炬、吉祥物、奖牌、海报等珍贵实物的现场参观，及亚运会整体情况阅读中，沉浸式体验亚运，感悟运动员、运动团队坚持、拼搏的精神，激励学生在体育锻炼中发扬亚运精神，并迁移到生活中。

【行走学习建议】

行前初探：在参观场馆前做提前准备，可以提前了解亚运博物馆的相关信息，包括开放时间、交通路线、门票价格等，以便更好地规划行程。为了能够更好地了解亚运会的历史和文化，可以提前准备一些相关的资料，如亚运会的背景、发展历程等，以便在参观过程中更好地理解和感受。

行中实践：借助场馆提供的资料以及讲解人员的帮助，将需要的内容进行拍照。体验场馆内可以参与的项目，在沉浸式体验中感悟运动健儿们的运动精神。

行后感悟:可以组织学生对参观亚运美学和参与沉浸式体验后的感想做交流,也可以鼓励学生参考亚运美学,设计学校运动会的奖牌或会徽等图案。

(六)感受世界第一运动的魅力

教材:《体育与健康》(浙教版)水平三(5—6年级)

课程主题:足球综合活动

场馆:浙江省黄龙体育中心

载体形式:优秀运动员、运动团队的事迹、故事、成绩

目标:通过参观黄龙体育中心及周边场馆设施,感受杭州体育文化;采访现场的足球运动员,通过了解运动员的事迹、故事,感悟运动精神,激发学生加强体育锻炼,在生活和学习中培养拼搏精神。

场馆特色及教材亮点:浙江省黄龙体育中心位于浙江省杭州市西湖区,是浙江省体育局下属公益二类事业单位。黄龙体育中心总占地面积约387 000平方米,包括60 000座位的体育场、8 000座位的体育馆、2 938座位的游泳跳水馆、室内训练馆、网球馆、包玉刚游泳场、笼式足球场、室外网球场、田径训练场等成片的运动训练场地。在这里,学生可以了解到作为中超球队浙江绿城的主场,这片场地培养了很多足球运动员,同时,这里也是FIFA2007年中国女足世界杯及杭州第19届亚运会比赛场地,有很多跟比赛、运动员有关的感人故事。

【行走学习建议】

行前初探:网上查找足球与浙江省黄龙体育中心的资料,约上小伙伴一起去黄龙体育中心看一场足球赛,感受运动员的拼搏精神。

行中实践:在黄龙体育中心以及周边的场馆和训练场地进行走访,观察建筑的特点和排列,可以根据布局自制一张黄龙体育中心的小地图。在比赛日,约上小伙伴一起前往主体育场看一场足球赛,体验现场比赛的氛围,并于赛后采访一位足球运动员,了解运动员训练、比赛中的情况。

行后感悟:黄龙体育中心以其丰富的场馆和训练场地给人以浓厚的运动氛围;在主体育场观看足球比赛,能够通过体验现场氛围,激发学生

对足球的兴趣;在赛后采访运动员,能够加深学生对运动精神的感悟,激发学生在未来参与到这项运动中来的美好愿景。

(七)追溯奥林匹克的起源之旅

教材:《体育与健康》(浙教版)水平三(5—6年级)

课程主题:田径项目的起源与锻炼价值

场馆:杭州市奥林匹克体育中心

载体形式:优秀运动员、运动团队的成绩

目标:通过参观杭州市奥林匹克体育中心,参观者可以亲身感受到浓厚的体育氛围和积极向上的体育精神,体验到体育对于个人成长和社会发展的重要性。从田径比赛中学习到田径知识,感受到田径运动的激情,感悟田径运动员坚持不懈的精神。

场馆特色及教材亮点:杭州市奥林匹克体育中心位于浙江省杭州市钱塘江南岸、钱江世纪城区块杭州奥体博览城核心区,以七甲河为界跨越滨江区和萧山区,是杭州第19届亚运会的主会场。学生在这里可以感受体育场"大莲花"、体育馆/游泳馆"化蝶"双馆、网球中心"小莲花"、综合训练馆"玉琮"等建筑的魅力,也可以想象在这里举办世界性、洲际性综合运动会的场面。田径是学生最常接触到的体育大类,涵盖了走、跑、跳跃、投掷等多个项目,来到亚运主场馆参观并观看比赛,能充分激发学生的学习热情,在学习生活中更加积极地参与到体育锻炼中,并发扬体育精神。

【行走学习建议】

行前初探:前期收集资料,了解田径运动的起源和杭州市奥林匹克体育中心的设施情况,如田径场中包括了哪些项目的场地、不同径赛项目的起点和终点在哪里、田赛项目的比赛场地在哪里等。与同伴相约观看一场田径比赛,并携带一只计时器或手表。

行中实践:通过查阅的资料与现场相结合,确认径赛、田赛的项目地点,并拍下相应的照片。与同伴在观看比赛的过程中体会体育运动的赛事氛围,尝试仔细观察不同运动项目之间的不同规则,在径赛项目比赛中可以跟着一起给运动员计时,与大屏幕的显示时间做对比,看看自己计得是否准确,自己跑同类型项目的成绩和运动员们有多少差距。

行后感悟:通过参观场馆知晓了田径运动的起源和不同项目的比赛场地;通过观看现场比赛体会到比赛的魅力;通过跟随计时,了解了田径运动的锻炼价值,即只有通过刻苦练习,才可以超越自我,取得好成绩。

(八)参观专业学校　观赏体操之美

教材:《体育与健康》(浙教版)水平三(5—6年级)

课程主题:体操项目的起源与锻炼价值

场馆:杭州市陈经纶体育学校

载体形式:优秀运动员的事迹、故事、成绩

目标:通过参观陈经纶体育学校的场地设施,知晓运动员们训练的刻苦与艰辛,了解陈经纶体育学校体操馆的训练以及体操运动员的事迹,学习他们为国争光的爱国主义精神。

场馆特色及教材亮点:杭州市陈经纶体育学校坐落于美丽的西子湖畔、黄龙洞旁,是一所全日制体育中等专业学校。它的前身是杭州市少年儿童业余体育学校。在这里,学生可以了解陈经纶体育学校分为"三集中""二集中"和"走训"三种教学形式,对学校开设的田径、游泳、体操、艺术体操、蹦技、篮球、排球、沙排、网球、羽毛球、乒乓球、举重、摔跤、柔道、武术、散手、跆拳道、拳击共18个体育运动项目进行现场体验。其中,体操是所有体操项目的总称,在五六年级主要以技巧动作组合及综合活动为主,需要学生学会技巧的同时在练习中克服心理恐惧,懂得安全参与,能与同伴相互保护与帮助。

【行走学习建议】

行前初探:前期收集体操项目的起源资料以及陈经纶体育学校的资料,数一数陈经纶体育学校开设了多少个体育项目,体操项目中培养出哪几位知名的中国体操运动员。

行中实践:在参观的过程中可以近距离观看运动员们的训练场地,拍下感兴趣的照片,感受他们训练的艰辛。去体操馆看看体操运动员是如何训练,才能在赛场上"大显身手"的,可以在不影响训练的情况下,尝试采访教练或运动员,问问他们对体操锻炼价值的看法。

行后感悟:通过参观场馆了解了陈经纶体育学校的概况以及各项运动的训练设施;通过观看运动员的训练,对运动员和教练员进行采访,学习到了锻炼的方法,体会到了体操运动的锻炼价值。通过交流和讨论,激发学生学习体育精神的想法,并落到行动中。

第二节 中华优秀传统文化在地化落实的案例及清单

中华优秀传统文化融入小学教学是时代的呼唤,是落实立德树人根本任务的需要。2021年,教育部印发《中华优秀传统文化进中小学课程教材指南》(以下简称"指南"),并将我国典籍、数学家、科学家的发现、发明创造及人物传记作为中华优秀传统文化进入学科的主要载体形式,同时明确了小学阶段融入我国传统教学内容与古代数学、科学等成就的基本要求,强调了这些内容对于学生感悟中华民族智慧与创造、增强民族自豪感、坚定文化自信具有重要作用。[1]将中华优秀传统文化融入小学教学时,需要更加突出我国古代数学家、科学家等实现这些辉煌成就的具体过程,包括遇到的错误、失败与挑战等,只有这样才能让学生更加深入全面地理解我国古代取得的辉煌成就。[2]

本节基于课程思政视角给出中华优秀传统文化如何融入小学数学、小学科学,在行走学习中落地,并提供"折扇:拾遗校园十景图""走进丝绸博物馆　跟蚕宝宝走丝路"两个具体案例加以说明。

---

[1] 唐慧荣,唐恒钧.中华优秀传统文化融入小学数学教学:价值定位、路径、策略[J].小学数学教师,2023(C1):17-22.

[2] 孙钰红.让中华优秀传统数学文化融入小学数学教学[J].小学数学教育,2023(11):13-14.

一、课程思政学习行走案例

案例一　　折扇:拾遗校园十景图

教材:《数学》(浙教版)六年级上册

课程主题:扇形

场馆:中国扇博物馆

载体形式:艺术与特色技能(折扇)

(一)案例背景

1. 场馆名片

> 中国扇博物馆是由杭州市政府出资建设的三个国家级专题性博物馆(中国刀剪剑博物馆、中国伞博物馆、中国扇博物馆)之一。中国扇博物馆创立于2009年,位于浙江省杭州市拱宸桥桥西历史文化街区。扇在中国有着悠久的历史,学生在馆内可以了解中国扇的起源和历史、中国扇文化、中国扇业和精湛的扇艺术四大内容。馆内还有一个明清扇街,展示了形式各样的折扇。制扇工匠们精湛的技艺与巧妙的设计,再加上文人艺术家的绘画题词,使小小扇面融万千气象于咫尺之间,是人类文化遗产中一颗耀眼的明珠。

2. 教材亮点

《义务教育数学课程标准(2022年版)》提出综合实践要解决实际问题,以跨学科主题学习为主,将知识融入主题学习中。一方面,数学跨学科主题学习要勇于"跨"出去,另一方面,更重要的是体现数学学科的特色。[①]

扇子文化,源远流长,是中国传统文化的有机组成部分,早在宋代就

[①] 邹金梅,章勤琼,郑紫卿.融入中华优秀传统文化　实施素养导向数学教学——以落实量感的"权衡"一课为例[J].小学数学教师,2023(C1):39-42.

已经空前繁荣。在浸染宋韵文化的背景下,我们设计了"折扇"为主题的数学跨学科作业"折扇:拾遗校园十景图",面向六年级的学生,实践时间为两周,使学生在体会传统的宋韵文化、感受文化自信的同时,提升数学素养。

3. 价值关联

在"品"扇活动中,观察、分析扇的结构,经历数学研究的一般过程,体会扇中蕴含着"数";通过探究"折扇中的黄金比例",撰写研究报告,提升数学运算能力,发展数学眼光。

在"制"扇活动中,绘制折扇制作流程图,体会数学的价值;通过自主探究,认识扇环,选择合适的要素进行测量,计算扇环的面积,提升应用意识;经历收集、整理、分析数据等过程,提升数据意识;通过寻找校园中的扇形元素,发展学生的空间观念。由此,提升数学思维。

在"鉴"扇活动中,以开发评分模型为任务,进一步理解百分比、比例等概念,建立"模糊性数学模型",提升模型意识,进行合理决策;养成重论据、合乎逻辑的思维习惯,形成实事求是的科学态度与理性精神。

(二)教学设计

1. 教学目标

(1)经历数学研究的一般过程:猜想—验证—结论—应用,能用数学的眼光观察、分析折扇的结构,由此从折扇中提炼出"数"。

(2)认识扇环,能结合实际选择需要测量的数据,并且计算扇环的面积;通过寻找校园中的扇形元素,提升几何直观与应用能力;经历测量、设计、创造等发展学生的空间观念。

(3)以开发评分模型为任务,进一步理解百分比、比例等概念,建立"模糊性数学模型",提升模型意识,进行合理决策;养成重论据、合乎逻辑的思维习惯,形成实事求是的科学态度与理性精神。

2. 思政目标

中华优秀传统文化能更好地促进学生对很多数学主题的学习与理解,不仅让学生更好地理解数学本身,还可以感受到数学背后的文化,将学生置于中国传统文化之中,惊叹于中国古代工匠的智慧,提升文化自信,更好地促进学生的发展。

3. 教学过程

驱动性问题:校庆日即将到来,学校文创部计划以校园十景为主题制作一套折扇,并以此为校园纪念品赠送给来宾。如何设计并且制作一套校园十景折扇?需要用到哪些数学知识?让我们开启一场与"折扇"有关的数学之旅吧!

活动一·"品"扇——折扇中的黄金比例

此课时要带领学生走进中国扇博物馆,并且围绕两个核心问题展开:如果要来研究"纸折扇的展开角度是否是根据黄金比例确定的",我们需要经历怎么样的研究过程?折扇中还有哪些"黄金比例"?

环节一:分析与提问

同学们,仔细观察这些折扇(图5-2-1)。你能提出一个有关数学的问题吗?

走进中国扇博物馆

图 5-2-1 折扇赏析

问题①:纸折扇在展开时,两边的角度虽然不尽相同,但是相差不太大,纸折扇展开的角度大约为多少?

问题②:为了保障扇风的功能、耐用性和使用舒适度,纸折扇两边夹角度数不应太大或太小,是否有为满足美观的需求,而对两边夹角的度数进行控制?

问题③:纸折扇的展开角度是根据黄金比例而确定的,那么美丽的纸折扇中蕴含着哪些黄金比例?

问题④:_____?

【设计意图】小学数学是一门需要不断提问和探究的学科，而培养学生的数学提问能力对于他们未来的学习和生活十分重要。培养小学生的提问意识和能力可以提高学生的数学思维水平和综合素质。敢于提问是培养小学生数学提问能力的第一步。在行走场馆前，教师引导学生一起基于折扇进行提问，提问时需关注：是否有数学要素，是否值得探究。以此，提升学生提问的品质。

环节二：测量与推算

任务1发布：圆心角中的0.618。如果要来研究"纸折扇的展开角度是否是根据黄金比例确定的"，我们需要经历怎么样的研究过程？

[猜想]（　　　）÷（　　　）≈0.618

[探究]实验准备：量角器、折扇若干把

实验记录单

序号			（　　　）÷（　　　）
…			
平均数			

[结论]_____。

【设计意图】提出问题是研究的基础。本环节要聚焦"（　　　）÷（　　　）≈0.618"展开研究。其中，我们为学生进行数学实验提供了研究的框架，也就是进行多次测量、对多把折扇进行测量，然后求平均数，以保证数据的精准性。最后，根据实验得出结论。得出结论后，要引导学生对实验结果进行反思。

环节三：迁移与应用

任务2发布：折扇中的0.618。除了折扇的展开角度中有黄金比例，还有其他的黄金比例吗？

[问]仔细观察折扇平面图，提出一个与黄金比例有关的问题；

[探]经历"猜想—探究—结论"等过程，进行研究；

[写]撰写一份实验报告单。

【设计意图】此阶段为整个活动的开启,需为学生提供文化背景,创设真实的情境。同时,提出核心问题:折扇中有哪些黄金比例?使学生经历猜想、探究、结论等过程,提升用数据说话的能力,如图5-2-2所示。此阶段学生需投入3课时,每节课时长约为35分钟。

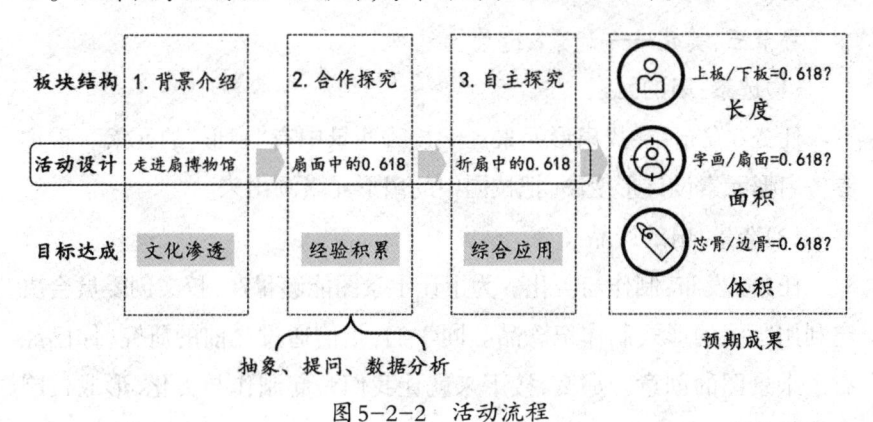

图5-2-2 活动流程

在分析与提问环节,学生往往不善于提出有价值的数学问题。因此,可将任务前置,课堂上重在问题的交流、评估与完善。最后,交流得出有意义数学问题的要素:表述准确(结构完整,意思清晰)、有数学元素(如结合周长、角度、面积、体积等)、有价值(能应用所学知识解决)。

活动二·"制"扇——规划·优化·美化

环节一:规划——步骤&数学

任务3发布:制作一把折扇需要哪几个步骤?分别用到哪些数学知识?(可以用思维导图、表格等方式呈现)

环节二:优化——图形&统计

(1)图形:扇的组成

任务4发布:测量扇环的面积需要哪些数据?如何测量?请选择一个扇面,并且将你测量的过程及结果记录下来。

(2)统计:扇的规格

任务5发布:喜好分析。不同年龄层、不同性别的来宾,对于喜爱的

折扇尺寸会有差异吗？请你设计一个研究方案,从年龄层次或性别差异等角度进行调查,并为学校提供一份有参考性的研究报告。可以从"研究背景—问题提出—调查过程—数据呈现与分析—结论"等角度撰写研究报告。

环节三:美化——选景&造景

（1）选景:扇的元素

任务6发布:寻找扇形元素。学校哪些景中有"扇形"的元素。请你参考扇形元素设计形变图,把校园中的扇形元素画出来。

（2）造景:扇的产品

任务7发布:制作与美化。为了让十景图能够量产,校文创委员会决定利用版画的形式制作纪念品。同学们,相信通过之前的研究,你已经有了十景图的创意。那么,接下来就让我们一起制作与美化,形成校园十景图吧!

【设计意图】"制扇"阶段由三个独立的板块组成,分为规划、优化、美化,引导学生从数学的角度认识折扇,具体如图5-2-3所示。此阶段学生需投入7课时。

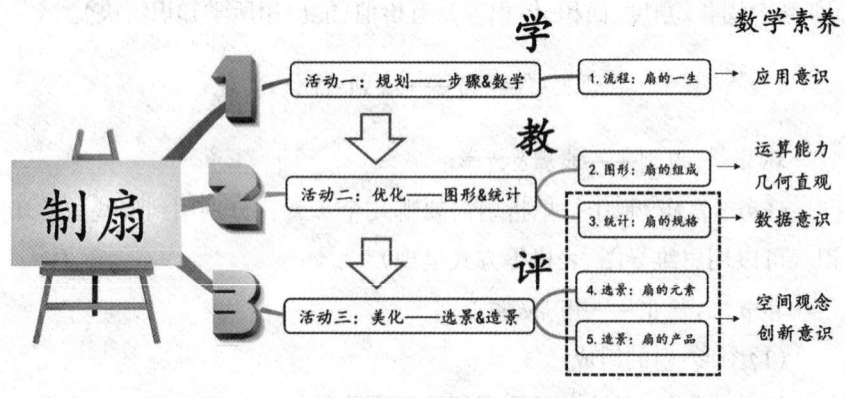

图5-2-3 "制"扇流程图

在评价时,也可以将主动权交给学生,让学生讨论、确定评价内容,如针对任务"喜好分析"讨论得出如下量规(表5-2-1)。

表 5-2-1　评价量规

评价内容	评估标准	得分 1~5 分
问题明确	聚焦一个问题展开研究	
方案设计	方案设计合理,步骤清晰;问卷设计合理、全面	
方案实施	能够按设计方案,有条理地开展实践调查	
个性表达	从数学角度形象生动地展示调查数据	
数据分析	能分析得出直接信息、间接信息、推理信息等	

运用以上量规指导学生开展学习活动,可以达到事半功倍的效果,聚焦有价值的数学问题开展学习活动,有利于学生学习品质的养成。

活动三:"鉴"扇——设计评选方案

任务8发布:设计评选方案。校文创委员会正在广泛收集建议,希望能够设计出一种公正合理的评分量规。活动负责人张校长指出,无论采用何种计分方式,都要考虑5个关键性因素:①整体造型;②局部造型;③学校特色;④文化理念;⑤折扇质量。

请你给张校长写一封信,介绍你设计的评价方案,并解释原因,帮助校方选出能够体现校园文化的十景图。

【设计意图】此活动的难点在于评价量规的制定。我们以"模型意识"培养为目标,从"现实问题、抽象分析,模型推理、模型演算,模型检验、生成模型"等维度出发,进一步明确了五个水平层次(表5-2-2)。

实施中,学生在设计评分量规时展现了不同的水平层次。主要如下:第一种是模糊性评分,其建立的数学模型比较单一;第二种尝试建立元素与元素之间的数量关系,但是结构缺乏合理性;第三种通过调查研究,确定了一个比较合理的赋分制,由此构建模型。

(三)学生感悟

学生1:这个活动非常有趣！首先,我们进行了场馆的参观,在参观前就明确了研究的主题,拾遗校园十景图以"品""制""鉴"三个板块推

表 5-2-2　方案设计评价量规

模型建立的过程	水平层次0	水平层次1	水平层次2	水平层次3	水平层次4
现实问题抽象分析	未做任何尝试或不清晰	1.对象的特征比较模糊 2.无法选择数学工具	1.抓住问题中的次要信息 2.建立的数学结构不太稳定	1.得到问题的主要特征 2.数学结构相对稳定	1.辨别问题中因素的主次 2.建立稳定的数学结构
模型推理模型演算		3.不能进行模型推理	3.能关注到部分数据或条件,得到基本数量关系	3.根据已知数据或条件,建立复杂模型,求解模型意识缺失	3.根据已知数据或条件,简化数学模型,对模型求解
模型检验生成模型		4.不能对数学模型进行检验 5.得到的模型不稳定	4.尝试检验数学模型 5.得到的模型基本符合实际	4.进一步检验数学模型 5.得到的模型比较符合实际	4.多角度检验数学模型 5.得到的模型合理、适切

进。其次,我发现"品"扇为"制"扇奠定了基础,通过"鉴"扇选出校园十景图,我们组的成员一起参与其中。

学生2:我发现任务与任务之间相互独立,其中我最喜欢的知识是"制"扇和"鉴"扇。我们组努力让作业"升级"成为作品,我们组的成果一共展出了三次。在这个学习的过程中,我们得到了6个过程性的作品,有图片集、流程图、测量表、实验报告、评价量规、研究报告。其中,我印象最深刻的是制订评价量规。一开始,我们的量规比较简单,但是用起来非常不方便,也不好评价。其实,制作量规要多多考虑数学的元素。

(四)特色及创新

关注要素融合,从能力到数学素养。在实施过程中,我们欣喜地看到了学生能力的提升,如建模能力的提升。学生在设计评价量规时,体现了不同的水平层次。作品1更多的是模糊性评价,其建立的数学模型比较单一;作品2尝试建立元素与元素之间的数量关系,但是结构缺乏合理性;作品3通过实践调查,确定了一个比较合理的赋分制,由此构建模型。作业的设计融合了数学素养、工程素养、艺术素养、科学素养、技术素养,形成了运算—图形—统计为主线的知识线,发展学生数学的核心素养。在这个过程中,关注学生提出问题、问题分析、问题解决等能力的提升。通过多元评价,实现多种素养综合提升的发展路径。

(五)专家点评

跨学科主题作业的设计基于学科作业,借助传统文化,在解决真实的问题中,应用不同学科的知识提升思维。跨学科主题作业要以数学素养为核心,设计现实性的问题,引导学生将现实问题转化为数学问题。在解决问题过程中,学会合理假设、预测结果、选择方法、建构模型,形成系列的物化成果,也可以开发更多的与传统文化有关的作业,如灯笼、古桥等。让学生在系列作业的探究中,厚植家国情怀,浸润中国文化,提升数学素养。

结构化作业的设计首先是自上而下的指导,也就是以思维发展为目的,合理制定作业目标,从而指导作业的内容设计与实施;其次是自下而上的重构,目标的制定就起着平衡的作用,基于具体的实施效果及时优化作业目标,从而实现预定思维目标的调整。

案例二 走进丝绸博物馆 跟蚕宝宝走丝路

教材:《科学》(教科版)三年级下册

课程主题:蚕的一生

场馆:中国丝绸博物馆

载体形式:艺术与特色技能(桑蚕养殖技术)

(一)案例背景

1. 场馆名片

> 中国丝绸博物馆,位于杭州市西子湖畔玉皇山下,里面展示了中国五千年的丝绸历史及文化,是世界上最大的丝绸博物馆。其基本陈列包括序厅、历史文物厅、蚕丝厅、染织厅、现代成就厅等五部分。

> 学生在蚕丝厅能从"神奇的变化""家蚕最爱吃桑叶""蚕体的奥秘""蚕茧""蚕丝""美丽的吐丝昆虫""蚕农的家园""蚕桑利用"八个方面全面深入地了解从蚕到丝的奥秘。学生也能在染织厅动手制作丝绸工艺品,切身体验丝绸手工制作的魅力,感受蚕丝文化的源远流长。

2. 教材亮点

饲养小动物是小学生喜闻乐见的科学实践活动,三年级下册"动物的一生"单元以养蚕及观察蚕的生长变化活动为主要线索,引导学生在养蚕的过程中观察蚕的生命需求、不同时期蚕的形态结构及与其相适应的生命活动现象,结合养殖实践活动和对"蚕的一生"的学习,了解蚕的繁殖方式,建立生命周期的模型。同时,通过缫丝体验活动,"嫘祖始蚕""丝绸之路"等科学阅读的融入,使学生关注到养蚕在实际生活中的运用。

3. 价值关联

(1)养桑蚕·悟中华智慧。通过长期饲养观察蚕宝宝,感受古代劳动人民的勤恳和智慧,了解中国现代养蚕技术的改进提高及其对世界蚕业发展作出的巨大贡献,感悟中华智慧的源远流长。

(2)学缫丝·感探索精神。通过缫丝体验过程,感受我国古代科学技术探索的悠久历史,其推动着生产力的发展、经济的繁荣和社会的进步,促进了人们生产方式和生活方式的变革,提高了人类社会的物质文明水平。

(3)走丝路·立文化自信。通过参观了解丝绸之路的历史背景和文化价值,认识到经历几千年发展变化的中国桑蚕丝绸已经不仅仅是一项技术,而是被赋予了更深层的文化内涵,坚定文化自信,增强民族自豪感。

(二)教学设计

1. 教学目标

(1)能基于观察记录,描述蚕的一生经历了卵、幼虫、蛹、成虫四个生命过程。

(2)体会到坚持长期观察并及时做好记录对科学研究的重要性。

(3)通过参观场馆和抽丝制作丝绸等实践活动,切身感受科学养殖和丝绸制作的工艺智慧。

2. 思政目标

在深入的养殖实践中,感受古代劳动人民的勤恳和智慧;体验缫丝和丝绸的手工制作,感受技术的发展对人们生产方式和生活方式的巨大影响;学习桑蚕文化,感悟其深层的文化内涵,增强学生的传统文化意识,提升学生振兴中华优秀文化产业的责任意识。

3. 教学过程

第一课时·场馆研学

为了让学生沉浸式地体验桑蚕丝织文化,本课时的学习活动在中国丝绸博物馆实地开展,共分为3个学习环节。

环节一:研学准备

介绍研学目的,激发学生的兴趣和期待。

材料准备:研学单、铅笔、橡皮、手机或相机等。

分组准备:以一个班级40人为例,每组4人,共分成10个小组。选定各组组长并讨论填写研学准备单(表5-2-3)。

表5-2-3 "跟蚕宝宝走丝路"研学准备单

明确研究主题	①了解养蚕的技术,知道蚕丝的来源。 ②了解丝绸发展,探寻丝绸之路历史。 ③开展主题研究,探索蚕丝制作过程。	
此次研学活动,我们的成果展现方式	①研学小报(　　) ②研学视频(　　) ③研学成果PPT(　　)	
此次研学活动,我们小队的分工安排	人员	任务安排

思考准备:蚕丝的来源是什么？丝绸制作的历史背景是什么？桑蚕丝织技术和文化对人类的生产生活有怎样的影响？

【设计意图】本环节从材料准备、明确主题、分组分工等方面考虑研学准备。在研学前提出对蚕丝来源和历史文化的思考，能够让研学过程更具目的性，引导学生进行更深入的观察和体验，从而加深对桑蚕文化的认知，理解传统文化和科技发展对人类生产生活的影响。

环节二:参观记录

任务发布:教师介绍活动主要任务,分发研学单,强调活动安全问题。

分组实践:由组长带领组员进入中国丝绸博物馆,在相应的展厅中自主学习了解桑蚕丝织文化并合作完成研学单(表5-2-4)中主题①和主题②的参观记录,鼓励学生从自身出发去感受中国传统文化科技。

表5-2-4 "跟蚕宝宝走丝路"研学单

小组名称：
小组成员：

研究主题	任务清单	研究成果
①了解养蚕的技术，知道蚕丝的来源	蚕丝的外观特点	
	图文并茂地介绍蚕的一生	
②了解丝绸发展，探寻丝绸之路历史	蚕丝的运用	
	图文并茂地介绍你了解的丝绸之路	
③开展主题研究，探索蚕丝制作过程	体验抽丝活动,总结抽丝方法	
	量出一根蚕丝的长度	

【设计意图】本环节根据研究主题分别设计了4项参观学习任务,学生根据主题①和主题②下的任务清单在完成记录的过程中加深对桑蚕丝织文化的了解,在团队合作中增强组员间的协作能力,为后续的小组合作打下基础。

环节三：研学实践

组织学生集中到染织厅，分组进行抽丝体验活动。

讲解抽丝的方法：

1. 把蚕茧表面的乱丝摘掉；

2. 把蚕茧放在开水中浸泡；

3. 用竹丝刷搅动，找到蚕丝的头。

分组体验，并完成研学单(表5-2-4)主题③的研究记录。

【设计意图】本环节根据研究主题分别设计了两项实践体验任务，学生根据主题③下的任务清单在完成实践的过程中动手动脑，在抽丝的过程中深入感受蚕丝的特点，理解丝织工艺的精妙，也进一步去思考蚕丝的运用和对人类的巨大影响。

第二课时·跟蚕宝宝走丝路

本课时回归教室，经过前期的研学，学生对蚕的养殖、生长有了更深入的认知，但对蚕及蚕丝的利用及其文化内涵的理解还较为单一。于是，本课时的教学重点聚焦于梳理蚕宝宝的生长、利用及现实意义。

环节一：总结经验，传承养蚕技艺

学生活动：分组梳理蚕的生命需求、不同时期蚕的形态结构及与其相适应的生命活动现象，建立生命周期的模型。

学生活动：全班汇总各组的成果，并交流养殖过程中的问题解决方法。

教师活动：总结拓展中国的现代养殖技术及对世界的影响。

【设计意图】本环节通过组内交流和组间交流，给予学生充分的时间总结自己养蚕过程中的收获及发现的问题，进而发现实际大规模养蚕过程中可能遇到的问题，深入理解古人的智慧和探索精神。联系在中国丝绸博物馆的参观发现，感受传统技艺传承的不易，也能让学生感知到科学技术发展的重要性。

环节二：回顾体验，发现蚕丝特点

学生活动：分组交流抽丝实践中自己的感受，分享各组抽丝的有效方法和测量丝长的方法。观察不同类型的蚕茧,比较不同丝绸制品的质地。

学生活动:汇报各组的发现,总结蚕丝的特点和用途,欣赏经典的蚕丝制品。

教师活动:总结拓展丝绸的制作技艺和文化影响。

【设计意图】本环节引导学生做中学、做中思,通过在中国丝绸博物馆的亲身抽丝体验,发现蚕丝的特点和特殊制作工艺,通过了解蚕丝的多种用途,感受桑蚕文化对中国人审美情趣的影响。

环节三:展示交流,重走丝绸之路

学生活动:全班展示各组在中国丝绸博物馆参观记录的"丝绸之路"研学成果。

学生活动:根据其他小组的介绍,将自己小组的介绍进行补充并梳理"丝绸之路"的历史发展脉络。

学生活动:谈谈自己对"丝绸之路历史发展"的感受。

教师活动:总结并引导学生课后继续去了解探索桑蚕丝织这项传统技艺和文化对人类世界的影响和未来的发展。

【设计意图】本环节意在促使学生进一步了解丝绸的发展,探寻丝绸之路的悠久历史和现代发展,认识到经历几千年发展变化的中国桑蚕丝绸已经不仅仅是一项技术,而是被赋予了更深层的文化内涵,影响着整个世界,增强民族自豪感和文化自信。

(三)学生感悟

学生1:从领养蚕宝宝起,我回家的第一件事就是去看我的蚕宝宝,耐心清理蚕房、换桑叶等,直到它破茧而出,重新产卵,延续下一代生命。妈妈告诉我,蚕茧还能抽丝,丝绸就是这么来的。我原先以为抽丝做丝绸应该挺简单的,直到参观了中国丝绸博物馆,让我全面了解了桑蚕丝织文化的博大精深,感叹老祖宗的勤劳和智慧,让我感到十分自豪,并认识到传承和弘扬丝绸文化的重大责任。

学生2:原先我去中国丝绸博物馆只是走马观花,而通过一个多月的时间饲养蚕宝宝,我感受到了养蚕的辛苦和蚕丝的宝贵。而老祖宗能够想到用蚕丝做衣服、做工艺品,真是极具创意和智慧。于是,在老师的带领下我再次走进中国丝绸博物馆,和小伙伴一起研学,不仅深入了解了从蚕到丝的奥秘,也知道了丝绸之路的开拓和发展。随着丝绸走向世界,桑蚕丝织文化广泛传播、不断发展,作为中国人,我很骄傲。

(四)特色及创新

1. 深挖场馆资源,提升课程内涵

中国丝绸博物馆蚕丝厅通过"神奇的变化""家蚕最爱吃桑叶""蚕体的奥秘""蚕茧""蚕丝""美丽的吐丝昆虫""蚕农的家园""蚕桑利用"八个方面揭示了从蚕到丝的奥秘。该内容直接对接学生的养蚕实践发现,帮助学生直观地建立蚕生命周期模型。通过序厅、历史文物厅、染织厅、现代成就厅的展示,促使学生了解中国现代养蚕技术的改进提高及其对世界蚕业发展作出的巨大贡献。通过缫丝等制作丝绸工艺,体现我国古代科学技术探索的悠久历史,推动着生产力的发展、经济的繁荣和社会的进步。通过丝绸服饰等展示呈现丝绸之路的历史背景和文化价值,反映经历几千年发展变化的中国桑蚕丝绸技术及其文化内涵。这些场馆资源的有机融入,能够提升科学课程的文化内涵以及思政教育的价值。

2. 借力场馆优势,丰富教学形式

在地场馆的资源非常丰富,有沉浸式的科普视频、动手体验活动、自助点击资料屏、科普剧、科普讲座等,其可看性、参与性、互动性等优势明显。在开放的学习环境中更加注重学生的个体参与和人与自然的互动性,激发学生主动地参与学习,使学生在亲身体验中经历学习过程,丰富学习内容,锻炼学习能力。同时,随着教学场地的改变,教师也转变着教学方式,从教学的主导者转变为教育活动的引导者、组织者、参与者、管理者、协调者和评价者。[①]于是,小学科学教学的视角自然从关注"教师如何教"逐步转变为"学生如何学",激发学生学习的热情,提高综合能力。

---

① 朱钰.基于科普场馆资源开展科学教学[J].科学课,2018:98.

3. 人文科技融合，凸显文化自信

中国丝绸博物馆展现了丝绸的发展，而丝绸之路的悠久历史和现代发展，体现了经历几千年发展变化的中国桑蚕丝绸已经不仅仅是一项技术，而被赋予了更深层的文化内涵，影响着整个世界。这正是人文和科技的密不可分，在相当漫长的人类历史中，两者相互融合，都对人类的文明和进步起到了无可辩驳的推动作用。不同于语言说教，学生只要亲身浸润到场馆中，就能深切感受到这种冲击和震撼，有效增强民族自豪感和文化自信。[①]

（五）专家点评

"动物的一生"以原产中国的蚕为载体，让孩子们深入了解动物的生命周期，本课又借助中国丝绸博物馆这一在地资源将孩子养的蚕代入中华传统文化中，融合思政教育，拓宽学习的广度，提升课程的内涵。研学加课堂教学的形式，打破了时空的限制，于是，学生成了"小小动物学家"，对蚕的身体构造、习性、生长阶段了如指掌；学生成了"小小植物学家"，对桑叶的长势、采摘、清洗、保存都有研究；学生还成了"小小历史学家"，沿着4700年前良渚出土丝织物的脉络，重走"古丝绸之路"。学生中还有"小小发明家"，为了快速地从蚕茧上抽丝，设计制作了各种小装置，让人脑洞大开；还有的学生是"小小文学家"，一本养蚕日记图文并茂，语言朴实生动，情感真挚丰富。在整个过程中，通过课堂与在地资源的多维连接，不同学生的多样化需求得到满足，学科学习和思政教育在沉浸式的学习实践中深入孩子的内心，在彰显价值多元的同时，达成学生的价值观培育。

二、课程思政行走学习更多主题清单

（一）行走最潮测绘博物馆　体验历代测绘黑科技

教材：《数学》（浙教版）一年级下册

---

① 楼曙光.实现科学教育与人文教育的融合[J].小学科学，2023(2)：1.

课程主题:认识"米"

场馆:浙江测绘与地理信息科技博物馆

载体形式:科技成就(中国古代计时工具)

目标:了解我国测绘历史,认识度量的工具及方法,提高学生度量的意识与能力,激发热爱中国古文化的情感。

场馆特色及教材亮点:浙江测绘与地理信息科技博物馆位于杭州市余杭区地信路2号,是我国以测绘科技与地理信息为主题,全面展示中国测绘历史、地图文化及历代国家版图变迁,展现自然资源国情现状,普及测绘与地理信息知识的专题科技博物馆。通过场馆行走,能对教材作适当拓展,提升学生测量的兴趣,在感受传统文化魅力的同时,激发学习的兴趣。

【行走学习建议】

通过测量活动,让学生像古人一样经历度量单位从多元走向统一,从粗略发展到精细的历史进程;再通过阅读文本材料"尺的变化",完成古今单位换算的任务,培养量感;接着沟通联系古代文学作品,感悟文化,进而完善度量衡发展结构。课后,学生迁移"度"的研究思路,继续展开对"量""衡"的研究。

(二)古钱宋韵　货币之旅

年级:《数学》(浙教版)一年级下册第四单元

课程主题:认识人民币

场馆:杭州世界钱币博物馆

载体形式:基本常识(中国货币)

目标:在具体的生活情境中认识人民币,通过观察、分类等活动,认识人民币的单位,体会货币单位的换算,建构货币单位的体系。

场馆特色及教材亮点:杭州世界钱币博物馆位于杭州市河坊街178号,馆内常设展览主要围绕"中国货币发展史""一带一路""世界货币"这三大主题。在展出方式上,采用固定展出与临时展出相结合、巡回展出与轮流展出相结合、一般展出与专题展出相结合。在简单的模拟活动中,感受货币的作用、商品与货币的关系,加深对加减运算的理解。

【行走学习建议】

通过"看一看"活动,学生能够在观赏中学习,认识人民币的发展历史;"算一算"活动让学生在各种花钱的情境中进一步巩固对货币进率的认识,深化对元、角、分的关系的理解。"模拟商店"活动则引导学生在真实的购物情境中,利用刚刚学到的知识,进行买卖东西的模拟活动,在实践中深化对人民币及其汇率的认识,感悟人民币在生活中的价值,建构完整的货币单位体系。

(三)神州风韵　千幅剪纸展魅力

教材:《数学》(浙教版)四年级下册

课程主题:轴对称图形

场馆:桐庐民间剪纸艺术馆

载体形式:艺术与特色技能(中国剪纸)

目标:借助剪纸初步认识轴对称图形,理解轴对称图形的含义,能找出轴对称图形的对称轴,并创造简单的轴对称图形。

场馆特色及教材亮点:桐庐民间剪纸艺术馆通过大量的史实、影像资料以及多媒体互动等形式,全面展现了桐庐剪纸风采和传承群体的故事,为学生提供全视角、沉浸式的参观体验。在欣赏生活中的轴对称图形的过程中,感受数学知识在生活、民间艺术中的运用,感悟生活中的数学美,激发学习和研究数学的兴趣。

【行走学习建议】

本课是数学与中华传统文化深度交融的一节课,结合课题,以剪纸方式向学生渗透数学之美。通过实践展现轴对称起源于人们对大自然的观察,结合地方文化特色,从铜都青铜器到徽派建筑,引导学生发现身边的对称美,感受数学的无限魅力。这样的设计,一方面让学生感悟数学文化的源远流长、不断创新,另一方面引导学生感受数学与现实生活的密切联系,发展核心素养。

(四)重绘数字博物馆　展示杭州宋韵文化

教材:《数学》(浙教版)五年级上册

课程主题:组合图形的面积

场馆:数字博物馆

载体形式:科技成就(空间的全景VR摄影)

目标:通过把一个组合图形进行多样化的分割,学习组合图形面积的计算策略。

场馆特色及教材亮点:数字博物馆是运用信息技术将传统博物馆馆藏文物、展览等以数字化形式在网络空间展示的新兴博物馆,其依托载体的不同可以分为有实体博物馆支持的数字博物馆(实体博物馆的数字化)和完全虚拟的数字博物馆。本课教材在编排上,结合具体的生活情境引导学生进行方法的多样化探究,为学生感悟"转化"思想奠定基础。

【行走学习建议】

数字博物馆侧重于利用一个数字空间,以平面或者立体的方式承载博物馆的内容。在实践过程中要关注两个转化:一是空间到平面的转化,引导学生结合空间图画出博物馆平面图,并且求出平面图的面积;二是平面到空间的转化,结合位置、方位等内容设置"藏宝·寻宝"环节,让学生自己设计宝藏打卡点,提升应用意识。

(五)中药文化"比"中识

教材:《数学》(浙教版)六年级上册

课程主题:生活中的比

场馆:杭州胡庆余堂中药博物馆

载体形式:科技成就(中药配方)

目标:结合生活中的实例,解释比的具体意义,理解从例子中习得的知识并能够归纳出"比"是两种(多种)数量之间的关系。

场馆特色及教材亮点:杭州胡庆余堂中药博物馆以胡庆余堂古建筑为依托,秉"原址保护、原状陈列"之原则,集中药起源、陈列展示、手工作坊、营业大厅和保健诊疗五大部分,与本课教材中的数学百花园有机匹配。学生在中药博物馆的研学探究中能够对"比"有更丰富的认识与理解,同时也激发学生对传统文化的好奇与喜爱。

【行走学习建议】

在研读中药配比时,拓展"比"的含义,让学生在"比"与函数之间建

立联系;丰富学生对"比"的意义的理解,并引导学生得出许多新的关系;通过对比,帮助学生理解"比";同时也要让学生基于"比",从"比"出发找分数,建立分数与"比"的联系,让学生理解得更深刻。学生在具体例子与抽象概括中来回穿梭,很快就能形成丰富而深刻的对"比"的理解,体会到"比"与生活的密切联系。

(六)穿越千年话水利

教材:《数学》(浙教版)六年级上册

课程主题:第五单元"用水中的数学问题"

场馆:中国水利博物馆

载体形式:其他文化遗产(中国传统水利文化)

目标:通过数学的方法,研究身边的水问题,分析背后的原因,感受节约用水的必要性与重要性。结合在地场馆参观,主动弘扬水利精神,传承水利文化,普及水利知识,促进水利持续发展。

场馆特色及教材亮点:中国水利博物馆综合了收藏、展陈、科普、宣传、教育、研究、交流和休闲等功能,水利千秋展区生动展现了中华民族5000多年的水利历史和文化。引导学生在收集资料、动手实验、调查数据并开展计算与分析等实践活动的过程中,了解地球水资源和我国水资源的大致背景。

【行走学习建议】

首先,引导学生先回想与用水有关的生活现象,思考可以怎样运用已学的知识去剖析生活现象;列出研究的大体提纲后,展开研究。其次,考察地球水资源和中国水资源的大背景,联系到百分数的有关知识。最后,聚焦水污染的问题,以"我们如何节约用水"为题,展开辩论,提升学生关心身边环境的思想意识。

(七)低碳科技普及 绿色你我他

教材:《数学》(浙教版)六年级下册

课程主题:环境保护中的数学问题

场馆:中国杭州低碳科技馆

载体形式:科技成就(低碳设施)

目标:经历有目的、有设计、有步骤的综合实践活动;结合实际情境,体验发现问题、分析问题和解决问题的过程。

场馆特色及教材亮点:中国杭州低碳科技馆的建筑因地制宜地采用了太阳能光伏建筑一体化、日光利用与绿色照明技术、水源热泵和冰蓄冷等十大节能技术,场馆内部的布展材料及施工、展品材料及制造过程等均坚持绿色低碳,是国内第一家获得此项认证的科技馆,是杭州绿色建筑的典范。本课教材中环境保护中的数学问题单元为学生进行课后实践拓展提供了基础。

【行走学习建议】

行走时要重视不同数学知识之间的联系,沟通数学与其他学科的联系,培养学生从纷繁的生活信息中提炼数学要点,抽象出数学问题。行走后,也要关注运用数学的知识、方法解决综合问题。具体在走进场馆前,要引导学生提出"有意义"的数学问题,从而提升学生提问的意识和品质,培养探究学习的精神。

(八)走进农历博物馆 探秘二十四节气

教材:《科学》(教科版)六年级上册

课程主题:影长的四季变化

场馆:杭州农历博物馆

载体形式:基本常识(时令节气)

目标:参观杭州农历博物馆,了解二十四节气的划分与一年中日光投射下影子长短的变化有关系,深刻感受二十四节气的内涵意义和中国传统农耕文化的魅力。

场馆特色及教材亮点:杭州农历博物馆位于杭州市余杭区百丈镇溪口村,是国内第一座农历主题的乡村博物馆。在这个以时令规律打造的展示空间中,学生可以切身体验农历的历法经纬、节气物候、吉祥节庆、美学通感、文创体验等多元主题,感受老祖宗的智慧和中国传统农耕文化的魅力。本课教材中,学生通过复制古代天文仪器,实践"探究正午影长的四季变化规律"来了解地球公转与四季变化的关系,最后回归生活,了解四季变化对地球生物的影响。

【行走学习建议】

行前阅读:学生在参观前可提前回顾二年级所学的二十四节气歌,通过视频大致了解农历这一中国现行的传统历法。

引导与记录:在博物馆内,引导学生重点参观"农历的历法经纬和节气物候",记录区分二十四节气和七十二候,并用笔记本、手机或摄影机记录一件文物和它背后的意义。

感受与实践:利用研学单,参观标注一年中圭表测量正午时刻的日影长度与夏至、冬至、春分、秋分的对应关系,感受二十四节气对我国农耕经济的影响。

分享与反思:学生通过小组分享和讨论,分享他们的观察、记录和个人体验。鼓励学生围绕农历这项古老的时间技术进行文化反思,总结华夏文明的文化信仰与民族情感的精神坐标。通过这个学习过程,学生将有机会领略农历是认知天地的自然观,也是季节物候的时间观,更是农业生产的科学观;是历史发展的文明观,更是中华民族的生命观、世界观、宇宙观。

(九)近观刀剪剑 领略制造技术

教材:《科学》(教科版)六年级上册

课程主题:灵活巧妙的剪刀

场馆:中国刀剪剑博物馆

载体形式:艺术与特色技能(刀剪剑制作工艺)

目标:通过参观中国刀剪剑博物馆,了解这些工具的发明和发展过程,分辨刀剪剑中不同技术的组合,用以解决不同的任务需要。感受我国传统技艺发明的智慧和不断改进的探索精神。

场馆特色及教材亮点:中国刀剪剑博物馆地处杭州市拱宸桥西历史文化街区,学生在这里可以以多角度、多元化的方式,了解刀剪剑"物开一刃为刀,两面开刃为剑,双刀相交为剪"的独特文化。通过参观精致展品,不仅可以了解到刀剪剑的历史文化,还能从生活化视角去体验民间风俗、生活趣识。在现实生活中,为了解决一些问题,往往需要把几种简单的器械、几种不同的技术组合在一起,这样就诞生了更加复杂的器械。教材中就以剪刀为例,探讨这种工具和技术的组合所带来的便利,以及对生活的影响。

【行走学习建议】

行前回顾:学生在参观前回顾课内学习的斜面、杠杆等知识,也可以通过网络等了解中国刀剪剑博物馆。

引导与记录:在博物馆内,引导学生重点观察比较刀剪剑等器械的发展历史和科学原理,并且利用研学单进行分组记录。

分享与反思:学生通过小组分享和讨论,交流他们的观察、记录和个人体验。鼓励学生围绕刀剪剑工具的技术演进和对人类生产生活的影响进行文化反思。通过了解刀剪剑的发明发展,理解这些工具的发明是人类为了更好地适应自然、增加行为能力、提高生活质量。同时,也为中国的刀剪剑是人类文明的物质文化而感到自豪。

(十)走进中医药博物馆　拓宽生物的价值

教材:《科学》(教科版)六年级下册

课程主题:保护生物多样性

场馆:浙江中医药博物馆

载体形式:科技成就(传统医药)

目标:借助中医药博物馆中多种多样动植物标本的展示和医用价值介绍,帮助学生理解生物多样性的价值和保护生物多样性的重要性,也认识到我国传统医药是中华民族的瑰宝。

场馆特色及教材亮点:浙江中医药博物馆坐落于浙江中医药大学内,学生可以通过参观百余种与中药相关的花卉标本,了解中医药文化的悠远故事,看着古老的医书和匾额,领略浙江省中医药光辉的发展历程,深切感受中医中药文化精髓和深厚的人文精神。本课教材设计的目的是帮助学生进一步理解生物多样性的价值,在了解生物多样性的基础上,引发学生对"为什么要保护生物多样性""怎样保护生物多样性"等问题的思考,引导学生从自己做起,保护环境,保护生物多样性。

【行走学习建议】

行前阅读:阅读李时珍撰写《本草纲目》的历史故事,了解中医药种植、中医的功效和发展、中医对整个世界的影响。

引导与记录:在博物馆内,带领学生有序观察"万方、千药、四类、百宝"这四类藏品,聆听浙江省中医药文化的悠远故事,对中国和浙江中医药的整体面貌有一个大致了解。随后,重点参观具有中医特色和浙江特色的千味中药,引导学生借助研学单,仔细观察与中药相关的动植物标本,记录可以入药的动植物的特点和药用价值。

分享与反思:学生通过小组分享和讨论,分享他们的观察和记录。鼓励学生讨论常见动植物的药用价值,进而思考保护生物多样性的重要性。通过了解中医药材和中医药文化故事,理解动植物在人类生活中的重要价值,认识到中医的博大精深。

(十一)感受中国传统体育的魅力

教材:《体育与健康》(浙教版)水平三(5—6年级)

课程主题:中国传统体育运动

场馆:西溪龙舟陈列馆

载体形式:艺术与特色技能(中国传统龙舟文化)

目标:通过参观西溪龙舟陈列馆,了解到中国龙舟文化的历史、演变和传承,参与互动体验项目,亲身体验龙舟文化魅力。

场馆特色及教材亮点:西溪龙舟陈列馆位于杭州市西湖区天目山路518号西溪国家湿地公园内。馆内展示了各种龙舟模型、船桨、船旗等龙舟文物和历史文物,还有许多图片和文字资料,介绍了龙舟文化的起源、发展历程和重要赛事。中国传统体育运动赛龙舟,是一项集众多划手以划动单片桨叶为推进方式使舟船前进的竞技活动。标准比赛龙舟配备有龙头、龙尾、舵桨、锣鼓等。龙舟造型包括凤舟、象牙舟、龟舟、虎头舟、牛头舟、天鹅舟、蛇舟等形状。龙舟文化几千年来经久不衰,深受群众喜爱。

【行走学习建议】

行前初探:结合所学过的知识了解赛龙舟的由来,收集与龙舟相关的人物故事与传统习俗。通过查找资料,了解龙舟的构造与龙舟队员比赛时的分工等信息。

行中实践:在参观陈列馆的过程中,通过馆内展示的文字、图片和实物,了解龙舟的历史故事。观看龙舟的构造,了解龙舟的原理,能够知道龙舟比赛的发展历程。积极体验馆内的互动项目,通过自身体会感受龙舟运动带来的快乐。

行后感悟:在了解了龙舟的古往今来、结构配备和各种造型后,自己画一幅DIY的龙舟图,感受中国传统文化的魅力,提升文化自信。

(十二)感受武术气魄　弘扬中华文化

教材:《体育与健康》(浙教版)水平三(5—6年级)

课程主题:武术

场馆:杭州市陈经纶体育学校

载体形式:艺术与特色技能(武术)

目标:能在参观后体会到中华传统体育项目的博大精深,能够说出武术拳术项目的动作名称。

场馆特色及教材亮点:杭州市陈经纶体育学校坐落于美丽的西子湖畔、黄龙洞旁,是一所全日制体育中等专业学校,前身是杭州市少年儿童业余体育学校。陈经纶体育学校分为"三集中""二集中"和"走训"三种教学形式,开设田径、游泳、体操、艺术体操、蹦技、篮球、排球、沙排、网球、羽毛球、乒乓球、举重、摔跤、柔道、武术、散手、跆拳道、拳击共18个体育运动项目。

武术是从古代军事战争中传承下来的一种技术,是人类物质文明的一种象征,是当代传统武学艺术的一种展示。少年拳是教材武术单元中的长拳基础套路,全套往返两段共8个动作,其特点是套路短小、内容精悍,既简单又易学,又有少量难度动作。

【行走学习建议】

行前初探:收集武术的相关资料,了解武术中涵盖了哪些内容。观看少年拳的视频资料,对少年拳的动作套路有一些初步了解。

行中实践:在参观体育学校运动员练习武术的过程中,可以通过拍摄照片和视频,记录他们训练中的精彩瞬间,观看他们的技术动作,结合之前查找的动作资料进行比对,可以加深对技术动作的感悟。可以尝试

采访教练或运动员,问问他们练习武术之后产生了哪些改变。

行后感悟:通过参观场馆,了解陈经纶体育学校的概况以及各项运动的训练设施;通过观看武术运动员的训练,感受他们的"精、气、神"和扎实的技术动作;通过对运动员和教练员的采访,体会到训练的艰辛和武术运动带来的锻炼价值。

第六章
小学课程思政在地化的成效与展望

  课程思政在地化实践探索，是学校育人历史长河中的一次创新突破。本书通过对小学全学科课程中"中华优秀传统文化"以及"革命传统"内容的梳理，结合杭州市在地场馆资源，开发了一套含全年级、全学科的小学课程思政行走学习主题清单。在实践过程中，我们倡导依托杭州在地化资源，在真实的实践学习中，全学科系统化推进小学课程思政。这种新型的课程思政育人范式为教师、学生提供了课程思政教与学的支架，实现了从传统知识育人向创新实践育人，从单一学科清单到多元学科清单，从封闭空间实践到交互空间实践的转换，树立师生正确价值底色，激发学生实践热情，强化教师育人自觉。同时，为各兄弟学校提供了广泛的、集成的应用推广价值和借鉴意义。

第一节 小学课程思政在地化的多维成效与价值

本书通过课程思政在地化实践探索,形成了具有时代特色、地域风采的校本创新课程思政在地化研究成果。以"两类清单""多元导航""行走展示""创新支持"等课程思政行走学习为载体,实现了与在地化环境形成交互补益的新局面,形成了引领全学科教师协同育人,学生立体化成长成才的课程思政学习范式。

一、经验积淀:提炼课程思政在地化实施新经验

本书在探索推进课程思政高质量实施的过程中,形成了涵盖四大学科三个学段的师生清单,系统规范了小学课程思政的目标指向;通过多元导航实施,探索小学课程思政的有效教学支架;通过行走展示,形成学生有效经历课程思政的学习样态;通过创新支持,积累推动课程思政的学校保障经验。

(一)开发两类清单,明确了小学课程思政的内容指向

在小学阶段开展课程思政的意义与价值毋庸置疑,目前各校也都在轰轰烈烈地开展课程思政的相关活动,但由于缺乏整体思考与设计,师生对课程思政的目标不明确,在地资源的作用也未能得到充分发挥,因而实施效果低下。为此,本书从设计原则和体系架构整体上做出思考,开发了教师指导清单和学生学习清单。

1. 设计原则

本书在开发两类清单的时候,总体彰显了遵循育人价值,凸显"在地

化",结合学科课程,操作使用简便的总体理念,具体思路如下。

(1)遵循价值。"培养什么人、怎样培养人、为谁培养人"是教育的根本问题,事关中国特色社会主义事业兴旺发达、后继有人,事关党和国家长治久安。清单目标的设计要关注教材中革命传统、中华优秀文化、习近平新时代中国特色社会主义思想和党的领导相关内容,遵循提升学生政治觉悟、体认革命精神、培育优良作风等方面的价值导向。通过清单逐步引导学生在思想上、行动上做到爱党、爱国、爱社会主义高度统一,从而培养对中国共产党和中华人民共和国的朴素感情,增强民族自豪感,逐步树立为国家富强而奋斗的志向。

(2)凸显在地。小学教材涉及内容较广,为了更聚焦育人目标,本清单在全面育人的基础上,以政治认同、国家意识、文化自信、革命精神四方面的元素为核心,紧紧围绕杭州的地域特色,突出课程思政的在地资源,最终形成政治认同、家乡意识、地域文化、革命传统等在地元素。以这四大在地元素为核心目标,梳理道德与法治、语文、数学、科学、体育、音乐、美术七门学科的相关内容,设计思政任务、实施建议及学生实践活动单。

(3)结合课程。要促进课程思政高质量地实施,应避免脱离学生学习和生活实际的纯思想教育的做法。促进课程思政高质量实施必须紧密结合课程,根据四大在地元素梳理教材内容、制定学习目标、设计学习活动。在此基础上,挖掘本地场馆资源,开发具有引导作用的课程思政两类清单。

(4)实用简洁。设计课程思政两类清单的目的是为师生在课程教学过程中开展系统化的思想道德活动提供指导性建议。因此清单设计需简洁明了、操作性强,特别是学生活动单要更具儿童特色。学科教师根据提供的清单对本学科的教学进行整体规划,学生可根据活动单有计划地开展学习活动。

2. 体系架构

在小学阶段开展课程思政的意义与价值毋庸置疑,目前各校也都在轰轰烈烈地开展课程思政的相关活动。为改变以往课程思政点状学习、随意教学的特点,我们从课程思政清单实施者的视角进行了体系架构,旨在解决"怎么教"和"怎么学"的问题,让课程思政在地学习系统而高效。

(1)教师:一学科一清单。教师指导清单遵循"一学科一清单"的原则,每位学科教师根据本学科的教材内容,从四大在地元素出发,匹配相关的在地资源,开发学科视角类清单。所有学科教师开发好了本学科清单后,进行年段教师的教研,整合相关内容和资源,形成年段视角类清单。教师指导清单蕴含的要素包括课程内容及元素、在地资源、思政目标、实施建议。清单引导教师从整体视野出发,提前规划课程内容,提高育人的科学性和系统性。

(2)学生:一活动一清单。学生学习清单遵循"一活动一清单"的原则设计,解决"怎么学"的问题,让学习有法可依。学生学习清单分为单学科践行类、多学科融合类和年段进阶类。学生学习清单蕴含要素包括:评价考核、活动准备、活动过程与成果。两类清单的体系架构和要素如图6-1-1所示。

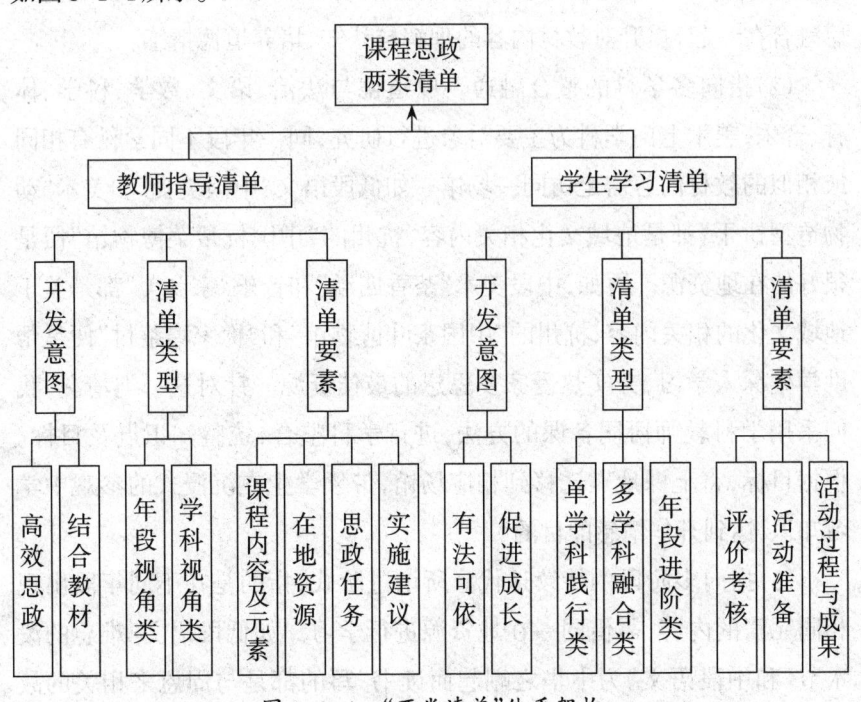

图6-1-1 "两类清单"体系架构

(二)探索导航模式,提炼了小学课程思政的教学范式

两类清单给师生在开展课程思政过程中起到了整体规划、科学指导的作用,但也面临着在地资源与学科、学段之间联系复杂多元的实际问题。为此,本书研究针对不同的清单内容,匹配"四环"导航、"三循"导航和"进阶"导航的多元模式,为课程思政高质量实施提供教学范式。

1. 功能定位

课程思政在地化实施的教学支架从功能的角度,主要梳理了指向单学科的深化拓展,指向多学科的整合融通以及指向多阶段的持续迭代三种类型。

(1)指向单学科的深化拓展。课题组在梳理过程中发现,关于这四个元素的单一学科教材内容较多。针对这一类情况,拟采用"学前准备+课堂教学+场馆实践+感悟升华"相结合的支架开展教学活动,称之为"四环"导航模式。要求教师首先立足课程教材内容,根据相应的在地资源,在课堂上渗透场馆的相关学习资源,为开展实践活动作充分准备。在此基础上,再带领学生参观场馆,将课本所学与眼睛所见、心里所感融合在一起,提升对教材内容的理解与认知,培养道德情感。

(2)指向多学科的整合融通。以道德与法治、语文、数学、科学、体育、音乐、美术七门学科为主要对象进行研究,同一年段不同学科有相同或相似的教材内容需走访同一场馆。如低段语文"中国美食"和美术"动物造型饼干"都是地域文化相关内容,杭州的"中国杭帮菜博物馆"便是很好的在地资源。再如,中段美术"茶香四溢"和音乐"家乡美"都是关于地域文化的相关内容,杭州的"中国茶叶博物馆"和"梅家坞茶村"便是帮助学生深入学习,夯实热爱家乡思想的最佳资源。针对这一类情况,我们采用学科教师协同备课的方法,进行学科整合,统整知识点及目标。根据目标,将上课地点迁移到相应场馆,带领学生在沉浸式的参观中学习知识,达到升华情感的目的。

(3)指向多阶段的持续迭代。所谓进阶式,指的是在不同年段出现相同元素的内容,需借同一在地资源进行学习。如低段语文"难忘的泼水节"和中段语文"为中华之崛起而读书"写的都是与周恩来相关的故

事,两个内容都与周恩来纪念室有密切关系。再如,中段语文口语交际"我们与环境"与高段数学"环境保护中的数学问题"涉及的都是环境保护问题,与之匹配的在地资源为杭州低碳科技馆。这一类清单的实施必须要考虑到不同年段不同学科学生学习的特点和目标。为此,我们提出了"同化内容—内化思想—外化行为"的"进阶"导航模式。

2. 教学模式

依据上述三种不同的功能指向,学校在实践过程中开发了"四环"导航、"三循"导航、"进阶"导航三种教学范式。

(1)"四环"导航模式。以"德育要促进学生的知、情、意、行和谐统一发展"理论为依据,通过"一次浅学、一次新探、一次厚行、一次悟评"的"四环"导航,利用在地资源,引导学生从教材内容的小课堂走向成长的大课堂,实现单学科学习从认知到践行的知行合一的目标(图6-1-2)。"四环"导航立足单学科的课程思政内容,重视学生课前的自主探究、课中的知识学习以及课后的研学实践。充分利用在地资源,将知识学习与实践走访紧密结合,引导学生用喜欢的方式进行成果展示,以升华情感。

(2)"三循"导航模式。所谓"三循",即围绕教材内容综合设计"探究问题",带着这一问题走进场馆,抓住场馆中的一个物件,探询背后的一个故事,学习一种精神,从而摸索出一条"以小见大"的实践模式(图6-1-3)。这样的"三循"导航,每一环都是一种循证学习的过程,学生在沉浸式的场馆中学习,如参观纪念馆,引导学生从一位人物的生平事迹开始,

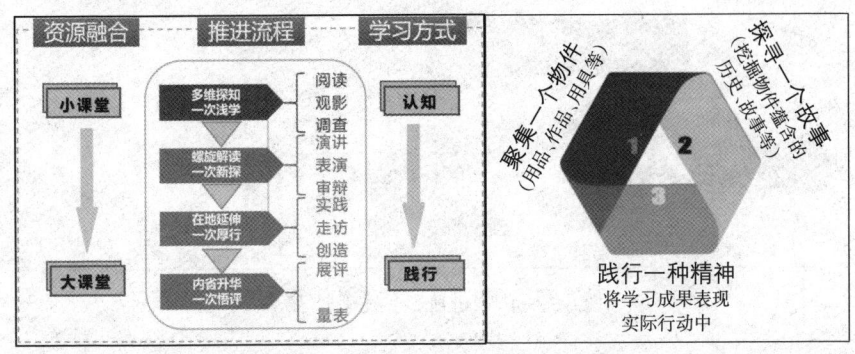

图6-1-2 "四环"导航设计程序　　图6-1-3 "三循"导航设计程序

探询相关的一件展品(如用品、作品、用具等),从这些"小切口"进入,了解展品背后的一个人物全貌或一个大事件;如参观博物馆,从一件展品开始,了解这个展品隐藏的故事,从而了解这个展品蕴含的文化思想。该模式的提出,使整个研学活动更加聚焦,更具实践意义。

(3)"进阶"导航模式。该教学支架包括同一学科不同年段内容的进阶,也包括不同学科不同年段内容的进阶。同一学科不同年段的场馆学习分为几个阶段,螺旋进行。首先,立足教材,在学习初期,带领学生学习相关教材内容,利用正在形成或已经形成的认知结构,达到认识层面的"同化"。其次,通过走访相关场馆、基地、拜访相关人物等方式缩短与故事内容之间的距离,用学生喜闻乐见的方式将外部且客体的东西"内化"为内部且主体的东西。第三,在学习后期将所学"外化"为生活中的实践行为,助推育人目标的达成。

该设计程序(图6-1-4)主要适用于不同年段教材上出现的相同或相似的教学内容,且有相同的在地资源与其匹配的清单任务,通过层层"进阶"实现教学目标的螺旋上升。

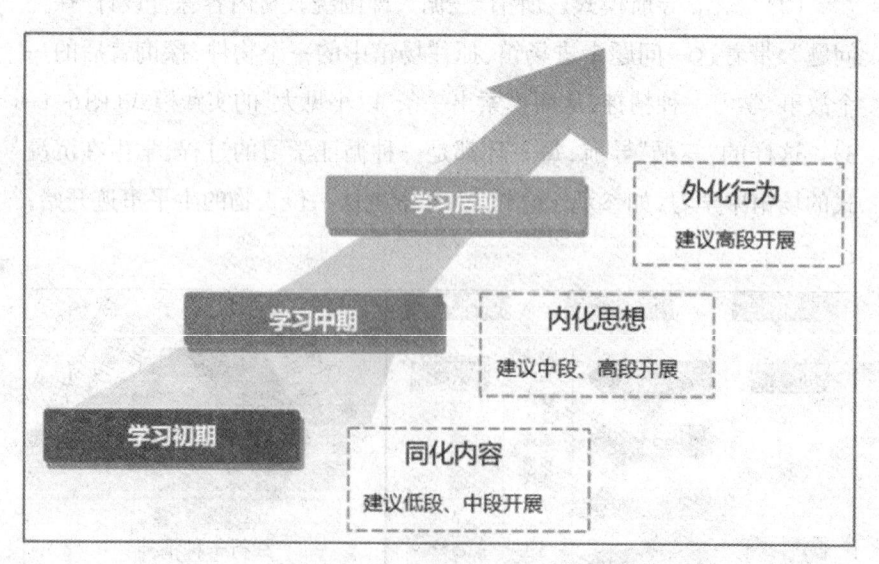

图6-1-4 "进阶"导航设计程序

70余位教师在课题组的先行示范带领下,积极尝试,针对不同类型清单任务,逐渐探索出了丰富而多元的教学模式。"三循"导航模式、"四环"导航模式、"进阶"导航模式有着明确的功能定位,清晰的教学模式,在丰富学生的实践体验上有很大助益。经过实践检验,三大教学模式在杭州当地,具有借鉴参考意义。

(三)实践行走展示,夯实了小学课程思政的学习样态

传统的思政课堂学习样态不能给学生提供足够的实践机会,让学生更好地体验学习的过程。皮亚杰认知发展理论认为,人的认知来源于人与环境相互作用的结果。马克思、恩格斯也主张人与环境交互论。[①]遵循儿童的认知规律,在地化课程思政以"点亮成长地图""动态展演厅""移动讲解员"三种行走展示的学习样态有效突破传统学习样态。

三类学习样态以贴切学生成长特点和接受规律的方式螺旋上升式地重复、强化,对应突破"领会理解""复习巩固""运用转化"三个学习环节,将学生内隐成长与在地环境进行连接,实现了人与环境的交互共生(表6-1-1)。

表6-1-1 三类学习样态的操作定义和功能定位

学习环节	突破策略	操作定义	功能定位
领会理解	点亮成长地图	每个学段的成长图上标明在地场馆或资源。学生每到一处学习,就在自己所属的"成长地图"上点亮该处标记	以不同学段的成长地图为载体,让学习有预判性、系统性和可视性
复习巩固	动态展演厅	学校提供学习展示平台,实时动态更新不同学科、不同学段学生在地化课程思政学习实践的各项成果	以丰富动态的方式复习巩固课堂知识,激发持续学习的意愿
运用转化	移动讲解员	学生将自己的学习成果转化成新资源,以作品讲解等方式,反哺在地场馆,利用学习成果丰富在地场馆资源	走进场馆完成学习的交互转化,在交互中提升情感,夯实道德认知,以实际行动服务社会

① 宇文利,杨席宇.马克思恩格斯"人与环境"关系论及其思想政治教育应用[J].思想教育研究,2016(5):26-30.

1. 点亮成长地图

学校根据各学科在地化课程思政清单，梳理出低中高三个学段的在地化资源地图，在每个学段的地图上，标明要去的在地场馆或资源，并以字母标注该场馆匹配哪些学科学习，提高学习者对在地资源的知晓率，增加在地资源清单的透明度，并通过不同场合公开解读，从而推动清单内容的落地。如图6-1-5所示即高段"成长地图"举样。

图6-1-5 成长地图举样

这样的学段"成长地图"标识清晰，可操作性强，为课程思政育人清单的落实提供了保障，也为学生可持续学习研究指引了方向，让学习有预判性、系统性和可视性。如图6-1-6所示是某位高段学生在自己的"成长地图"上做好的标记。

图6-1-6 高段学生成长地图点亮痕迹（局部）

由图6-1-6可见,"中国水利博物馆""五四宪法"历史资料陈列馆、"浙江省革命烈士纪念馆""杭州低碳科技馆"等这些在地场馆或资源,学生在不同时间已经走访完成,"王星记"这个场馆,该学生还有待完成。成长地图改变了以往课堂学习结束了学习就结束了,或者活动结束,学习也就结束的零散性,让学习活动更为系统、可持续,有据可查。

2. 动态展演厅

指学校提供学习展示平台,实时动态更新不同学科、不同学段学生在地化课程思政学习实践的各项成果,包括校内展厅电子屏、多形式的学习成果发布会等。

电子屏随时录入各个学段、各个班级开展在地化课程思政活动后的图片、文字、视频、音频、链接等,再现学生学习成果,学生在身临其境般的视听体验中相互学习,进一步巩固学习成果,从而达到更好的教育效果。

学习成果发布会是学生场馆学习结束后,将学习所得用行动外化,相互学习借鉴的平台。如二年级的学生在语文和美术老师的带领下一起来到中国杭帮菜博物馆,进行课程思政行走学习,感受杭州饮食文化的博大精深,提升文化自信(图6-1-7)。场馆实践后,学生在校内以艺术

图6-1-7 学生在杭帮菜博物馆进行课程思政学习

创作、演讲介绍等方式开展研学成果发布会。有的学生用超轻黏土制作美食模型,有的设计杭州家宴菜单……这些成果在同学间动态展出,既巩固在现场所学,肯定了学生的学习收获,又让更多的学生分享到研学成果(图6-1-8),激发了进一步学习的意愿,优化了学科教学,提高了在地化课程思政育人的教学效能,一举多得。

图6-1-8　学生研学成果发布会部分作品

3. 移动讲解员

在地化课程思政是在学科教学的视域下运用在地素材开展教学活动,并引导学生以实践的方式内化,借助讲解员的角色外显,以此提升学生对某一学科知识的学习兴趣、学习体验和悦纳程度,以及增进学生对当地的责任感和认同感。

例如,语文学科在学习古诗《示儿》《题临安邸》时,教师启发学生自由讨论诗中的"王师",聊到在地历史人物——爱国将领岳飞时,引导学生利用课后时间了解岳飞。当教师带领学生来到在地场馆——岳王庙时，有的学生现场朗诵《满江红》，抒发了对岳飞的敬仰之情；有的学生化身小小讲解员，对场馆中的景点或物件进行了介绍（图6-1-9）；更多的学生展出了前期对岳飞这个人物的研究成果：有岳飞诗词的书法作品、岳飞故事的绘画作品、场馆景点或物品的研究小报等（图6-1-10）。学生和游客实现真实互动，增进了学生对当地的认识、归属感和责任感。

图6-1-9 岳王庙里的"小小讲解员" 图6-1-10 学生岳王庙研学成果作品展

场馆回来后，更有不少学生自发研究与岳飞精神相关的人物。如"封侯非我意，但愿海波平"的抗倭名将戚继光；"人生自古谁无死，留取丹心照汗青"的文天祥等。并再次化身讲解员，自主为伙伴介绍这些人物。学生在这一探究过程中，爱国情怀已在学校组织和个人自发的与环境的积极互动中得到发展，道德成长不言而喻。

行走展示突破时空局限，引导学生走出学校，走向社会中学习，从在地资源中选取素材激发学生的学习积极性，增进他们对当地社会、文化和生态环境等方面的了解，加强他们对当地的情感联结和责任担当，筑牢人生底色。

学生通过点亮成长地图，学会提前了解和规划学习，让可视化学习成为可能。学生在具象的学习环境支持下，更愿意参与。我们依托动态展演厅，为学生创造成果展示的机会，据不完全统计，各年级开展各类成果发布会总计130余次，学生相互学习、激励，复习巩固的目的水到渠成。移动讲解员则进一步夯实了"转化应用"环节。任何一项学习，最终

的目的都是运用,思想成长也不例外。学生通过担任移动讲解员,随时参与场馆宣讲,培养了参与当地文化建设的责任感。这样的学习落地有声,环节闭环到位,又符合小学生特点。

二、多方获益:小学课程思政在地化提升师生新形象

校本创新下的课程思政在地化高质量实施,为教师、学生提供了课程思政教与学的支架,实现了从传统知识育人转向创新实践育人,从单一学科清单突破到多学科清单,从单一空间实践到交互空间实践的教学方式的转换,从而牢筑学生正确价值底色,激发学生实践热情,强化教师育人自觉。

(一)聚焦思政元素,筑牢了时代新人的价值底色

让学习行走的课程思政实践紧扣"中华优秀传统文化"以及"革命传统"这两个思政元素开展课程思政在地化突破。学生在课堂的学习、场馆的体验中,牢筑民族文化自信、价值自信的根基,培养了朴素的爱党爱国情感,增强了主人翁意识,作为一个社会主义合格接班人的价值底色逐渐显现。

1. 学生的文化认同感有效增强

在课程思政在地化实践过程中,通过文艺比赛、讲座、展览等形式,让学生感受到文化的魅力,增强对文化的认识和了解。尤其是在传统文化的传承中,让学生了解和学习中华文化的精髓和价值观念,如富阳博物馆的非遗文化、造纸文化,刀剪剑博物馆的手工艺文化,良渚博物馆的千年良渚文化等等。让学生亲身感受传统文化的魅力,同时更加认同和热爱自己的家乡、国家,认识到中华文化的独特魅力和价值,更加自豪和自信。

2. 学生的实践参与意愿明显增强

在中国共产党近百年为民族独立、人民解放和国家富强、人民幸福而不懈奋斗中形成的革命传统,是党的宝贵精神财富和丰厚的政治资

源,也是中小学教育的重要内容。①重视革命传统文化与课程教材的融合,尤其是对在地场馆的深入体验和走访,能够充分发挥革命文化和社会主义先进文化铸魂育人的功能。行走学习的课程思政实施能让学生主动参与社会,通过在地化的行走和反哺,引导学生将课堂上的学习成果反哺场馆和社区,将内化的思想外化社会化实践,助力周边环境和人们生活的改善。

3. 学生的社会责任感显著提升

我们对六年级学生(前测为五年级学生)做后测调研后发现,学生主动分享介绍家乡的意识与意愿明显增强。访谈具体原因,学生回答主要是经过多场馆的实地研学,除了自豪于自己作为杭州小主人的身份外,对杭州的历史文化更了解了,认为介绍时可以更自信了。可见,课程思政在地化实践对学生家国情怀的提升效果明显。

经过一段时间的实践,学校73%的学生会有意识地关注社会事件,并表明自己的态度;85%的学生认为走进场馆分享学习成果时,充满自豪(图6-1-11)。

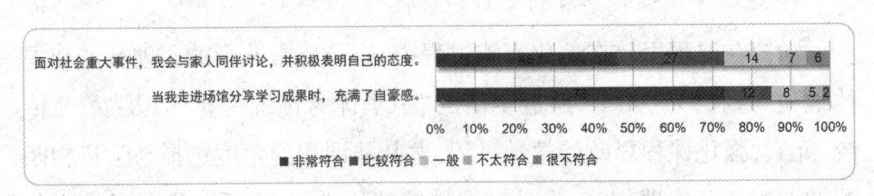

图6-1-11 关于学生"社会参与意愿"调查情况

学生在担任"浙江省红领巾走进档案馆"活动的红领巾讲解员时,反哺场馆,充满自豪,可见其对地域文化、场馆资源深度认可与喜爱。在活动中涌现出的优秀的讲解员志愿者还在浙江省档案馆、浙江省革命烈士纪念馆承担起了更大的责任,讲述浙江历史,在历练与实践中描绘上了成长路上正确的价值底色。(图6-1-12,6-1-13)

---

① 教育部关于印发《革命传统进中小学课程教材指南》《中华优秀传统文化进中小学课程教材指南》的通知[EB/OL].[2021-01-19].http://www.moe.gov.cn/srcsite/A26/s8001/202102/t20210203_512359.html.

图6-1-12　浙江省档案馆红领巾讲解员　图6-1-13　岳飞纪念馆红领巾讲解员

(二)主动参与,提升了学生实践学习的能动性

在课程思政行走学习过程中,学生的主动参与度与投入度,可以让学生更有效地接收教师传递的价值观念,最终只有学生完成理想信念与精神的内化过程,才能真正达到思政教育的目的。[①]传统的课堂容易强调将知识"教"给学生,然而学生的思想政治素质的生成并不是通过教师的"教"而习得的,他们更愿意用自己的主观意识表达自己真实的看法,体验自己真实的感受。

1. 增强学生课程思政的参与积极性

学校在课程思政在地化实施过程中,充分尊重儿童的心理特点和主体地位,选择贴近儿童、贴近生活的"中华优秀传统文化"以及"革命传统"元素,强化课程思政的教学过程,尤其从课程的角度选择与学科相匹配的课程思政实践内容,设计富有情境的研学单,最后又给予学生充分展示的空间,让学生从被动的接受者转变为课程思政的积极参与者、学习者、建设者,大大提高了学生在课程思政实施过程中的参与度和投入度。经过一段时间课程思政在地化的行走学习实践,学生在明确的目标指向下,在丰富的课内外场馆资源中,在有趣高效的实践体验中,悄然发生改变,学习热情随之高涨,主体性也慢慢有所体现。

2. 强化学生课程思政的学习主体性

现代教育观强调师生地位的平等性,强调学生学习的主体性。课程

---

① 范卿泽.课程思政理论与实践[M]北京:人民教育出版社,2022:117-118.

思政的教学同样应该发挥教师的主导作用和学生主体作用。实现二者关系的平衡和统一。传统的课程,尤其是思政课程中教师容易进入以说教为主的困顿局面。课程思政在地化的尝试,以活动和项目的方式推进学习,学生在认知增强、价值观形成、实践能力提升的学习过程中,其学习的主体地位也得到了提升。根据调查显示,近90%的学生喜欢、认可"成长地图可视化""移动讲解实践型"的学习方式(图6-1-14)。他们会期待下一次"行走"的学习,以个人或小队的形式争取在场馆进行讲解的光荣任务。在真实的任务驱动之下,真正做到了"学是为了用"。

3. 提升学生课程思政的内化能动性

在课程思政实施过程中,学生的校园主人翁意识以及责任感、使命感均有所提升。本校学生积极参与了校内21个红领巾志愿者服务岗,志愿服务次数累计高达378余次。又如,幸福树中队的学生们多次走出学校,在社区、场馆勇做先锋,自发做起了爱心义卖、红色画展讲解员等志愿者活动(图6-1-15),该中队在中队辅导员的努力下,自课题实施以来参与的志愿者活动累计达到15场。转变学习的动机,化被动学习为主动参与,学生在实践过程中的情感、态度、价值观得到了全方位的关注和提升,实现了理想信念的内化转变,从课堂走向课外,从知识走向实践,真正在日常的学习生活中自觉践行社会主义核心价值观,在日常的行为中践行爱国主义情怀和道德规范,提升了自身的综合素养。

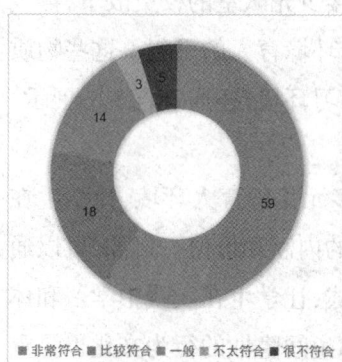

图6-1-14 "成长地图"喜好程度调查情况　　图6-1-15 幸福树中队志愿者活动现场

(三)协同育人,强化了教师课程育人的自觉性

小学课程思政是一个学科课程与各思政要素相互融合的过程,学科课程与思政同向同行,离不开全体教师的共同参与践行。在校园时空中,也需要充分发挥物质文化、师生行为等育人功能,挖掘思政元素,建设课程思政教育生态。同时,学校通过综合组融合教研、现场卷入式研修等方式,实现教师育人理念与行动的突围,探寻出一套适合的课程思政教育规律。实践出真知,只有不断地创设育人氛围,推动综合研究,教师自身的课程思政素养才能得到全方位的提升。

1. 营造育人氛围,建设课程思政教育生态

良好的校园物质文化环境具有强大的育人功能。营造育人氛围、建设课程思政教育生态需要从多个方面入手,包括加强校园文化建设、优化课程设置、加强师资队伍建设、创设多元化的育人环境、建立评价体系以及加强社会资源整合等。只有通过这些措施的综合实施,才能有效地营造育人氛围、建设课程思政教育生态,为培养德智体美劳全面发展的社会主义建设者和接班人提供有力保障。

(1)加强校园文化建设。校园文化是学校精神风貌的集中体现,对学生的思想政治教育具有潜移默化的影响。因此,要加强校园文化建设,营造积极向上、健康和谐的校园文化氛围,让学生在校园中感受到课程思政教育的浓厚氛围。学校充分利用各个场馆和空间,如大厅的红色主题展板、二楼橱窗的党史老物件展览、一楼少先队室的校史故事,再或者操场西花园的十二生肖铜雕,无不渗透着环境育人的思想。这些物质文化不仅丰富了教学资源,创设了良好的学习环境,还通过直观的展示,让学生的精神得以升华。

(2)创设多元化的育人环境。要创设多元化的育人环境,让学生在不同的场合和情境中感受到课程思政教育的内涵和价值。例如,可以通过开展实践活动、志愿服务、文化讲座等方式,让学生在实践中学习和体验思政知识。除了显性的物质文化展览,师生间隐性的行为文化也是重要的育人途径。和谐的师生关系,高效的课堂教育,同心同德的工作环境,乐观积极的工作态度都是能够直接或者间接对学生思想政治素质产

生影响的要素。学校每一位教师以身体力行的行为文化传递正确的社会主义核心价值观,营造时时可以学,处处可以学的大环境。

(3)建立综合评价体系。建立评价体系是营造育人氛围、建设课程思政教育生态的重要环节。要通过建立评价体系,对教师的教学质量和学生的学习效果进行评价和反馈,促进教师和学生的不断进步。同时,要注重评价体系的科学性和公正性,保证评价结果的客观性和准确性。社会资源是课程思政教育的重要资源,要加强社会资源整合,将社会资源引入课程思政教育中。例如,可以通过邀请社会各界人士来校交流、合作,开展实践教学、社会实践等活动,让学生在社会实践中感受到思政教育的内涵和价值。

2. 强化教学研究,形成课程思政教育规律

科学性与思想性的统一是思想政治教育的规律之一。学科课程主要负责学科知识传授,而思想政治教育负责学生意识形态的塑造和品德的养成。两者看似无关,但其实相互统一。[①]遵循学科性和思想性统一的教学原则,就要通过不同的学科科研协同。

(1)阶段性卷入教研。作为课题实施过程中的常规教研机制,卷入式研修是针对阶段性研讨活动的一种基本方式。如图6-1-16所示是2021年4到5月,全体教师开展课程思政在地化教学研讨会的流程。所有学科教师全员参与,科研室提供相关文献,进行自主学习;各学科组负责人搜索相关案例,进行进一步的学习借鉴。理论学习先行之后,再次经过分组设计、集中磨课、展示研讨的环节,其中展示研讨以随机抽签的方式确定展示小组,倒逼小组内的每一位教师沉浸式磨课。

自主阅读 — 课例学习 — 分组设计 — 集中磨课 — 展示研讨

图6-1-16 阶段性卷入式研修流程

---

① 范卿泽.课程思政理论与实践[M]北京:人民教育出版社,2022:124.

(2)协同式现场教研。课程思政在地化的教学研讨不比其他普通的学科教研,很多时候,需要不同学科的教师代表进行多学科的协同教研。学校在推进和落实课程思政的过程中,尝试采用现场教研的方式,让学科教师从学校走向场馆,进行在地化考察(图6-1-17)。教师作为先行者,对场馆的位置、环境以及文化底蕴做好充分的了解和准备,在此基础上遵循学科实践不同的教学模式进行学习单的设计,大大提高了学科实践的实效性(图6-1-18)。

图6-1-17 不同学科教师协同现场教研1

图6-1-18 不同学科教师协同现场教研2

(3)校馆间联动教研。现代化教育过程中的教育资源极为丰富,课程思政在地化实施应更加注重学校和场馆之间的联动教研。学校可以利用场馆的资源,如实验室、图书馆、艺术室等,为学生提供更广阔的学习空间和实践机会。场馆也可以利用学校的资源,如教室、学生、教师等,开展针对性的教育活动,实现资源互换。学校和场馆可以共同开发课程,结合场馆的特色资源,为学生提供更具实践性和创新性的学习内容。例如,学校可以与博物馆合作开发文物鉴赏课程,与科技馆合作开发科学实验课程等。同时,也可以定期开展联合教研活动,共同探讨教育问题,分享教学经验,提高教师的教学水平。例如,学校可以与博物馆开展联合教研活动,探讨如何将文物资源融入教学中。总之,学校和场馆进行联动教研的教研模式需要双方共同努力,积极探索有效的合作方式,为学生提供更广阔的学习空间和实践机会,促进教育教学的创新和发展。

3. 强化师资建设,提升课程思政教育素养

强化师资建设,提升课程思政教育素养需要多方面的努力和配合,包括加强师资培训、引进优秀人才、建立激励机制、加强团队建设以及学生参与评价等。只有全面提升教师的思政意识和教育能力,才能更好地推动课程思政教育的开展和实施。

(1)加强教师队伍理论学习。开展针对性的师资培训,提高教师对课程思政教育的认识和重视程度,增强教师的思政意识和教育能力。培训可以包括思政理论、教育教学方法、案例分析等方面的内容。

(2)鼓励教师深入社会实践。建立课程思政教育教学团队,鼓励教师以团队的形式参与到社会实践活动中,在深入社会调查中进行真研究,在理论与实际结合过程中掌握真知识。通过组织团队建设活动、定期召开教学研讨会等方式加强团队建设。

(3)培养教师的学科融合能力。阶段调研显示,100%的教师表示自己参与了课程思政红色项目(图6-1-19),说明该项目参与度广,活动覆盖率高,足以证明教师协同育人局面已然形成。教师们变被动为主动,目前,在各学科教学设计中,都加入了"课程思政教学重难点"一栏。

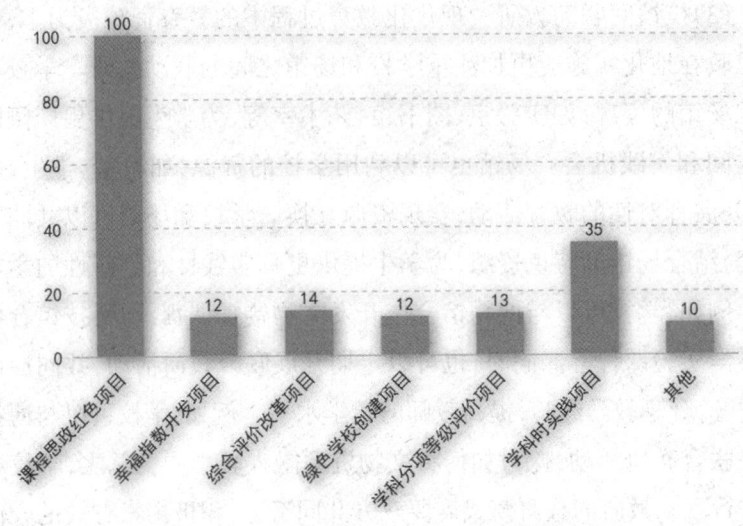

图6-1-19　学校主要参与项目调查情况

90%的教师表示会在备课中自觉审视自身的学科教学,有意识地挖掘思政元素,关注学科育人。教师的课程思政设计与实践能力得到了不同程度的提升,上一年度,学校有11份课程思政教学设计获区优秀方案。学校教师也会利用休息日自发带学生观看画展、参观场馆。这样的自发性育人活动,累计多达80余次,参与教师比例达到79.2%。

三、参考指南:研究具有广泛的集成的应用推广价值

课程思政研究最大的意义在于让更多的学校与教育工作者自觉有有效地承担起"铸魂育人"的伟大时代使命。因此,学校在课题组的指导下,以"提供杭州经验、打造杭州样本"为研究推广辐射目标,努力形成良好的研究氛围,扩大课程思政研究成果的影响力。

1. 扩大辐射效应,为区域兄弟学校实施课程思政做先行尝试

无论是面向学校,还是面向区域层面,抑或是在互联网上,本课题成果均产生了一定的积极效应,研究成果在各级论坛会议上做推广展示。2022年11月,学校课题组在2022年中国杭州名师名校长论坛上做课题

阶段推广展示，全区近百位代表参加，线上直播量超500万。部分教师在市、区级做课程思政相关案例和公开课分享。课题组老师积极开发思政类选修课"玩转纸艺"，获得区级精品课程一等奖，推荐市级评选。部分青年教师在该课程基础上，主动组建区青少年活动中心宋韵研学志愿团队，将学校课程思政研究成果资源进一步辐射给全区学生。这些正是学校在课程思政道路上"守正笃行，积极推广"的典范，具体数据如表6-1-2所示。

表6-1-2 课程思政课题成果效应（不完全统计）

辐射范围	推广形式	影响人次
面向学校	课程思政专题研讨课10节	85人次
	全学科课程思政优秀案例11份	85人次
面向区域	红色思政专题区级公开课3节	300人次左右
	专题报告分享3次	325人次左右
	宋韵研学志愿团队	全区学生
面向绍兴	课程思政小候鸟志愿服务	绍兴市福全街道45人次左右
面向省外	红色思政专题公开课2节	贵州省惠水县甲坝民族小学学生
面向互联网	2022年中国杭州名师名校长论坛分享 李政涛智库专家紫阳学习会分享	500万人次左右

在地化课程思政的创新行动，让课题更具有辐射软实力。学校教师更愿意走出学校，开展无边界思政育人活动。青年教师赵老师主动联合街道慈善工作站，为贵州省惠水县甲坝民族小学送去了两堂韵味十足的"玩转纸艺"宋韵特色课程，分别是传统剪纸"宋韵美食"和创意折纸"清平乐"，引导两城孩子以纸为媒，连接情谊。

2. 提供操作指南，为杭州小学实施课程思政提供实操案例

学校通过一段时间的实践，探索出了一套相对完善的杭州小学课程

思政操作指南。包括学科融合、学段分明、任务清晰、实用简洁的教师指导清单(含七门学科,近百个行走学习主题清单)和学生学习清单(39份)。在清单指引下,凝练了三类课程思政教学支架和三类学生行走展示学习样态,有效提升了小学课程思政研究的实效,为杭州小学实施课程思政提供了极具操作性和复制性的操作模式及学科案例。

(1)教师指导清单。课程思政在地化实施教师指导清单主要从学科年级、教材主题、载体形式、思政要素及场馆联结方式几个方面入手,分为道德与法治、语文、数学、科学、音乐、美术、体育七门课程,抓住"中华优秀传统文化"和"革命传统"两大思政要素,同时梳理学科教材内容以及杭州在地场馆清单,最终梳理出适合课程思政在地化实施的教师指导清单上百份。

(2)学生学习清单。课程思政在地化实施学生使用清单主要从学科教材、学习笔记、课堂讨论、课后作业、实践活动、阅读材料、学习资源、互动平台等不同维度出发,进行设计和开发。

(3)三类课程思政教学范式。三类课程思政教学范式包括"四环"导航范式,"三循"导航范式和"进阶"导航范式。这些范式都是为了更好地将思政教育与学科教育有机融合,让学生在实践中学习和体验思政知识,提高思政教育的针对性和实效性。

(4)三类学生行走学习样态。三类课程思政教学范式包括"点亮成长地图""动态展演厅""移动讲解员"三大类。这三类学习样态都是通过将思政教育与实际行动相结合,让学生在实践中学习专业知识,同时增进对党和国家的热爱。

3. 形成借鉴模式,为其他地区小学开展课程思政提供研究范式

经过稳步探索,形成了高质量推进小学课程思政在地化的校本思路。学校紧扣当前小学课程思政在地化的实施现状,分析在地化低效的原因,以及在地化突破的思路,在目标指向、教学支架、学习样态、学校保障四方面做出努力。该思路针对性强,紧扣时代特点,具有高效率、可复制的方法论借鉴价值。此外,还凝结了一系列课程思政在地化相关校本研修方式以及创新研究成果。

（1）加强师资培训。学校应该组织针对性的师资培训，提高教师对课程思政的认识和重视程度，增强教师的思政意识和教育能力。培训可以包括思政理论、教育教学方法、案例分析等方面的内容。

（2）挖掘思政元素。教师应该深入挖掘学科教学中的思政元素，将思政教育与学科教学有机融合，实现知识传授和价值引领的统一。

（3）创新教学方式。教师应该创新教学方式，采用多种教学方法，如案例分析、小组讨论、角色扮演等，激发学生的学习兴趣和主动性，培养学生的创新能力和实践能力。

（4）加强实践教学。学校应该加强实践教学，为学生提供更多的实践机会，如实验、调查、社会实践等，让学生在实践中学习和体验思政知识。

（5）建立评价体系。学校应该建立评价体系，对教师的教学质量和学生的学习效果进行评价和反馈，促进教师和学生的不断进步。

要从制定实施方案、加强师资培训、挖掘思政元素、创新教学方式、加强实践教学和建立评价体系等方面入手。同时，教师需要结合学科教学内容深入挖掘思政元素，创新教学方式方法，让学生在轻松愉快的氛围中学习和体验思政知识。只有这样，才能够真正实现课程思政的教育目标。

第二节 小学课程思政在地化的理念与实践创新

在小学阶段开展课程思政,要注重结合当地的本土文化,将课程思政与当地的文化传统、历史背景、地域场馆相结合,让学生从课堂走向课外,更好地理解和接受学科知识,进而内化成情感态度和价值观的转变和提升。课程思政在地化实践探索,倡导在真实的实践学习中,依托杭州在地资源,在行走学习中系统化推进小学课程思政的落地。

一、倡导在真实的实践学习中推进课程思政

倡导在真实的实践学习中推进课程思政,意味着将思想政治教育与实际问题、真实情境相结合,让学生在实践过程中感受到"中华优秀传统文化"与"革命文化"教育的价值。这种教学方法有利于培养学生的实践能力、创新能力和解决问题的能力,同时也有利于更好地提升学生的社会主义核心素养。

(一)新一轮课程改革强调综合性和实践性

首先,综合性课程的设计可以促进学科之间的交叉融合,帮助学生建立全面的知识结构和思维方式。这有助于学生在面对复杂问题时,能够从多个角度进行分析和思考,提高综合素质和创新能力。其次,实践性课程的设置可以让学生在实践中学习和体验,加深对理论知识的理解和应用。这有助于培养学生的实践能力、团队协作能力和解决问题的能力,同时也有利于学生更好地适应社会和市场需求。课程思政在地化实施需要将思想政治教育融入各学科教学中,这也需要强调综合性和实践

性,通过综合性课程的设计和实践性课程的设置,让学生在学习过程中更好地理解和接受"中华优秀传统文化"和"革命文化",提高思想政治素质和道德水平。在课程思政实施过程中,可以从以下几个方面入手以体现综合性和实践性。

1. 课程思政教学内容重塑整合

将思政元素融入课程中,需要将课程内容进行整合,将相关知识、技能和态度等方面结合起来,形成一个完整的教学体系。例如,可以将课程内容分为不同的主题或模块,每个主题或模块都涵盖思政元素,并通过案例、实例、讨论等方式来呈现。如本书提到的两类清单的梳理,就是整合了各门学科与思政要素、在地要素之间的衔接点,比较系统地梳理了可以在杭州进行小学课程思政在地化实施的绝大部分课例和清单。

2. 课程思政教学方式发生改变

为了体现综合性和实践性,需要采用多种教学方法,如案例分析、小组讨论、角色扮演、实地调研等。尤其是在地场馆的走访,带着问题进入场馆,在真实的场馆内合作、探究,解决真实情境下的真实问题。这些方法可以帮助学生更好地理解和应用思政元素,培养其实践能力和创新精神。实践教学是思政教育中非常重要的环节,可以通过实地调研、社会实践、志愿服务等方式来开展。实践教学可以帮助学生深入了解社会现实和问题,培养其社会责任感和解决问题的能力。

3. 课程思政评价体系彰显能力

学科思政不应仅限于单一学科,而应该跨学科合作,将不同学科的知识和思政元素相结合。例如,通过"语文"和"美术""道德与法治"和"人·自·社"等学科合作,共同开设综合性课程,培养学生的综合素质。为了体现综合性和实践性,需要建立相应的评价体系,对学生的思政素质进行全面评估。评价体系应该包括多个方面,如课堂表现、作业完成情况、社会实践等,以综合评价学生的思政素质。

(二)核心素养导向的学习变革呼唤"做中学"

核心素养导向的学习变革呼唤"做中学",这是因为"做中学"可以培养学生的实践能力、创新精神、解决问题的能力、合作精神和沟通能力等

关键能力和必备品格。通过问题解决、探究学习、合作学习和跨学科学习等方式来实现"做中学",可以帮助学生更好地理解和应用所学知识,提高其综合素质和能力。

1. 在课程思政在地化实施过程中培养学生的问题解决能力

通过实际问题的解决来培养学生的关键能力和必备品格,学生可以在实际操作中发现问题,分析问题,并提出解决方案。这种方式可以帮助学生更好地理解和应用所学知识,提高其解决问题的能力,具体可以从以下几个方面入手。

(1)创设真实情境。为了培养学生的问题解决能力,需要创设真实的、具有挑战性的问题情境。这些情境可以是社会生活中的实际问题,也可以是学科领域内的研究问题。通过让学生面对真实的问题,可以激发其解决问题的兴趣和动力。

(2)提供反馈与指导。在学生探究问题的过程中,教师需要给予及时的反馈和指导。反馈可以是针对学生的表现给予评价和建议,也可以是针对问题本身给予提示和思路。指导可以是针对学生的疑问给予解答,也可以是针对学生的困难给予帮助。

(3)培养创新思维。问题解决通常需要创新思维,因此可以鼓励学生在探究问题的过程中尝试不同的思路和方法。教师可以引导学生从多个角度思考问题,鼓励其提出新颖的观点和解决方案。

(4)强调实践与应用。问题解决最终需要落实到实践和应用中,因此可以鼓励学生将所学知识应用到实际问题中。教师可以引导学生参与社会实践、志愿服务等活动,从而培养其社会实践能力和责任感。

2. 在课程思政在地化实施过程中培养学生的合作探究能力

通过合作探究学习来培养学生的创新精神和实践能力,学生可以通过实验、调查、观察等方式来探究问题,发现问题的本质和规律。这种方式可以帮助学生深入了解知识,培养其独立思考和创新的能力。

(1)引导学生主动探究。在创设问题情境后,需要引导学生主动探究问题,通过收集信息、分析数据、进行实验等方式来寻找解决问题的途径。在这个过程中,教师可以给予必要的指导和支持,但不能代替学生思考和行动。

（2）鼓励学生合作与交流。问题解决通常需要多人合作，因此可以鼓励学生组成小组，共同探究问题。在小组中，学生可以互相交流、讨论、分工合作，从而培养其合作精神和沟通能力。

（3）强调沟通与协调。在小组合作过程中，沟通和协调是非常重要的。教师需要引导学生学会倾听他人的意见、表达自己的观点、协调不同的意见等。这样可以培养学生的沟通能力和协调能力。

（4）提供展示平台。在合作探究完成后，教师可以提供一些展示平台，让学生展示自己的探究成果，可以是研学小报、视频介绍等形式，也可以是一些社会实践、志愿服务等活动。这样可以让学生更加有成就感，从而激发其在课程思政在地化研学过程中合作探究的兴趣和动力。

3. 在课程思政在地化实施过程中提升跨学科实践能力

通过跨学科学习来培养学生的综合素质和能力。学生可以将所学知识应用到其他学科中，从而实现知识的迁移和应用。这种方式可以帮助学生拓宽知识面，提高其综合素质和能力。在课程思政在地化实施过程中提升跨学科实践能力，可以从以下几个方面入手。

（1）整合学科资源。为了提升学生的跨学科实践能力，需要将不同学科的知识和思政元素相结合，整合学科资源，尤其是杭州各个在地场馆。通过开设综合性课程、组织跨学科研究团队、开展跨学科实践活动等方式来实现。

（2）引入跨学科教学方法。为了提升学生的跨学科实践能力，需要引入跨学科的教学方法。这些方法可以包括案例分析、项目式学习、团队合作等，以帮助学生将所学知识应用到实际问题中，提高其解决问题的能力。

（3）提供跨学科学习平台。为了提升学生的跨学科实践能力，需要提供相应的跨学科学习平台。这些平台可以是一些线上线下结合的课程、综合性在地场馆、学校多功能展厅等，学生可以通过这些平台学习和交流跨学科知识，提高其跨学科实践能力。

（4）建立跨学科评价体系。为了提升学生的跨学科实践能力，需要

建立相应的跨学科评价体系。评价应该包括多个方面,如学生的表现、任务的完成情况、跨学科知识的应用等。这样可以让学生更加重视跨学科学习和实践的过程,从而提高其跨学科实践能力。

(三)学生学习认知规律重视沉浸式体验感

学生学习认知规律重视沉浸式体验感,这是因为沉浸式体验可以帮助学生更好地理解和应用所学知识,提高其学习兴趣和动力。沉浸式体验是指通过营造真实的、具有挑战性的情境,让学生完全投入其中,集中注意力,过滤掉不相关的知觉,从而进入一种沉浸状态。在这种状态下,学生的感官体验和认知体验被充分调动,他们可以更好地理解和应用所学知识,更深入地感受中华优秀传统文化和革命文化带来的情感价值观的熏陶。

1. 从潜能到赋能,助力课程思政在地化实施的"大众化"

要实现课程思政在地化的沉浸式体验学习,最重要的就是要开发优质的课程思政在地化实施课程。不同的场馆要根据不同的主题,结合不同年龄段的学生的学习能力以及心理特点,打造合适的课程思政在地化课程。目前,学校已经率先梳理了杭州与小学课程思政元素相关的108个课程、65个场馆的学习清单,是杭城课程思政在地化实施课程设计的先驱。未来,我们还将考虑将现代技术与专业的研学课程相结合,合力多方力量,将沉浸技术、沉浸理论融入我们的课程之中,采用多样的在地化研学材料,配套聆听设备和讲解设备,加强学生在课程思政在地化场馆中的体验感。同时,邀请场馆的工作人员定期进入学校,为学生开展行前研学知识的梳理,让学生带着问题、带着任务、带着憧憬进入在地化场馆中,以此推动我校课程思政在地化实施的课程优化。

2. 从静态到动静结合,推进课程思政在地化实施的"智慧化"

空间营造是沉浸式体验的核心要素。所有的技术、故事叙述、参与者的经历都要在空间内完成。好的空间营造完全可以引导参观者投入特定的情境,并沉浸其中,从而深刻理解设计的含义与展览的主题。[①]学科类课程的知识点往往是在语言文字中的静态知识,尤其是"中华优秀

---

① 袁美婆.艺术创作中的沉浸式体验要素研究[D].杭州:浙江工业大学,2017.

传统文化"和"革命文化"更多的是学生看不见摸不着的精神文化。利用在地化的资源,让学生身临其境走入场馆之中,观瞻革命先辈曾经居住的地方、曾经奋斗的武器、曾经穿过的旧袍,都能让他们从现实世界中实现短暂的抽离,沉浸在场馆所营造的肃穆氛围中,更有助于学生内化精神的洗礼。加上现在不少杭州的场馆均结合了现代3D技术、真实场景再现的VR技术以及三维学习效果模型等,这些智慧化的产物将学校课程思政学习从原来的静态学习推向了"动静结合"式的沉浸式体验学习,使学生能从更多维度、更深层次地感受现场的氛围,受到文化的熏陶。

3. 从认识识记到综合素养,打造课程思政在地化实施的"综合化"

传统的校内的课堂往往以知识的认识和识记为主要教学目标,教师在教学时也大都受到时间和空间的限制,无法进一步让学生走出课堂,走向更加真实的学习环境。近几年,在"双减"政策的大力推行之下,亲子、家庭成为学生前往各类场馆参观学习的一种重要方式。与此同时,国家新课程方案的实施特别注重课程的综合性和实践性的体现,综合实践的国家课程总课时量也保证了学生参与到各类真实的社会环境、场馆学习的时间。再借着杭州亚运会这一股东风,杭州的各类场馆无论从配套设施还是场馆价值,都得到了一定程度的提升。学生在这样的大环境下,借助学校开发的课程思政在地化项目,从传统的认识识记式学习,转向了指向综合素养提升的学习。从行前、行时、行后三大课程节点,学生需要完成自主资料搜集、分组合作探究、团队展示汇报等一系列考验综合能力的任务,大大体现了课程思政在地化实施的"综合化"。

二、鼓励依托杭州在地资源开展育人活动

在地化和生活化是课程思政教育适应时代发展的一种可能路向。学校课程思政在地化实施过程中,要充分利用周边的学习资源,选择学生身边熟悉的、真实的、触手可及的场馆资源开展各类育人活动,让教育紧紧扎根于当地的乡土文化资源,尊重与联系学生的生活经验和体验,并将其植入课程思政教育的全过程,发挥杭州在地资源的育人价值。

(一)"在地化"赋能当地教育生态转型

受工业化和"效率主义"、城市化和"城本主义"价值取向的影响,我国中小学基础教育常常进入"唯分数论""唯知识论"的不良教育生态中。新一轮课程改革明确提出了核心素养导向下的课程改革落地措施,课程的综合性和实践性得到广泛重视。在地方课程"去地方化"以及文化课程"文化虚化"的困境之下,课程思政的在地化开发是赋能当地教育生态变革、提升公民社会认同感的有效途径。

1. 借助"在地化"学习资源开发,打通校内外学习壁垒

通过挖掘本地的自然、历史、文化、社会等方面的资源,开发出具有地方特色的学习资源。这些资源包括当地的自然景观、文化遗产、社会实践基地等,可以作为学生进行实践性学习的重要场所。通过与当地社区、博物馆、图书馆等建立合作关系,共同开发和利用学习资源,这样可以让学生更加深入地了解当地的社会和文化,同时也可以为学生提供更多的实践机会和职业发展机会。

2. 借助"在地化"校本课程建设,助力城市小学内源发展

加强学校内源发展,就要"利用当地资源并以适当的外部资源加以补充,最大限度地扩大当地保留发展利益,确保公平分享和使用资源"。[①]也就是说,学校在地化教育致力于校园与社会之间的"联动、融通与合作",强调学校在关注其自身特殊性基础上充分利用各方在地资源,在校内外人力、资源协同改革的过程中不断探索学校改进路径。

3. 借助"'互联网+'在地化教育"手段,打造课程思政教育新生态

在互联网的加持下,课程思政的边界被拓展,课程思政在地化教育合作网超越了单一的课程思政的狭小范围。杭州内不同电子场馆的资源被共享,在地化教育以更开放的视野和包容的姿态广纳不同区域的人力资源和本土资源。"'互联网+'在地化教育"不仅将地域特色融入学校课程之中,也将不同地域的人文特色共享至不同的学校合作网。

---

① 王红,邬志辉.国外乡村教育生态转型的在地化实践[J].比较教育研究,2019,41(09):98-105.

(二)"在地化"加强学校与社会的联动

"在地化"加强学校与社会的联动,需要从建立合作机制、开发实践课程、引入社会导师、建立实践基地、加强文化交流、参与社会事务、建立评价体系和提供展示平台等方面入手。通过这些措施,帮助学生更好地理解和应用所学知识,提高其综合素质和能力。

1. 秉持在地化理念,建立合作机制

学校可以与当地的企业、社区、政府等建立合作机制,引入社会导师,共同开展各类活动,如社会实践、志愿服务、文化交流等。这样可以加强学校与社会的联系,让学生更加深入地了解当地的社会和文化。

2. 联结在地化生活,产生积极影响

在地化教学的实施,一定程度上消除了学校与现实生活之间的疏离,增强了学校与社会的互动和联结。学校开发的课程思政在地化实施活动方案,成为了加强社区场馆沟通、凝聚社会力量的黏合剂。

3. 融入在地化元素,加强文化交流

学校可以与当地的文化机构、博物馆、图书馆等建立合作关系,共同开展文化交流活动。这样可以让学生更加深入地了解当地的文化和历史,同时也可以为学生提供更多的学习机会和职业发展机会。

(三)"在地化"增进学生对家国的认同

在地化除了能提高学生参与活动的积极性,更主要的是能够帮助学生在多方面的综合能力上得到锻炼和提升。通过合作、探究、参观、认同等一些具体的活动,使学生在参与和体验中逐渐增强自身的公民身份意识,不断提高他们对国家的认同感、效能感和责任感。

1. 参与度有所提高,成就感获得提升

在地化教学的运用,较为有效地提高了学生的学习参与度,提升了学生的学习兴趣。学生从枯燥的知识走向灵动的、真实的学习场馆,在真实的实践活动中提升了自身的综合素养。

2. 综合素质得到发展,公民意识逐渐增强

课程思政在地化实施除了在一定程度上提高了学生的参与积极性,更多的是促使学生多方面的综合能力得以锻炼和提升。行前需要针对

某一中华优秀传统文化或革命传统文化予以了解,行中需要小组分工,有序推进学习任务,行后还要将所见所闻进行汇总和汇报,将文化和精神内化成自己的一言一行,大大提升了其作为公民的自觉意识。

三、强调全学科系统化推进小学课程思政

强调全学科系统化推进小学课程思政,需要从制定全学科思政教育教学计划、整合学科资源、引入跨学科教学方法、加强实践教学、建立跨学科评价体系等方面入手。

(一)强调全学科挖掘小学课程思政元素清单

本书通过在地化课程思政校本创新的实践,统整了七个重点学科,形成了涵盖六个年级三个学段、65个思政场馆、108个思政任务的课程思政教师指导清单和学生学习清单。内容体系呈现"系统规划""学段分明""任务清晰""实用简洁"等几大亮点,形成了高效率、可复制的内容成果。

1. 两类清单统计

以两类清单为抓手,通过教师、学生双向实施,促进教学支架、学习样态、学校机制等联动突破,在杭州中小学领域是首创之举。如表6-2-1所示,清单所涵盖的年段、场馆数、学科清楚呈现。根据实施开展情况来看,学校依托具有地域特色文化的资源,形成了小学课程思政在地化的校本范式。

表6-2-1 两类清单的学科、资源、学生参与与覆盖面统计

涵盖学段	统整学科	思政场馆	思政任务	参加人次(不完全统计)
低段	7门	22个	30个	8211人次
中段	7门	21个	32个	5712人次
高段	7门	22个	46个	5508人次
总计	7门	65个	108个	19431人次

2. 三种推进策略

为实现国家课程思政育人的校本化操作,发挥同一学段多学科协同育人的作用,课题组成员紧扣两个思政元素,先行梳理语文、道德与法治、数学、音乐、体育和美术学科的思政育人清单。在此基础上,着眼同一学段各学科相似教学内容或拓展所需的相同在地资源再次整理清单,打通学科,实现清单整体育人的作用。与此同时,每一活动配套一份学生活动单。

(1) 横向融通策略。以低段美术"窗花花"和音乐"窗花舞"为例。两门学科都可以用到相同的在地资源——杭州工艺美术博物馆,相关学科教师清单如表6-2-2所示。

表6-2-2　小学课程思政多学科融合类教师指导清单举例

年级	课程内容	思政元素	在地资源	思政目标	实施建议
低段	美术"窗花花"	地域文化	杭州工艺美术博物馆	1. 以在地场馆为依托,设计统整学习活动(聚焦一件展品,了解背后的一个故事,挖掘一种精神),在活动中感知传统文化的底蕴	1. 按"三循"导航实施 2. 协同音乐学科"窗花舞"开展
	音乐"窗花舞"			2. 引导自主拓展学习同类故事,提升文化自信	1. 按"三循"导航实施 2. 协同美术学科"窗花花"开展

教师根据清单推进实施。与此同时,学生在场馆中学习时也人手一份学习单。在学生清单的指引下,高质量完成"三循"导航学习(图6-2-1)。

(2) 纵向指引策略。两类清单以学科为单位设计,不仅要考虑同一学段学科间的协同育人,也要从学生的身心发展、知识储备等因素,聚焦四大元素考虑1~6年级清单纵向指引的作用。例如,一些在低段去过的场馆,如果高段还需再走访,那么在思政目标和实践操作上需要体现出年段特点;四个蕴含在不同学科、不同年段的思政元素在不同年段的场馆走访中有序增强,以语文学科为例。

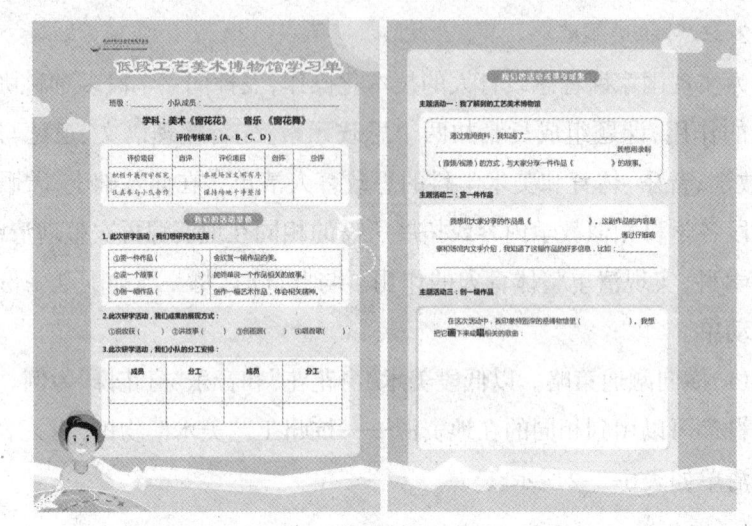

图 6-2-1　横向融通策略下学生学习单举例

表 6-2-3　小学课程思政语文学科教师指导清单（节选）

年级	课程内容	思政元素	在地资源	思政目标	实施建议
低段	《朱德的扁担》	革命传统	朱德纪念室	在情景感悟中，体会革命领袖以身作则与战士同甘共苦的精神品质，感受战士们对朱德同志的敬爱之情	按"四环"导航实施
低段	《难忘的泼水节》	革命传统	周恩来演讲纪念亭；周恩来纪念室	结合在地场馆参观，了解周总理在杭州的事迹，进一步加深感受课文中总理和人民心连心的深厚感情。缅怀总理，立志追寻总理的足迹，弘扬革命传统	按"进阶"导航实施（同化内容）
中段	《为中华之崛起而读书》	革命传统	周恩来演讲纪念亭；周恩来纪念室	结合在地场馆参观，了解周恩来的事迹，梳理周恩来立志读书的始末，感受周恩来立下"为中华之崛起而读书"这个志向的原因，进一步明白读书的意义，激发学生的爱国情怀	按"进阶"导航实施（内化思想、外化行为）
高段	《示儿》《题临安邸》	革命传统	岳王庙	结合场馆研学，了解岳飞，体会中国人代代相传的爱国情怀，激发学生"天下兴亡，匹夫有责"的责任感和使命感	按"四环"导航实施

从表6-2-3可看出,四个思政元素不同频次地分别出现在语文学科不同学段的不同内容中,这促使该学科教师在开展教学内容时要有一个系统化的整体思考。有些同一在地资源的学习需考虑"进阶"的不同要求,符合小学生思想道德发展的规律,推进课程思政高质量实施,如图6-2-2所示就展示了接续低段内容后,中段学生学习单的样式。

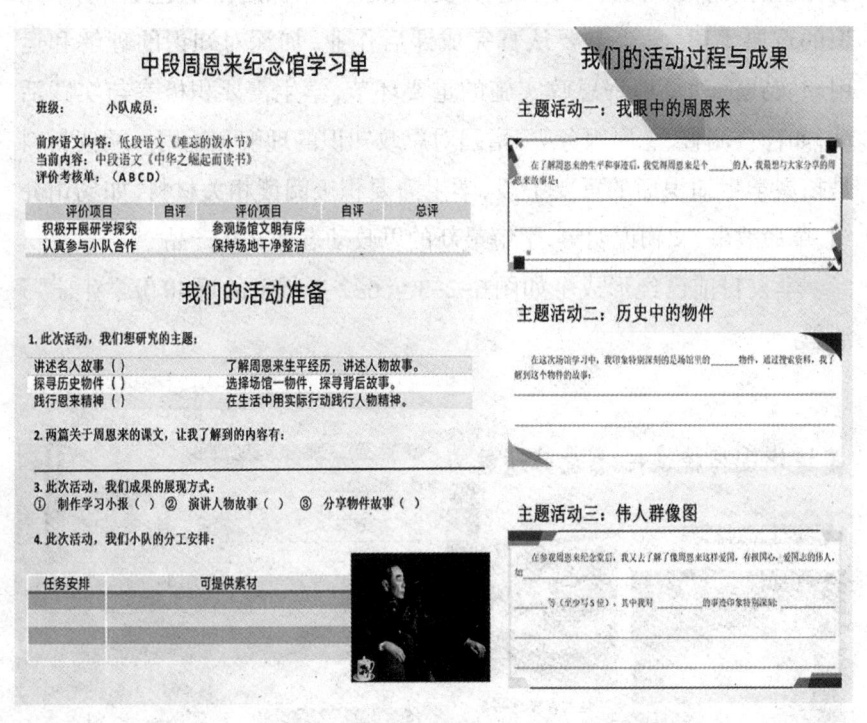

图6-2-2 纵向指引策略下的学生学习单举例

(3)多元组合策略。针对单学科、多学科及纵向发展的清单内容,分别提供了三种不同的教学支架:"四环"导航、"三循"导航和"进阶"导航。多学科的"三循"导航,还在建议里标明了内容相融合的其他学科的教学内容,以便教师在实践过程中的协同实施。纵向发展的"进阶"导航,在建议里标明了进阶不同阶段的不同目标,低中段更多关注的是内容的"同化",了解文本和场馆中的相关知识,为后续的学习打下基础,而到高段更多关注学生思想内化和行为外化。

(二)强调全学科开发小学课程思政研学清单

学科教材是课程思政实施的基础,教师需要认真阅读和理解教材中的相关内容,掌握学科知识和思政元素。学生在学习过程中需要认真记录学习笔记,包括课堂笔记、读书笔记等,以便更好地理解和掌握知识。课堂讨论是课程思政实施的重要环节,学生需要积极参与课堂讨论,发表自己的观点和看法,与他人进行交流和互动。课后作业是巩固所学知识的重要手段,学生需要认真完成课后作业,加深对知识的理解和运用。实践活动是课程思政实施的重要环节,学生需要积极参与实践活动,如社会调查、志愿服务等,增强对思政知识的理解和运用。阅读材料是拓展学生知识面的重要手段,学生需要积极阅读相关材料,如场馆介绍、革命故事、文物说明等,了解最新的思政动态和文化产品。

学校目前已经形成了如图6-2-3至6-2-7所示的近40份学生学习清单。

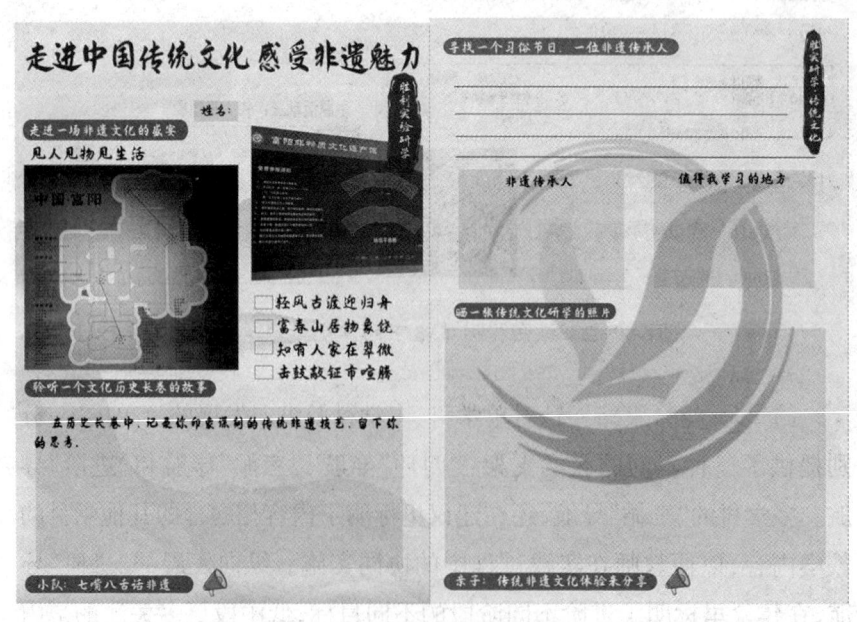

图6-2-3 语文三下 综合性学习活动"中华传统节日"学习清单

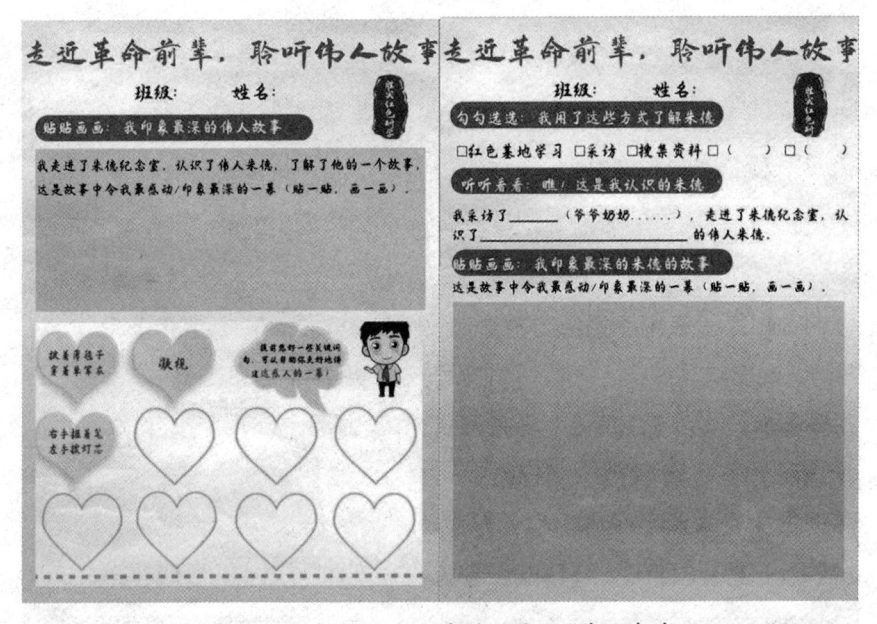

图6-2-4 语文二下"朱德的扁担"学习清单

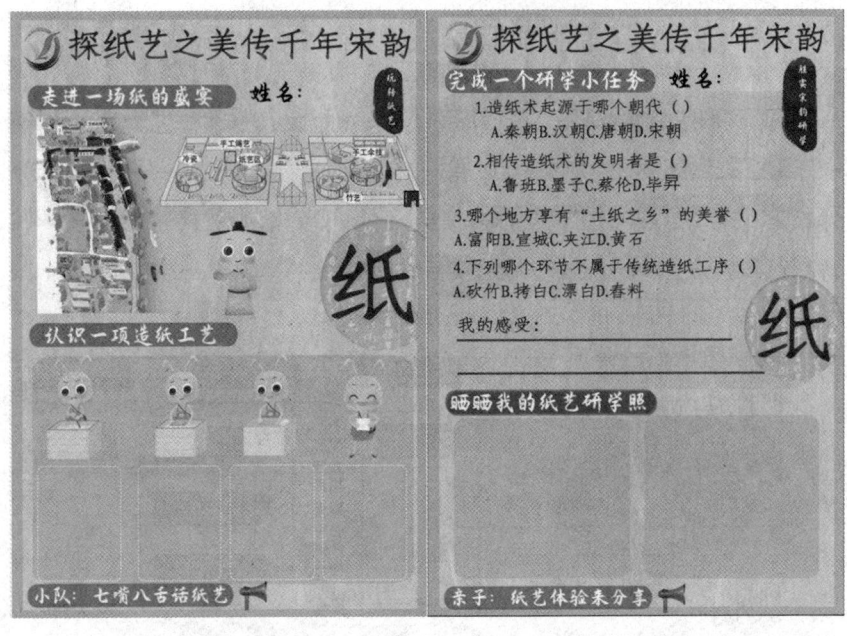

图6-2-5 道德与法治二下"我是一张纸"学习清单

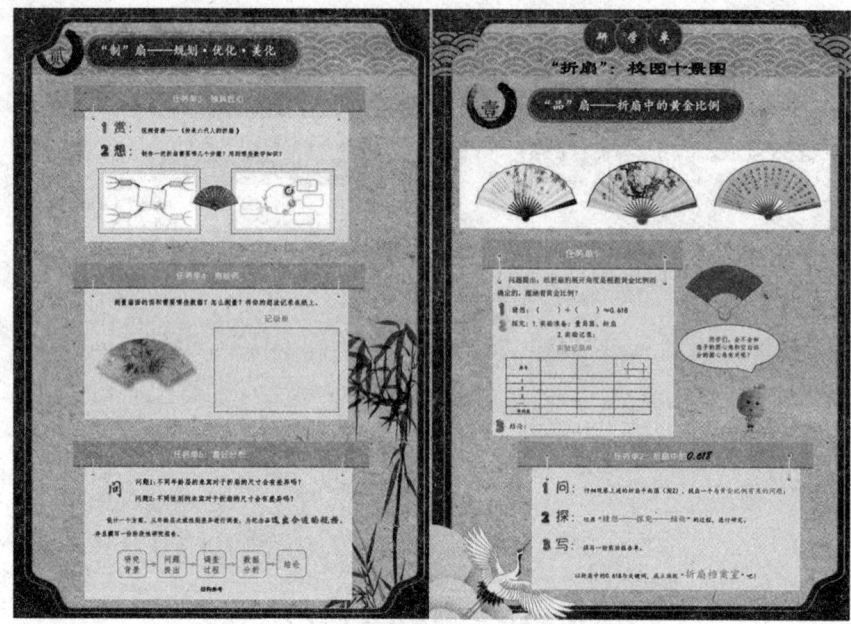

图6-2-6 数学六上"扇形"学习清单

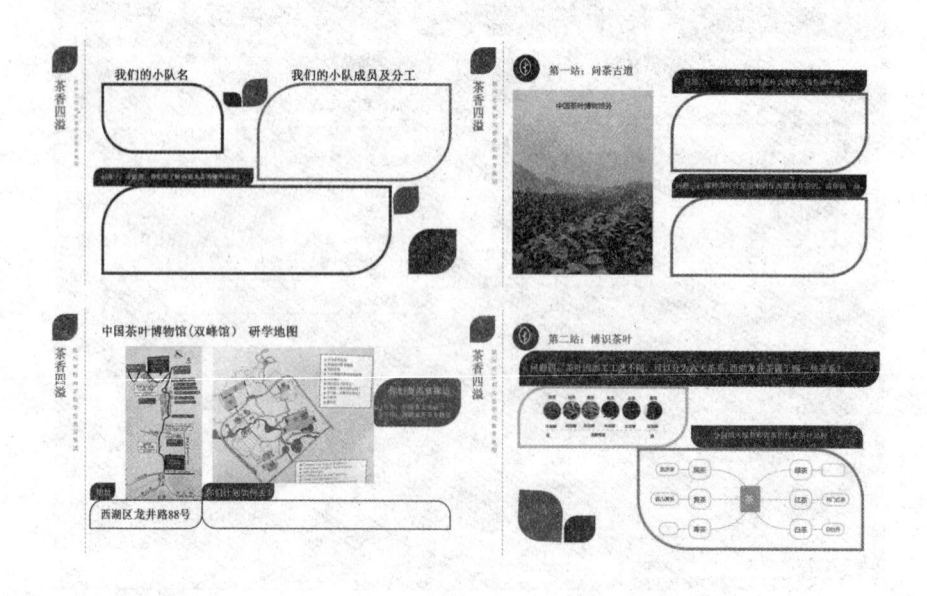

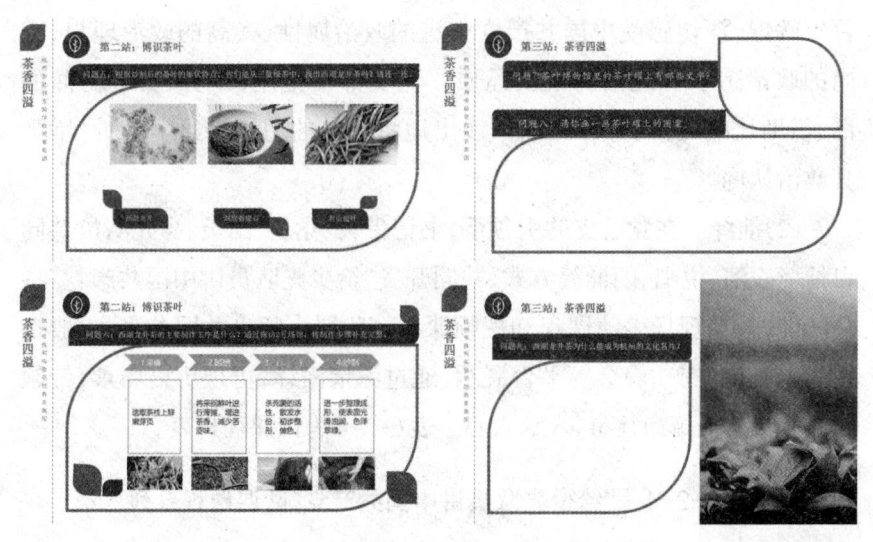

图6-2-7 美术四下"茶香四溢"学习清单

(三)强调系统化搭建小学课程思政保障体系

为推进学校在地化课程思政的高质量实施,学校推出了组合党队课、现场教研、创新红领巾评价等保障机制,以提高师生开展课程思政的主观意识和能动性,并在校内外志愿者岗位服务中开展过程性评价,通过"换章兑卡"和"期末综合评优"规则,鼓励学生付诸实践,引导学生关注自身的全面发展和实践能力提升。

1. 组合党队课:立体夯实师生思想基础

在地化课程思政的顺利实施,需要依靠教师的专业知识、学术思想、正确的思想观念去教育引领学生,更需要发挥教师的积极性、主动性、创造性。为此,学校以党建引领,专门推出"组合党队课",立体夯实师生的思想基础。"组合党队课"以丰富有效的表现形式开展,弥补课程思政育人的支持系统,夯实立德树人基本思想,让教师和学生的思想达到统一。

(1)演讲。需要党员教师深入学习党的知识,并深入浅出地讲出来,具有一定的感染力。例如,在"党的二十大报告"专题中,党支部书记带头在队日讲"一面了不起的旗帜",带领全体师生重温中国共产党

百年辉煌,深切感受中国共产党先进的政治属性、崇高的政治理想、高尚的政治追求和纯洁的政治品质。党支部书记用少先队员听得懂的话,借助比喻、拆词等方式深入浅出地将抽象的理论讲给学生听,增强其政治认同。

(2)演绎。在党总支的引领下,书记带头、党员、团员、少先队员共同以情境表演、说唱、朗诵等方式,共同开发"给少先队员讲中国共产党"特色队课,包括现场表演课程和视频课程。队课由师生共同参演,一般在校内电视台、周一晨会等平台展示,通过深情演绎,再现历史场景,带领少先队员感受革命往事,入脑入心。表6-2-4为该课程列表。

表6-2-4 "给少先队员讲中国共产党"队课课程系列

内　容	落实主体	借助资源
祖国是什么	团员教师	1."全国少工委"优质资源 2.学科课本教材 3.在地场馆资源
"中国魔方"的故事	第一党小组	
优秀的秘诀	第二党小组	
用更好的方法考出好成绩	第三党小组	
驶向2035的巨轮	第四党小组	
扣人心弦的"速滑比赛"	第五党小组	
红色的记忆	戏剧社团少先队员	
毛主席视察小营巷	604中队	
满江红	502中队	

(3)观影。根据时间线,学校结合课程思政梳理了红色革命的"影视作品名录",供全体师生学习。如图6-2-8所示是以抗日战争时期为背景的优秀影视作品名录。结合这些优秀影视作品的观看,再引导学生进入在地场馆"浙江省革命烈士纪念馆""抗日战争胜利受降纪念馆"等现场观摩、学习,以"课堂+现场"模式,促进师生不断增强思想理论认识和政治觉悟。

图6-2-8　以抗日战争时期为背景的影视作品名录

2. 现场教研:提升教师的课程思政能力

在地化课程思政育人的落地,需要各学科的协调配合、共同发力,在提高教师的课程思政意识和能力的过程中,实现不同学科在课程思政育人过程中同向同行、同频共振。为此,学校在以往单一学科教研的基础上进行了教研形式的改革,创设了不同学科教师联动的现场教研模式(图6-2-9)。

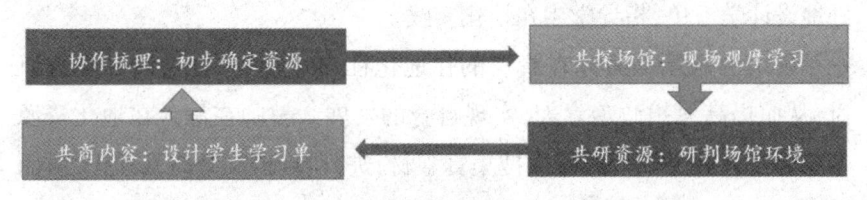

图6-2-9　课程思政主题研讨现场教研流程图

现场教研的流程,主要通过"协作梳理""共探场馆""共研资源""共商内容"这四步开展,并以螺旋上升的形式不断完善,具体如下。

(1)协作梳理。不同学科的教师在线填写本学科课程思政元素、在地资源,发现并梳理学科间共同的在地资源与思政元素,通过全学科教师教研确定清单。如低段语文教师在梳理在地化课程思政内容的时候,发现"中国美食"一课中体现了杭州地域文化,可以利用中国杭帮菜博物馆进行拓展学习。同时,美术教师发现"动物造型饼干"一课的学习方式可运用于美食模型的制作。两学科教师最终确定共同走访的场馆为中国杭帮菜博物馆。

(2)共探场馆。学校学科教师是开展在地化课程思政的中坚力量。

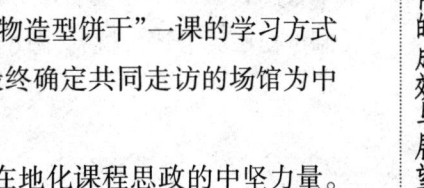

在地化课程思政是否能落地,全看教师对在地化资源的了解、是否能用好在地化资源。因此,学校将教研安排到在地场馆中,鼓励教师共同深入场馆先行实践。如,教师们来到位于梅家坞的周恩来纪念室,学习了周恩来1957年至1963年先后5次来到梅家坞的小故事,亲身感受到周恩来对梅家坞生产和建设的关心和指导,被伟人的情怀深深折服。通过现场讨论,教师们认为这处在地场馆可以引导学生在感受中国几十年来的发展变化中,体会强国情怀,唤醒爱国意识。

(3)共研资源。教师以记录单为载体,对场馆资源进行具体记录,从而共同研判场馆环境,方便后期汇编,并分享给全体教师来设计学生学习清单。现场教研为课题的开展提供了支持,也为教师学科融合教学能力的提高助力。

(4)共商内容。教师共同商讨学生在地化学习的内容或形式,以及需要记录哪些数据、如何记录,科学地收集实践育人效果的证据,从而更好地设计学习单,指导学生在地化实践。

现场教研驱动教师在真实的在地化社会实践场馆中,展开交流研讨,从而提高思想政治素养,实现自身的发展。教师在深入在地化资源考察的过程中,思考真问题,搜集真素材,进行真研究,掌握真知识,从而实施真教育,自觉担负为党育人、为国育才的历史使命。

3. 红领巾换章:创新评价改革检验实效

随着在地化课程思政的推进,学校对学生的评价机制也发生了变化,不再拘泥于知识和课堂,同样重视在现场活动中进行过程性评价。学校新增"红领巾志愿者换章兑卡"评价,鼓励学生付诸实践,同时通过"换章兑卡"来引导学生关注自身的全面发展和实践能力提升。

(1)红领巾换章规则。为了让学生的思想成长有外化实践的通道,学校专设红领巾志愿者服务岗,以此鼓励学生形成良好的服务意识,并制定换章兑卡评价机制(图6-2-10)激励学生参与。

> **红领巾志愿者换章兑卡规则**
> ★ 每完成1次志愿者服务（校内和校外均可），可以获得1个志愿者积分。
> ★ 2个志愿者积分可获得一枚红领巾志愿者徽章。
> ★ 2个志愿者徽章可获得一张幸福卡。
> ★ 一学期获得志愿者徽章最多的一位学生由校长颁发"杭州市胜利实验教育集团优秀红领巾志愿者"金海燕证书。

图6-2-10　红领巾志愿者换章兑卡规则

（2）校内服务岗设置。通过校内外志愿者服务岗位的设置，激励学生主动参与，将良好的服务意识外化为行动，成为习惯。校内的服务岗每周发布，学生自主申报，并由班主任、保安师傅、学科教师等证明签字，学生处颁发积分、徽章、幸福卡。如表6-2-5所示是校内某一周红领巾志愿者任务发布举例。

表6-2-5　红领巾志愿者任务发布栏

服务内容	志愿者要求	人数	服务时间	任务发布者（积分证明人）	认领者班级、姓名
清洁操场垃圾	1.火眼金睛，遛弯爱好者 2.每天早晨到校后、午餐后、体育课后、艺术楼上下课，巡视操场，确保操场、跑道干净，无垃圾	4人	一周	班主任	
整理失物招领柜	1.收纳达人，擅长物品分类 2.每天中午，整理失物招领柜，将物品摆放整齐 3.为有班级、姓名的失物找到主人	2人	一周	保安师傅	
清洁楼梯垃圾	1.火眼金睛，爬坡爱好者 2.每天早晨到校后、午餐后，巡视楼梯，确保楼梯干净，无垃圾	3人	一周	班主任	东侧 中间 西侧

续表

服务内容	志愿者要求	人数	服务时间	任务发布者（积分证明人）	认领者班级、姓名
整理图书馆	1. 视力过人、臂力强劲 2. 每天中午，协助章老师整理图书	2人	一周	图书馆章老师	
清洁美术教室	1. 火眼金睛、遛弯爱好者 2. 每天早晨到校后、午餐后、艺术楼上下课，巡视美术教室，确保无垃圾	2人	一周	美术郑老师	
清洁音乐教室	1. 火眼金睛、爬坡爱好者 2. 每天早晨到校后、午餐后、艺术楼上下课，巡视音乐教室，确保无垃圾	2人	一周	音乐林老师	
清洁体育馆	1. 火眼金睛、遛弯爱好者 2. 每天早晨到校后、午餐后、体育课、艺术楼上下课，巡视体育馆，确保无垃圾	2人	一周	体育罗老师	
主席台至艺术楼前	1. 火眼金睛、遛弯爱好者 2. 每天早晨到校后、午餐后、艺术楼上下课，巡视主席台至艺术楼前，确保无垃圾	2人	一周	体育罗老师	
三楼屋顶操场	1. 火眼金睛、遛弯爱好者 2. 每天早晨到校后、午餐后、艺术楼上下课，巡视三楼屋顶操场，确保无垃圾	2人	一周	班主任	
雨伞架	1. 喜欢洗洗擦擦、整整齐齐 2. 擦洗一次雨伞架 3. 随时整理，保持雨伞架物品整齐	3人	一周	班主任	

在每周一的招聘现场，涌现了一批又一批热爱劳动、学习雷锋精神的小小志愿者。他们利用闲暇之时，为学校、老师与同学提供志愿者服务，这样的志愿者服务活动无形中调动了学生的统筹能力。可见，在地

化课程思政的研究对学生的自身能力发展和健康成长都有极大的促进作用。

（3）校外服务岗设置。在学科在地资源探究的过程中，也为学生设置了红领巾志愿者岗位。学生走访场馆过程中有小小讲解员、记录员、劝告员等岗位，并通过学校幸福钉平台上传走访的照片、文字、视频等成果，以记录上传走访的过程性资料。如图6-2-11所示，学校对学生的学习活动过程进行了留痕，通过表现性评价，让学生的成长过程通过图片、音频、视频展示出来，丰富成长，点亮童年，让学生的成长更加立体化。

图6-2-11　学生校外场馆服务后上传平台的成果截图（部分）

以校内外志愿者服务岗为载体的换章兑卡评价机制，为学生提供了在校内外贡献力量的平台，也为期末综合性评价提供了依据。学校期末"金海燕示范生"的评选条件之一为：必须有一张"志愿服务类"幸福卡。该评价举措的改变，进一步促进了学生道德品质的提升。学生以志愿服务为荣，以奉献集体和社会为骄傲，在此过程中不断与周围环境进行交互共生，有效促进了学生思想的成长。

第三节 深入推进小学课程思政在地化的学校展望

中国特色社会主义进入新时代,站在中华民族伟大复兴战略全局和世界百年未有之大变局的历史交汇点,中国特色社会主义建设面临着机遇与挑战并存的复杂的国内外局势。杭州市胜利实验学校在课程思政在地化实施过程中做了一些先行的探索,也尝试梳理了一些可供其他兄弟学校借鉴和参考的成果和经验。与此同时,我们也在不断发出新的问题和思考:如何进一步推进课程思政的一体化建设?如何进一步厘清课程思政的结构化清单?如何进一步建立完善的课程思政实施机制?这些问题,都有待于我们做进一步的实践和解答。

一、进一步推进课程思政一体化建设

课程思政作为复杂性的课程融合,要破除思想政治课程与学科课程之间的育人壁垒,改变两类课程育人"两条路"的现象,完善课程之间的融合机制,实现不同学科课程与思政元素、在地场馆的协同配合,共同发力,以实现不同学科在育人过程中的同向同行。

(一)全科联动,推进课程思政教学一体化

当前,课程思政一体化最为突出的梗阻,是不同学段、不同教材内容之间的衔接和进阶的不通畅。因此,围绕"学段断层"做好优化、衔接和联动是实现课程思政教学一体化的重要步骤。第一,建立基于学习目标的全课程育人机制。将课程思政教育与专业课有机结合之后,对于学生

的价值引领和价值影响作用就是最高的课程目标。[1]课程目标的设立，尤其是指向思政要素的目标，是学生形成正确价值观的重要保障。第二，建立基于课程建设的全课程育人机制。教师要熟知全学段教材内容，找准本学段教材内容中所蕴含的和"中华优秀传统文化"和"革命文化"有关的思政元素，予以提炼和组合，突出阶段性和梯度性、衔接性和进阶性的统一。第三，建立基于课程分类的全课程育人机制。在小学阶段，课程分类目前可以分为国家课程、地方课程和校本课程三大类。在这一横向坐标当中，学科类课程与课程思政的结合，势必要在专业课中渗透和加入思政的元素，使之有机结合，这也有利于学生在历史进程中更好地理解和把握中国特色社会主义核心价值观。

(二)大中小幼，加强师资队伍建设一体化

大中小学课程思政一体化建设，并不意味着知识点不能重复，恰恰相反，而是要求相同的知识点在不同学段能够以贴切学生成长特点和接受规律的方式螺旋上升地重复、强化，让学生每一次与其"见面"都感受到新意，思想都得到提升，最终实现入耳、入脑、入心。[2]教师队伍是课程思政得以落地的主力军，加强师资队伍的一体化建设事不宜迟。通过一体化的师资培训，让大中小学教师成为专业发展的共同体。在课程思政的教学内容设计上，对接学生成长的阶段性和顺序性，序化设计、前后承接、螺旋上升。小学和初中以体验式、情景式教学为主，以故事链激发学生听、读、悟的兴趣，让课堂"动"起来，以情育人；高中以议题式教学为主，以案例链培养学生分析问题的能力，让课堂"辩"起来，以理育人；大学以专题式教学为主，以问题为导向培养学生的思辨能力，让课堂"研"起来，以思育人。健全保障，教师队伍一体化。

(三)深化交流，实现内外育人场域一体化

课程思政贯穿校内校外多个场域，唯合奏方能奏响协同育人交响曲。当前课程思政育人场域一体化建设明显滞后，建立常态化的全方位

---

[1] 范卿泽.课程思政理论与实践[M].北京:人民教育出版社,2022:152.
[2] 宗爱东.课程思政:一场深刻的改革[M].上海:上海人民出版社,2022:78.

交流沟通机制以促成教学资源共建共享迫在眉睫。第一,形成协同备课常规机制,组建课程思政一体化建设领导小组,打破不同管理主体和层级间的组织壁垒,畅通跨区域、跨学段、跨学科交流协作。第二,充分发挥校外各个场馆专业负责人员的中流砥柱作用,强化其指导力和辐射力。持续深化一体化校馆合作制度,让教师借助"云端",协作交流。第三,常态化学术或教学交流会议,促成跨区域、跨学段的教师取长补短。与所在地教育局结对共建、与当地有关部门展开结对,组建教研共同体,开展一体化重点难点问题和育人合作研究,开发基于学科课程、依托在地资源、渗透思政要素的系列课程。

二、进一步厘清课程思政结构化清单

进一步厘清课程思政结构化清单,需要纵向深挖教材,确定课程思政目标、梳理思政元素、设计教学内容;横向比对不同学科教材内容,建立教学资源库,鼓励学生参与和加强学科交叉与融合;结合教材内容以及思政元素,进一步梳理和拓展在地化学习空间。通过这些措施的实施,可以帮助学生更好地理解和应用所学知识,提高其综合素质和能力。

(一)纵向深挖元素,教材内容清单结构化

小学课程思政的在地化实施过程中,需要进一步纵向深挖教材,从结构化的角度厘清课程思政目标、梳理思政元素、设计教学内容、选择教学方法、建立教学资源库。厘清课程思政目标:根据学科特点和学生认知规律,明确每门课程的思政目标。这些目标应该与学科教学目标相一致,体现思政教育的系统性和连贯性。梳理思政元素:根据每门课程的思政目标,梳理出相应的思政元素。这些元素可以包括爱国主义、集体主义、社会责任感、法治意识、诚实守信等方面的内容。设计教学内容:根据思政元素,设计相应的教学内容。这些内容应该与学科教学内容相结合,体现思政教育的融入性和针对性。建立教学资源库:根据每门课程的思政目标和教学内容,建立相应的教学资源库。这些资源可以包括文字、图片、视频、实物等多种形式,以便于教师在各个学科中学习和应用。

(二)横向比对内容,跨学科清单结构化

为了提升学生的跨学科实践能力,需要强调学科交叉与融合。在实践过程中,我们会发现同一个在地场馆,不同年段不同学科的项目都有所涉及。例如道德与法治一年级上册"吃饭有讲究"和语文二年级下册"中国美食"都设计了前往中国杭帮菜博物馆这一在地场馆,语文五年级下册"青山处处埋忠骨"和美术四年级上册"漫画与生活"都设计了前往杭州市革命烈士纪念馆这一在地场馆(表6-3-1)。在后续的实践中,可以进一步加强不同学科教师间的协同备课,根据不同学段的学生年龄特点,设计符合学科知识、思政要素以及在地化载体形式的相关课程内容,提升教师跨学科教学的能力以及学生的综合素养。

表6-3-1　不同学科在同一场馆的活动目录(部分举例)

序号	学科	年级	教材主题	场馆名称	载体形式
21	道德与法治	一上	吃饭有讲究	中国杭帮菜博物馆	中华传统美德的经典故事
36	语文	二下	中国美食	中国杭帮菜博物馆	基本常识 其他文化遗产
54	语文	五下	少年中国说	杭州市革命烈士纪念馆	重要革命史实和关键事件;革命英雄人物及事迹;革命纪念场馆
56	语文	五下	青山处处埋忠骨	杭州市革命烈士纪念馆	革命英雄人物及事迹;革命文物纪念场馆
95	美术	四上	漫画与生活	杭州市革命烈士纪念馆	三毛从军记 三毛迎解放(中国画,张乐平1982)

学校可以通过组织跨学科研究团队、开展跨学科研究项目等方式来促进学科交叉与融合,让学生在实践中体验综合性学习的乐趣。为了让学生更好地理解和应用思政元素,需要鼓励学生积极参与课堂教学和实践活动。

(三)拓展学习空间,在地资源清单结构化

小学课程思政在地化的实施,依托杭州周边地区的各类博物馆、纪念馆等。目前为止,我们已经梳理了涵盖65个场馆的108个课程思政清单。不同的场馆承载着不同的文化功能,对不同场馆的学习资源进行跨学科整合,统一场馆研学历程的前后联结,都是值得进一步探究的方向。拓展学习空间,在地资源清单结构化,需要从挖掘本地资源、建立资源清单、整合学科资源、设计实践活动、建立评价体系、加强实践教学、建立反馈机制、加强师资培训、建立教学资源库和鼓励学生参与等方面入手。

三、进一步建立完善的课程思政实施机制

小学课程思政的在地化实施应该紧紧围绕"培养什么人""如何培养人""为谁培养人"的根本问题,落实立德树人的根本任务,培养有理想、有本领、有担当的堪当民族复兴大任的时代新人。在制度建设过程中,需要构建协同的育人机制、完善的管理机制和多维的评价机制,在相对完善的课程思政实施机制中强化思想理论教育和价值引领。

(一)构建课程思政协同育人机制

为促进小学课程思政在地化的进一步落实,要紧紧立足学校的特色办学定位,通过修订人才培养方案,加强课课协同、课内外协同、校内外教育资源协同、校内外各方力量协同,做到学科课程思政模式有特点,教师课程思政活动有实效,形成学校课程思政体系"一校一特色,一校一品牌"的格局。构建课程思政协同育人机制,就是以立德树人为圆心,建构纵向衔接、横向贯通的思政课育人共同体,形成铸魂育人的合力。其涉及因素多、涵盖学段广、建设要求高,唯有"射箭看靶子",才能凝聚"育人"合力。第一,筑牢课程思政协同育人理念。思想是行动的先导,教育主体要坚守初心使命,坚定为党育人、为国育才的目标,坚决摒弃"条块分割""孤岛育人"理念,坚持系统联动、整体协作、同向同行、一以贯之。第二,健全课程思政协同育人工作格局。科学设计,统筹规划,建立党委

统一领导、教育行政部门负责统筹、高校马克思主义学院主导、学校和思政课教师具体落实、全社会协同配合的工作格局。第三,规范课程思政协同育人课程目标。按照启蒙道德情感、打牢思想基础、提升政治素养、增强使命担当的目标整体规划各学段的侧重点和区分度。

(二)构建课程思政教学管理机制

小学课程思政在地化理念要落地落实,从教学管理机制来讲,工作体系、教学体系、内容体系的构建是系统工程,是必不可少的。具体来看,一是要构建党委领导、协同推进,校院课程组分工负责,教师一线实施、考核小组实时评价的课程思政工作体系。这是做好课程思政工作的基础性保障。二是要结合学校发展定位和人才培养目标,构建全课程覆盖、类型丰富、分层递进的课程思政教学体系。简单来说,就是课程思政的相关要求要落实到每个专业的人才培养方案中,落实到专业课程的课程方案中,最后通过每一位教师的具体教学活动加以落实。三是要深入挖掘各类课程和教学方式中蕴含的思政元素,构建课程思政内容体系,让学生通过学习、走进场馆、丰富学识、塑造品格,努力成为德智体美劳全面发展的社会主义建设者和接班人。

(三)构建课程思政多维评价机制

评价是教学的指挥棒。当前,中小学基础教育"唯学段""唯分数""唯教师""唯结果""唯升学"的评价方式,严重窄化了课程思政评价的精神内涵,偏离了立德树人的社会主义价值目标。因此,需要通过评价机制的改善使教师理解、接受课程思政的理论教育功能,增强每位教师的育人意识和素养。第一,在评价目标上,创设以核心素养"政治认同""家国情怀""文化素养"等方面为主的发展性评价指标,将思政目标以可视、可测、可反馈的形式列入教学总目标。第二,在评价内容上,从分学段的评价转向全学段关注,从关注教学结果转向注重教学过程,从以智育分数评价为主转向以关注学生核心素养提升为主,以评价促教学,增进教师对学生综合素养和人文情操的关注。第三,在评价方式上,教师需要开发一套相对多元和完善的评价机制,运用观察、成长记录等方式多向度综合评价,将过程性评价和结果性评价、量化评价和质性评价、动态评

价和静态评价、自评和他评结合起来。第四,在评价主体上,建立评价共同体,借助学习伙伴、场馆讲解员、教师等不同评价主体的力量,从更加立体多元的角度对学生在课程思政活动的实践过程予以更加全面、科学的评价和反馈。杜绝一元主体的单向度评价有可能带来的主观性偏差。

与此同时,在提升教师专业素养过程中,也要加强对教师育人资源开发能力和课程思政设计能力的培养和评价。在各级课程思政在地化实施的展示活动中,借助校本教研、区域综合课程校本教研展示以及学校周年庆典等活动和平台,将课程思政改革效果作为重要指标予以展示和评价。将教师专业素养的考核与评价机制相结合,充分考虑评价主体、评价标准的多元性及其评价手段的多样化,切实提高教师在课程思政在地化实施过程中的专业素养。

总体而言,杭州市胜利实验学校在小学课程思政的在地化实施过程中,做了较为深入和全面的研究和实践。在此过程中,我们积淀了一些可视化的成果、可借鉴的经验,在中国特色社会主义进入新时代的历史交汇点,学校将进一步厘清课程思政的教学机制,推进课程思政一体化、结构化建设。

参考文献

[1] 范卿泽.课程思政理论与实践[M].北京:人民教育出版社,2022:76.

[2] 习近平.高举中国特色社会主义伟大旗帜 为全面建设社会主义现代化国家而团结奋斗——在中国共产党第二十次全国代表大会上的报告[N].人民日报,2022-10-16.

[3] 中共中央、国务院.中国教育现代化2035[S].北京:中共中央、国务院,2019.

[4] 中华人民共和国教育部.义务教育课程方案(2022版)[S].北京师范大学出版社,2022.

[5] 张岩磊,高苑.优秀传统文化:实现中国梦的重要思想支撑[N].光明日报,2016-04-27.

[6] 教育部印发《完善中华优秀传统文化教育指导纲要》[EB/OL].[2014-04-01].http://www.moe.gov.cn/jyb_xwfb/gzdt_gzdt/s5987/201404/t20140401_166524.html.

[7] 中共中央办公厅 国务院办公厅印发《关于实施中华优秀传统文化传承发展工程的意见》[EB/OL].[2017-01-25].https://www.gov.cn/zhengce/2017-01/25/content_5163472.htm.

[8] 习近平:高举中国特色社会主义伟大旗帜 为全面建设社会主义现代化国家而团结奋斗——在中国共产党第二十次全国代表大会上的报告[EB/OL].[2022-10-25].https://www.gov.cn/xinwen/2022-10/25/content_5721685.htm.

[9]田慧生,张广斌,蒋亚龄.中华优秀传统文化融入课程教材体系的理论图谱与实践路径[J].教育研究,2022,43(04):52-60.

[10]吴德刚.深刻认识革命传统教育的时代意义[J].人民教育,2021(07):6-10.

[11]"上城教育高质量发展系列丛书"编委会.行走德育:价值铸魂育人的时代报告[M].上海:上海交通大学出版社,2023:27.

[12]习近平主持召开学校思想政治理论课教师座谈会[EB/OL].[2019-03-18].https://www.gov.cn/xinwen/2019-03/18/content_5374831.htm.

[13]李文阁.论社会主义核心价值观的形成、内涵与意义[J].北京师范大学学报(社会科学版),2015(03):8.

[14]邓晓芒.康德论道德教育[J].清华大学学报(哲学社会科学版),2019,34(3):2.

[15]张晓东.小学课程思政的时代内涵与实践路径[J].江苏教育,2023(01):7-10,14.

[16]范卿泽.课程思政理论与实践[M].北京:人民教育出版社,2022:15.

[17]袁贵仁.马克思主义人学理论研究[M].北京:北京师范大学出版社,2012:1,140.

[18]朱青青.马克思人的全面发展理论及时代意蕴[J].学理论,2022(09):25-28.

[19]范卿泽.课程思政理论与实践[M].北京:人民教育出版社,2022:15.

[20]刘雨田,陈时见.美国在地化教学改革及其启示[J].外国教育研究,2021,48(02):103-116.

[21]王富贵.乡村小规模学校在地化教育思考与实践[J].中小学管理,2023(02):5-8.

[22]邱德峰,王远征,于泽元.在地化教育视角下我国乡村教育的发展困境及突围[J].教育科学论坛,2022(03):70-76.

[23]刘晓慧,陆艳婷.广西高校新闻史课程思政"在地化"教学探究

[J].新闻潮,2023(06):44-46.

[24] 张国伟.边疆高校思想政治理论课"在地化"实践教学模式探索[J].文山学院学报,2022,35(04):104-107.

[25] "上城教育高质量发展系列丛书"编委会.行走德育:价值铸魂育人的时代报告[M].上海:上海交通大学出版社,2023:27.

[26] 吴刚平,安桂清,周文叶.新方案·新课标·新征程《义务教育课程方案和课程标准(2022年版)》研读[M].上海:华东师范大学出版社,2022:29.

[27] 张晓东.小学课程思政的时代内涵与实践路径[J].江苏教育,2023(01):7-10+14.

[28] 杨志娟.知行合一理念:历史追溯、政策意蕴和实践模式[J].教育学术月刊,2021(05):33.

[29] 成尚荣.实践育人的理论基础、核心要义与基本形态[J].中国教育学刊,2022(10):55-60.

[30] 崔允漷.素质导向的学科实践:引导学生实现由行到知的升华[N].光明日报,2022-11-22.

[31] 长夜破晓——浙江辛亥革命纪念馆[J].杭州(周刊),2015(10):52.

[32] 罗玉虹,陈燚.中华优秀传统文化融入小学道德与法治教学实践研究[J].六盘水师范学院学报,2022,34(06):97-104.

[33] 彭舜怡.在小学道德与法治课程中发挥中华优秀传统文化育人功能[J].新课程,2021(01):227.

[34] 徐莉.西湖十景的话语研究[D].杭州:浙江大学,2010.

[35] 周世祥.让古老家训家风成为新时代育人资源[N].光明日报,2022-08-16(013).

[36] 中华人民共和国教育部.教育部关于印发《革命传统进中小学课程教材指南》《中华优秀传统文化进中小学课程教材指南》的通知[EB/OL].(2021-02-03)[2023-03-05].http://www.moe.gov.cn/srcsite/A26/s8001/202102/t20210203_512359.html.

[37] 中华人民共和国教育部.义务教育语文课程标准(2022年版)[M].北京:北京师范大学出版社,2022:1.

[38] 中华人民共和国教育部.教育部关于印发《革命传统进中小学课程教材指南》《中华优秀传统文化进中小学课程教材指南》的通知[EB/OL].(2021-02-03)[2023-03-05].http://www.moe.gov.cn/srcsite/A26/s8001/202102/t20210203_512359.html.

[39] 中华人民共和国教育部.义务教育语文课程标准(2022年版)[M].北京:北京师范大学出版社,2022:1.

[40] 中华人民共和国教育部.教育部关于印发《中华优秀传统文化进中小学课程教材指南》的通知[EB/OL].(2021-02-03)[2023-03-05].http://www.moe.gov.cn/srcsite/A26/s8001/202102/t20210203_512359.html.

[41] 中华人民共和国教育部.义务教育艺术课程标准(2022年版)[M].北京:北京师范大学出版社,2022.

[42] 岳增成,陈雪梅.中华优秀传统文化进小学数学的整体性建构[J].小学教学(数学版),2023(03):7-10.

[43] 姜懿轩.体育人文精神在体育训练中的价值与意义[J].当代体育科技,2023(27):191-194.

[44] 李亚斌.核心素养视角下中小学体育教学的优化路径[J].体育世界,2023(08):95-97.

[45] 唐慧荣,唐恒钧.中华优秀传统文化融入小学数学教学:价值定位、路径、策略[J].小学数学教师,2023(C1):17-22.

[46] 孙钰红.让中华优秀传统数学文化融入小学数学教学[J].小学数学教育,2023(11):13-14.

[47] 邹金梅,章勤琼,郑紫卿.融入中华优秀传统文化 实施素养导向数学教学——以落实量感的"权衡"一课为例[J].小学数学教师,2023(C1):39-42.

[48] 朱钰.基于科普场馆资源开展科学教学[J].科学课,2018:98.

[49] 楼曙光.实现科学教育与人文教育的融合[J].小学科学,2023(2):1.

[50] 宇文利,杨席宇.马克思恩格斯"人与环境"关系论及其思想政治教育应用[J].思想教育研究,2016(5):26-30.

[51] 教育部关于印发《革命传统进中小学课程教材指南》《中华优秀传统文化进中小学课程教材指南》的通知[EB/OL].[2021-01-19]. http://www.moe.gov.cn/srcsite/A26/s8001/202102/t20210203_512359.html.

[52] 范卿泽.课程思政理论与实践[M]北京:人民教育出版社,2022:117-118.

[53] 范卿泽.课程思政理论与实践[M]北京:人民教育出版社,2022:124.

[54] 袁美姿.艺术创作中的沉浸式体验要素研究[D].杭州:浙江工业大学,2017.

[55] 王红,邬志辉.国外乡村教育生态转型的在地化实践[J].比较教育研究,2019,41(09):98-105.

[56] 范卿泽.课程思政理论与实践[M].北京:人民教育出版社,2022:152.

[57] 宗爱东.课程思政:一场深刻的改革[M].上海:上海人民出版社,2022:78.

后　记

　　从1989年参加工作,我就在杭州市胜利小学,2002年开始担任学校校长。2014年创办胜利实验学校,35年教育路,22年校长路,几度春秋过,一颗教育心。学生和教师的幸福生活,一直是我心中最深的牵挂。因此,在胜利实验学校2014年成立之际,我正式提出"幸福生活每一天"的办学理念,通过优化课程内容、丰富学生活动、提升中餐品质、改善空间环境等方面着手培养学生成为一个能感知幸福、享受幸福的人。

　　随着办学的深入,我和我的团队意识到了"幸福"一词的厚重感。我们要培养的绝不是拥有着精致个人主义的幸福之人,而是一个能为他人、为社会、为国家民族创造幸福的大写之人。特别是在当下多元化价值不断冲击的背景下,"幸福教育"要从初级阶段走向高级阶段。培养学生成为一个能感知幸福、享受幸福的人,这是学校幸福教育的基础,重在"觉"。而幸福教育的高级阶段重在"醒",引导学生走出狭隘的"小我",由己度人,懂得付出,乐于奉献,成为一个有理想、有本领、有担当的"小海燕"。我们首先做的一件事是丰富校训内涵,将校训由原先的"崇文尚德"改成了"崇文尚德　立己达人",在基本实现"人人会感知与享受幸福"的基础上,向"人人能传递与创造幸福"的方向努力。

　　这一幸福教育理念的转变需要实实在在落地的行动去支撑,课程的创新实施是学校行动的关键。如何通过国家课程的校本化实施,落实育人,让学生心怀家国,成为合格的社会主义建设者和接班人？在浙江大学刘力教授的指导下,"小学课程思政在地化"进入我们的视野。刘老师建议我们,要充分剖析小学阶段课程思政实施低效的问题,以实践学习为理念,提出"让学习行走"的思路,充分利用杭州的革命文物、遗址、纪念场馆、革命英雄人物及事迹艺术与特色技能等载体资源,推动小学课程思政在地化落实。

三年前重大课题启动之初,我就对全校老师强调,课程思政研究不同于其他,每一位老师、每一门课都要"守好一段渠,种好责任田",人人都是育人者。所以,在近三年时间里,全校老师在课题组的推动下,全员参与,设计凸显本学科思政育人的课堂活动,参与全校课程思政课例评比。学校也将优秀课例以学术研讨活动的方式展示推广。因为老师们的智慧,研究积累了如语文"朱德的扁担"、美术"西湖十景"等非常优秀的课例。我们将这些优秀课例以案例形式详细呈现给读者,并提供了更多可参考的主题清单。因此,本书的出版倾注了我们各学科老师的实践心血,是集体劳动成果的结晶,希望能给读者的课程育人行动一些借鉴。

本书能够顺利出版,要衷心感谢许多领域内外的领导、专家的支持。首先,感谢浙江大学刘力教授。刘教授是重大课题的首席指导专家,近三年来刘教授多次亲临学校,把脉研究方向、论证研究过程、培训全体教师、指导书稿撰写。刘教授还为课题组提供了大量宝贵的文献学习资料,他自身的学习素养和研究精神,也给了课题组很大的鼓舞。感谢浙江省教科院朱永祥院长,给课题的理论主张提出了专业学术的指导意见,促使课题组进一步思考研究的学术价值。感谢杭州市教育科学研究院俞晓东院长和施蕾老师。俞院长在课题立项、论证、成果提炼中给学校提供了宝贵的方向与思路,指引着课题组不断深入。施蕾老师作为课题联络专家,多次督促课题组关注研究进度。感谢上城区教育学院庞科军副院长和科研中心贾海英老师,和我们一起摸索方向、提炼成果、修改书稿,课题成果的顺利产生离不开他们的一路陪伴。最后也要感谢在课题论证、提炼过程中给予指导的各位专家们:华东师范大学李政涛教授、杭州师范大学王凯教授、杭州市教研室副主任方丽敏女士、杭州市教育科学研究院副院长沈美华女士和徐喆老师、区科研中心单瑛凡老师和金大鹏老师,他们都为研究提供了宝贵建议。

参与本书案例素材整理的有陈丽、胡珏、张雪姣、殷晓艳、赵楚艳、任慧丽、林玥、谢文妮、黄建、罗正骅、赵皆喜、吴冕、冯雨琦。全书由陈丽、胡珏统稿,张浩强审订。当然还有现已调离胜利实验学校的李雪慧校长,曾经为课题的顺利推进和成果的有效提炼,付出了很多。书稿中的案例素材全部来自老师们的真实教育教学情景,本书的出版也是对全校教师同向同行、协同育人的有力回应。

　　当然,我们也看到,小学阶段开展课程思政在地化实践研究的学校在杭州市、浙江省甚至全国都还非常少。因为研究水平有限,我们的研究也还存在诸多不成熟的地方,希望借此书出版的宝贵机会,得到各位教育同仁的宝贵建议,以便为下一阶段的研究完善提供方向。

张浩强

图书在版编目（ＣＩＰ）数据

让学习行走：小学课程思政在地化实践探索 / 张浩强著. -- 长春：吉林大学出版社, 2024.4
ISBN 978-7-5768-3126-9

Ⅰ.①让… Ⅱ.①张… Ⅲ.①思想政治教育 – 小学 Ⅳ.①G621

中国国家版本馆CIP数据核字(2024)第079063号

书　　名	让学习行走:小学课程思政在地化实践探索
	RANG XUEXI XINGZOU:XIAOXUE KECHENG SIZHENG ZAIDIHUA SHIJIAN TANSUO
作　　者	张浩强
策划编辑	高珊珊
责任编辑	高珊珊
责任校对	王楷博
装帧设计	书道闻香
出版发行	吉林大学出版社
社　　址	长春市人民大街4059号
邮政编码	130021
发行电话	0431-89580036/58
网　　址	http://www.jlup.com.cn
电子邮箱	jldxcbs@sina.com
印　　刷	杭州万星印务有限公司
开　　本	710mm×1000mm　1/16
印　　张	20
字　　数	290千字
版　　次	2024年4月　第1版
印　　次	2024年4月　第1次
书　　号	ISBN 978-7-5768-3126-9
定　　价	56.00元

版权所有　翻印必究